湖南大学出版社
图书出版基金资助项目

桥梁直立索杆风致振动及控制

李寿英　刘慕广　邓羊晨　刘庆宽　著

湖南大学出版社·长沙

图书在版编目(CIP)数据

桥梁直立索杆风致振动及控制/李寿英等著 .
—长沙:湖南大学出版社,2024.6
ISBN 978-7-5667-3065-7

Ⅰ.①桥… Ⅱ.①李… Ⅲ.①悬索桥—结构振动—风
致振动—研究 Ⅳ.①U448.25

中国国家版本馆 CIP 数据核字(2023)第 108636 号

桥梁直立索杆风致振动及控制

QIAOLIANG ZHILI SUOGAN FENGZHI ZHENDONG JI KONGZHI

著　　者:李寿英　刘慕广　邓羊晨　刘庆宽
策划编辑:卢　宇
责任编辑:廖　鹏
印　　装:长沙鸿和印务有限公司
开　　本:787 mm×1092 mm　1/16　印　　张:15.5　字　　数:373 千字
版　　次:2024 年 6 月第 1 版　　印　　次:2024 年 6 月第 1 次印刷
书　　号:ISBN 978-7-5667-3065-7
定　　价:68.00 元

出 版 人:李文邦
出版发行:湖南大学出版社
社　　址:湖南·长沙·岳麓山　　邮　编:410082
电　　话:0731-88822559(营销部),88821315(编辑室),88821006(出版部)
传　　真:0731-88822264(总编室)
网　　址:http://www.hnupress.com

序

1940 年美国旧塔科马大桥在 8 级大风中发生大幅扭转振动，而后中跨加劲梁全部落入海中。事故调查结果表明，该桥风毁原因为一种气动失稳现象——颤振，其破坏从位于跨中的短吊杆失效开始，从而使得桥面振动由竖弯向扭转模态转变。1937 年建成的美国金门大桥也发生过颤振，但由于该桥中央扣状态良好，1953 年对主梁进行加固后安全运营至今。比较这两座桥梁风致灾害后果可知，桥梁索杆结构对全桥的安全至关重要！

索杆结构是缆索承重桥梁的主要传力构件，其风致振动类型多、机理复杂、控制难度大，包括斜拉索风雨激振、悬索桥吊索和拱桥刚性吊杆风致振动等。由于起振机理不清，难以提出及时有效的抑振措施。例如，1998 年建成的丹麦大带东桥，直到 2005 年才对其吊索振动进行有效抑制；我国 2009 年建成的西堠门大桥，摸索吊索抑振措施也耗时 5 年。

本书作者李寿英教授早年师从顾明教授攻读博士学位，研究拉索风雨振；2006 年加入湖南大学风工程研究团队后也一直从事索杆振动研究，科研经验丰富。在研究西堠门大桥吊索振动控制时，他发现对斜拉索振动控制非常有效的阻尼器措施，对悬索桥吊索尾流致振却基本无效，为此申请并立项了国家自然科学基金面上项目"悬索桥吊索多索股气动干扰机理及其参数优化研究"进行了系统研究。在悬索桥吊索尾流致振方面，他创新性地提出了超长细索结构三维连续气弹模型设计新技术，实现了超长索双向非等比例缩尺条件下全部气动参数的精确模拟；从试验和数值上成功重现了悬索桥吊索尾流致振现象，揭示了其负刚度驱动机理；提出了悬索桥吊索尾流致振的系列抑振措施，并应用于实际桥梁。

第二作者刘慕广副教授于 2005 年在湖南大学攻读博士学位，从事拱桥吊杆风致振动及控制方面的研究和学习，2009 年毕业后加入华南理工大学，继续此方面的研究工作，并依据风洞试验和理论分析提出了细长直立 H 形杆件的大攻角扭转颤振理论。

他们将多年的研究成果整理总结并形成此书，书中系统介绍了两类桥梁直立索杆结构风致振动机理及抑振措施方面的研究进展。相信本书的出版，对从事桥梁抗风研究的科研工作者、工程技术人员及相关专业师生具有非常好的参考价值，同时将对推动大跨径桥梁超长细索杆结构抗风研究、设计和运营维护等方面的科技进步起到重要作用。

陈政清

2023 年 9 月

前　　言

　　大跨度桥梁主要包括悬索桥、斜拉桥和拱桥等结构形式，这类桥梁的共同特点是充分利用超长细索杆结构（例如悬索桥吊索和主缆、斜拉桥拉索和拱桥吊杆）的抗拉性能。但是，桥梁超长细索杆结构的频率低、阻尼小，非常容易在各种外荷载（特别是风荷载）作用下发生大幅有害振动，例如，斜拉桥拉索的风雨激振、悬索桥吊索的尾流致振、拱桥刚性吊杆的颤振，以及长细结构普遍存在的涡激共振等。因此，桥梁超长细索杆结构抗风设计是工程人员重点关注的内容之一。

　　桥梁直立索杆结构的风致振动问题与斜拉索有较大的差异，为此，我们尝试对悬索桥吊索和拱桥刚性吊杆的抗风研究成果进行总结，以期为类似结构的抗风研究、设计和施工提供一定的借鉴作用。

　　本书共 3 部分 9 章：第 1 部分为绪论和桥梁直立索杆的基本构造，包括第 1～2 章；第 2 部分介绍悬索桥吊索尾流致振，包括第 3～6 章；第 3 部分介绍拱桥刚性吊杆风致振动，包括第 7～9 章。其中：第 1 章为绪论，主要介绍工程背景、面临的实际工程问题及全书的章节安排；第 2 章介绍桥梁直立索杆的构造形式及其风致振动；第 3 章介绍悬索桥吊索尾流致振的试验室重现；第 4 章介绍悬索桥吊索尾流索股气动力特性试验；第 5 章介绍悬索桥吊索尾流致振的数值重现；第 6 章介绍两座典型悬索桥多索股吊索尾流致振及其控制措施；第 7 章介绍拱桥 H 形吊杆大攻角扭转颤振现象及机械抑振措施；第 8 章介绍拱桥 H 形吊杆的风致振动及设计方法；第 9 章介绍拱桥箱形吊杆的风致振动及设计方法。

　　本书研究的创新点主要体现在以下几个方面：

　　（1）建立了悬索桥吊索尾流致振理论分析模型，数值重现了悬索桥吊索尾流致振现象，基于功能原理提出了悬索桥吊索尾流致振的负刚度驱动机理，为吊索减振奠定了坚实的理论基础。

　　（2）提出了超长细索结构三维连续气弹模型设计新技术，试验重现了悬索桥吊索尾流致振现象，验证了多种抑振措施的效果，并在多座实际桥梁中得以应用。

　　（3）提出了长细直立 H 形杆件的大攻角扭转颤振理论，系统研究了 H 形杆件不同横截面参数下的颤振、驰振和涡振性能，提出了拱桥 H 形吊杆的抗风设计建议。

　　（4）系统研究了拱桥箱形吊杆的气动失稳性能，以限制其适用长度为原则，提出了箱形吊杆的抗风设计建议。

　　本书第 1、3、4、5、6 章由李寿英执笔，第 2 章由邓羊晨、刘庆宽执笔，第 7、8、9 章由刘慕广执笔，全书由李寿英统一修改定稿。第 3～6 章以邓羊晨、肖春云博士学位论文和严杰韬、黄君、张明哲、李啸宇硕士学位论文的有关内容为初稿改写而成。研究生林玉佳参与了图表的修改工作。本书的研究得到了国家自然科学基金（50738002，50708035，51578234）、国家重点研发计划课题（2017YFC0703604）等纵向课题和多项横向课题的资助。本书的研究和撰写过程中，得到了刘光栋教授、陈政清院士、邵旭东教授、方志教授、华旭刚教授、周云教授、刘志文教授、牛华伟教授、樊伟教授等桥梁工程安全与韧性全国重点实验室全体同仁的鼎力支持和帮助。本书还得到了湖南大学出版社图书出版基金的资助以及卢宇、廖鹏编辑的悉心帮助，在此一并表示感谢！

本书内容隶属风工程及防灾减灾领域，主要针对大跨度桥梁直立索杆结构的风致振动现象、效应、机理和控制等问题进行研究，期冀为国内建设的大跨度桥梁提供直接参考，对研究工作者有所启发和助益。由于笔者才疏学浅，书中难免有疏漏和不当之处，敬请有关专家和同行不吝指正。

著者
2023 年 5 月

目　　录

第1章

绪　论

1.1　工程背景

自 1949 年新中国成立以来，我国的桥梁发展经历了几个时期。1957 年，在苏联专家的帮助下，建成了武汉长江大桥，又于 1968 年自主建成南京长江大桥。但受制于经济和技术等条件，20 世纪 80 年代以前，我国桥梁建设仍处于摸索阶段。20 世纪 90 年代以后，随着我国经济的不断发展，对交通工程需求的日益增长，以上海南浦大桥、杨浦大桥等为起点，我国桥梁建设进入了快车道，桥梁跨径不断刷新世界纪录。目前正在规划或设计的桥梁中，在建的多座悬索桥跨径超过 2 000 m，斜拉桥跨径已超过 1 100 m，拱桥跨径已达到 600 m。随着桥梁跨径的增大，结构基频会降低，模态阻尼比也有减小的趋势，这将使得桥梁结构对风荷载的作用更加敏感[1]。

超大跨桥梁包括悬索桥、斜拉桥和拱桥三种主要形式，这三类桥梁的主要承重构件都包括索结构，如悬索桥主缆和吊索、斜拉桥拉索、拱桥吊杆等。桥梁索结构一般采用超高强度的钢丝（设计强度近 2 000 MPa）制作，只受拉不受压，其刚度由张力大小决定，稳定性好。但是，桥梁索结构的长细比大、基频低、阻尼小，极易在风荷载等作用下发生大幅度振动，是超大跨径缆索承重桥梁抗风设计中的重点关注对象之一。

斜拉桥拉索的风致振动问题最为突出，也最早引起工程研究人员的关注，特别是斜拉索风雨激振，在实际桥梁上频繁出现，且有较大的振动幅度，严重威胁斜拉索甚至全桥的安全。经过 30 多年的持续研究，人们对斜拉索风雨激振的机理有了较为深入的认识，提出了一系列的抑制斜拉索风雨激振的有效措施，包括机械措施（如阻尼器）、气动措施（如螺旋线）和结构措施（如辅助索）等。悬索桥主缆的直径较大，且受到吊索的竖向约束，抗风性能较好，至今没有在实际悬索桥主缆上发现明显的风致振动问题。当然，很多悬索桥边跨主缆没有设置吊索，施工阶段主缆也没有受到吊索的约束，其风致振动问题值得进一步关注。

与斜拉桥拉索和悬索桥主缆不同的是，悬索桥吊索和拱桥吊杆一般为竖向布置，与水平来流垂直，来流风向的变化即会引起风攻角的变化，这将使悬索桥吊索和拱桥吊杆更容易满足风攻角的起振条件，例如多索股吊索的尾流致振、拱桥刚性吊杆的颤振等。本书将悬索桥吊索和拱桥吊杆统称为"桥梁直立索杆"。近20多年来，桥梁直立索杆的风致灾害频繁出现，针对这些问题，笔者进行了系统的研究，力求揭示其致振机理，并提出了对应的抑振措施。

1.2　桥梁直立索杆的风致灾害

当悬索桥主跨接近$2\,000$ m量级时，靠近桥塔处最长吊索的长度接近200 m，对风荷载作用越来越敏感。近20多年来，国内外已有多座大跨径悬索桥吊索发生过大幅风致振动，包括日本的明石海峡大桥[2]、丹麦的大带东桥[3]和我国的西堠门大桥[4][5][6][7]等。其中，日本的明石海峡大桥主跨$1\,991$ m，采用双索股平行钢丝吊索，双索股横桥向排列，索股间距约为$9D$（D为索股直径），吊索发生大幅风致振动后，采用缠绕螺旋线的控制措施就对吊索振动起到很好的控制效果[2]。丹麦的大带东桥主跨$1\,624$ m，采用双索股平行钢丝吊索，双索股顺桥向排列，索股间距约为$6D$，1998年建成后吊索频繁发生大幅风致振动，先后采用了多种控制措施，如分隔架、螺旋线、辅助索以及调谐液体阻尼器（tuned liquid damper，TLD）等措施，均未能有效控制吊索振动[3]，直至2005年，采用了安装分隔架和主梁处液压阻尼器的联合措施，才达到有效抑制吊索风致振动的效果。我国的西堠门大桥主跨$1\,650$ m，采用骑跨式钢丝绳吊索，四索股矩形布置，顺桥向和横桥向索股中心间距分别约为$3D$和$7D$。2009年建成时采用了在索股间安装阻尼器的控制措施，但效果不理想；随后尝试了在单根索股离桥面6 m高处安装阻尼器的措施，实测阻尼比达到1.5%，仍未能有效抑制该索股振动；2014年7月，在吊索索股间安装了分隔架，达到了很好的控制效果[4][5][6]。从上述几座悬索桥吊索的振动控制经验来看，每座悬索桥吊索振动的有效控制措施均不同，从侧面说明了悬索桥吊索风致振动机理的复杂性。

由于桥梁索结构设计的安全系数取值较高，悬索桥吊索，特别是短吊索振动不会影响其短期安全性，但对其长期耐久性会产生影响。近期一个典型的悬索桥短吊索疲劳破坏案例是重庆鹅公岩大桥：该桥于2019年12月30日投入运营，在2022年1月18日发生短吊索断裂事故，经过严格的事故原因调查，发现疲劳破坏是该短吊索断裂的主要原因。

拱桥吊杆包括柔性吊杆和刚性吊杆两种类型，一般为单根形式，因此不存在相互气动干扰现象，柔性吊杆（一般为圆形截面）的风致振动问题不是很突出。但是，刚性吊杆一般为非圆形截面，来流风向角的变化即为风攻角的变化，较易满足驰振、颤振等气动失稳条件，从而引发拱桥吊杆的大幅风致振动。例如，1993年建成的九江长江大桥，合龙后H形刚性吊杆就出现了大幅风致振动[8]，由于处置及时，没有造成严重破坏事故；2006年8月6日，受台风派比安影响，在约25 m/s风速的作用下，施工中的佛山东平大桥20根H形刚性吊杆发生了强烈的扭转振动，杆中扭转振幅高达$35°$以上，持续振动20多个小时，导致13根长吊杆上下端翼板开裂破坏，最严重的几乎断裂[9]。

吊杆疲劳失效是拱桥垮塌事故的主要原因之一。1998年建成的中国台湾宜兰县南方澳跨港大桥，于2019年10月1日上午发生跨中长吊杆断裂事故，造成了全桥的垮塌。

2012 年 12 月 10 日下午，四川攀枝花保果金沙江大桥的一根吊杆突然脱落，导致桥面出现"V"字形塌陷。拱桥短吊杆的竖向刚度大，且在桥面纵向变形时其端部存在弯曲应力，短吊杆疲劳破坏的案例频发。例如，1990 年建成的四川宜宾南门大桥，于 2001 年 11 月 7 日凌晨发生拱桥短吊杆断裂；1998 年建成通车的新疆库尔勒孔雀河大桥，于 2011 年 4 月 12 日凌晨发生第二根短吊杆断裂；1999 年建成通车的福建武夷山公馆大桥，于 2011 年 7 月 14 日上午发生拱桥短吊杆断裂。

1.3 本书的章节安排

以浙江舟山西堠门大桥和广东佛山东平大桥等桥梁直立索杆的风致振动问题为工程背景，笔者对悬索桥多索股吊索尾流致振、拱桥刚性吊杆风致振动进行系统的研究，力求阐明其致振机理，探究了多种措施的抑振效果，并在多座实际桥梁直立索杆抗风设计中得以应用。全书共有 9 章 3 大部分：第 1 部分为绪论和桥梁直立索杆的基本构造及其风致振动，包括第 1~2 章；第 2 部分介绍悬索桥吊索尾流致振，包括第 3~6 章；第 3 部分介绍拱桥刚性吊杆风致振动，包括第 7~9 章。其中：第 1 章为绪论，主要介绍工程背景、面临的实际工程问题及全书的章节安排；第 2 章介绍桥梁直立索杆的构造形式及其风致振动；第 3 章介绍悬索桥吊索尾流致振的试验室重现；第 4 章介绍悬索桥吊索尾流索股气动力特性试验；第 5 章介绍悬索桥吊索尾流致振的数值重现；第 6 章介绍两座典型悬索桥多索股吊索尾流致振及其控制措施；第 7 章介绍拱桥 H 形吊杆大攻角扭转颤振现象及机械抑振措施；第 8 章介绍拱桥 H 形吊杆的风致振动及设计方法；第 9 章介绍拱桥箱形吊杆的风致振动及设计方法。

参考文献

[1]陈政清.桥梁风工程[M].北京：人民交通出版社，2005.

[2]FUJINO Y,KIMURA K,TANAKA H. Wind resistant design of bridges in Japan：Developments and Practices[J]. SpringerJapan,New York,2012:200-201.

[3]LAURSEN E,BITSCH N,ANDERSEN J E. Analysis and Mitigation of Large Amplitude Cable Vibrations at the Great Belt East Bridge[C]. Iabse Symposium Report,2006:64-71.

[4]陈政清，雷旭，华旭刚，等.大跨度悬索桥吊索减振技术研究与应用[J].湖南大学学报（自然科学版），2016，43（1）：1-10.

[5]WEN Q,HUA X G,CHEN Z Q,et al. Experimental study of wake-induced instability of coupled parallel hanger ropes for suspension bridges[J]. Engineering Structures,2018,167（15）：175-187.

[6]HUA X G,CHEN Z Q,LEI X,et al. Monitoring and control of wind-induced

vibrations of hanger ropes of a suspension bridge[J]. Smart Structures and Systems,2018,
23(6): 125-141.

[7]DENG Y C,LI S Y,ZHANG M Z,et al. Wake-induced Vibrations of the Hangers
of the Xihoumen Bridge[J]. Journal of Bridge Engineering,2021,26(10).

[8]顾金钧,赵煜澄,邵克华. 九江长江大桥应用新型 TMD 抑制吊杆涡振[J]. 土木工
程学报,1994,27(3):11.

[9]CHEN Z Q,LIU M G,HUA X G,et al. Flutter, Galloping, and Vortex-Induced
Vibrations of H-Section Hangers[J]. Journal of Bridge Engineering,2012,17(3):500-508.

桥梁直立索杆的基本构造及其风致振动

如前所述，本书的"桥梁直立索杆"主要包括悬索桥的竖向吊索和中、下承式拱桥的竖向吊杆，它们是桥梁结构传递荷载的重要构件之一。桥梁直立索杆有多种构造形式，例如悬索桥吊索常用平行钢丝（表面光滑）和钢丝绳（表面粗糙）吊索，拱桥吊杆常用柔性吊杆和刚性吊杆。桥梁直立索杆的不同构造形式，对其风致响应及气动稳定性有重要影响。本章详细介绍桥梁直立索杆的主要类型和基本构造，以及它们的主要风致振动问题。

2.1 悬索桥吊索

悬索桥吊索是将加劲梁自重、车辆及人群荷载等传递到主缆的传力构件，是联系主缆和加劲梁的纽带。吊索上端与主缆相连，下端固定在加劲梁上。理论上吊索只承受轴向拉力，轴力的大小，既决定了主缆在成桥时的真实线形，又决定了加劲梁的恒载弯矩，是影响悬索桥成桥状态的关键因素之一。

2.1.1 吊索立面布置形式

悬索桥吊索的立面布置可分为垂直式和斜置式两种类型，如图 2.1 所示。相较于垂直式吊索，斜置式吊索的轴力更大，有利于提高悬索桥整体结构阻尼。但是，垂直式吊索的疲劳性能优于斜置式吊索，且斜置式吊索的制作误差更易使其产生松弛现象。目前，国内外绝大多数悬索桥都采用垂直式吊索。

2.1.2 吊索类型

悬索桥吊索主要包括钢丝绳和平行钢丝两种类型，如图 2.2 所示。

1. 钢丝绳吊索

钢丝绳吊索分为绳心式和股心式两种类型。其中，绳心式以一股钢丝绳为中央形心，外围用钢丝束股围绕扭绞而成 [图 2.2 (a)]；股心式一般由 7 股钢丝束股扭绞而成，中央一股为股心。

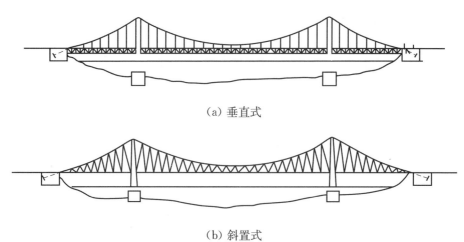

（a）垂直式

（b）斜置式

图 2.1　悬索桥吊索的立面布置形式

2. 平行钢丝吊索

平行钢丝吊索近年来在悬索桥中被陆续采用，其截面组成一般为几十根至百余根 $5\sim$ 7 mm镀锌钢丝，外加 PE 套保护。

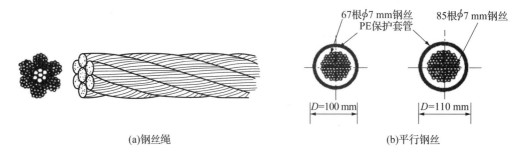

(a)钢丝绳　　　　　　　　　　　(b)平行钢丝

图 2.2　悬索桥吊索材料类别

2.1.3　吊索连接

吊索与主缆的连接主要有骑跨式和销铰式两种类型，如图 2.3 所示。

1. 骑跨式吊索

骑跨式吊索用单根或多根两端带锚头的钢丝绳骑跨在主缆索夹顶部的嵌索槽中，并采用锚头在下端与加劲梁连接。骑跨式吊索对应的索夹按左右方向分为两半，通过高强预应力杆将它们夹紧连在一起，依靠与主缆之间的摩阻力将自身固定在主缆上。骑跨式吊索不宜采用平行钢丝。

2. 销铰式吊索

销铰式吊索是用单根或多根下端带锚头、上端带连接套筒的平行钢丝或钢丝绳索，上端采用销铰与带耳板（吊板）的下索夹连接，下端采用锚头或销铰与加劲梁体连接。销铰式吊索对应的索夹按上下方向分成两半，同样用高强预应力杆将它们夹紧连在一起。

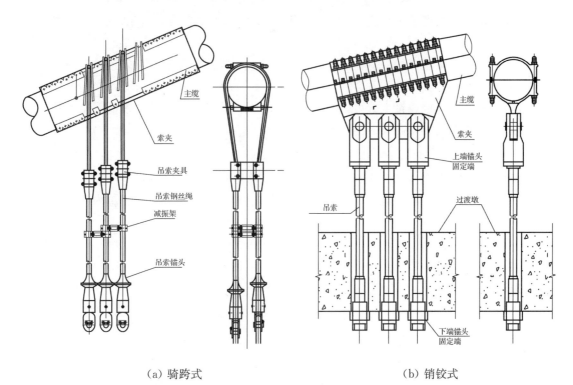

（a）骑跨式　　　　　　　　　　　（b）销铰式

图 2.3　吊索与主缆的连接方式

悬索桥加劲梁种类不同，其吊索与加劲梁的连接方式也不同。下面按照钢桁加劲梁和钢箱加劲梁分别介绍。

1. 吊索与钢桁加劲梁的连接

①固定在加劲梁上弦杆的翼缘上：优点是直观、维修管理简便，缺点是影响景观，索梁之间的传力构造细部较复杂，如图 2.4（a）所示。

（a）固定于翼缘　　　　　　　　　　（b）固定于腹杆外侧

图 2.4　吊索与钢桁加劲梁的连接方式

②穿过加劲梁弦杆的翼缘的固定方法：该连接方式对截面有一定损伤、不便于后期维护。

③固定在加劲梁腹杆的外侧：该连接方式受力较合理，但需要在加劲梁的钢节点板上打孔，如图 2.4（b）所示。

④下弦杆连接：该连接方式可以加长吊索长度，减小因外部环境引发的吊索倾角，可改善边跨短吊索的受力状态。

2. 吊索与钢箱加劲梁的连接

①锚箱式［如图 2.5（a）所示］：吊点布置在伸出箱外的主横隔梁与小纵梁形成的十字架内。这种连接方式的构造制作简单、传力明确、检修养护便利，且无箱内积水腐蚀的隐患。

②耳板式［如图 2.5（b）所示］：吊点布置在箱梁侧腹板尖角处，采用直接加焊的带销孔耳板与吊索的叉形锚头连接。该吊点构造简单，但对加工及焊接质量的要求高，且存在应力过于集中的问题。

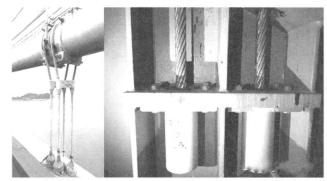

（a）锚箱式　　　　　　　　　　　　　　（b）耳板式

图 2.5　吊索与钢箱加劲梁的连接方式

2.1.4　多索股吊索的尾流致振

目前，国内外已有多座悬索桥吊索发生过大幅风致振动，例如，日本明石海峡大桥、丹麦大带东桥、我国的西堠门大桥等。其中，Laursen 等[1]对大带东桥吊索振动进行了现场实测，发现大于 100 m 的长吊索在冬季常发生大幅振动现象，表 2.1 给出了大带东桥吊索在 2000 年 10 月至 2005 年 4 月期间观测到的典型振动情况[1]，数据表明索股间的气动干扰引发的尾流致振可能是吊索发生大幅振动的原因之一。

表 2.1　大带东桥吊索典型振动情况汇总[1]

日期	吊索编号	最大振幅/m	风速/（m·s^{-1}）	风向/（°）	温度/℃
2001 年 03 月 06 日	147.1N	0.9	7.2	233	2.2
2001 年 03 月 16 日	147.1N+S	1.3	6.8	300	2.2
2001 年 03 月 29 日	All	2.0	16	130	1.3

续表

日期	吊索编号	最大振幅/m	风速/（m·s⁻¹）	风向/（°）	温度/℃
2003 年 10 月 07 日	149.1N	0.8	12	230	9.5
2003 年 10 月 25 日	149.1N	0.7	13	250	2.3
2003 年 12 月 22 日	146.2N - 150.1N	1.5	12	350	−2.5
2004 年 12 月 20 日	147.1S	0.5	11	330	1.5
2004 年 12 月 21 日	147.1N+S	0.5	9	230	1.5
2004 年 12 月 25 日	147.1S	0.8	14	170	4.0
2005 年 01 月 24 日	149.1S	1.8	13	20	−0.5
2005 年 01 月 27 日	147.1S	0.8	7	330	0.0
2005 年 01 月 29 日	147.1S	1.0	4	300	−0.5
2005 年 03 月 02 日	147.1S	1.5	12	80	−2.0
2005 年 03 月 03 日	147.1S	0.8	7	0	−5.0
2005 年 03 月 04 日	147.1S	1.3	6	180	−3.5

湖南大学陈政清教授研究团队[2]对西堠门大桥吊索振动开展了长期现场实测。实测结果表明，西堠门大桥宁波侧边跨 2 号吊索（后文简称"2 号吊索"）频繁发生大幅振动。2 号吊索为四索股钢丝绳吊索，在 1、3 及 4 号索股上各安装了 2 个加速度计，分别用来测量顺桥向、横桥向加速度响应，加速度传感器安装在吊索距桥面 15 m 高处，采样频率为10 Hz。同时在 2 号吊索处安装了风速仪，用来测试实时风速和风向，安装位置距离桥面高度为 4 m，风速仪的风速和风向采样频率均为 1 Hz。加速度计布置情况以及风向定义分别如图 2.6 和图 2.7 所示。图 2.8 为加速度计与风速仪现场照片。

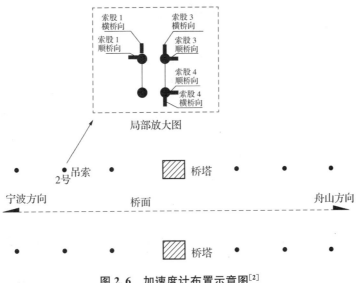

图 2.6 加速度计布置示意图[2]

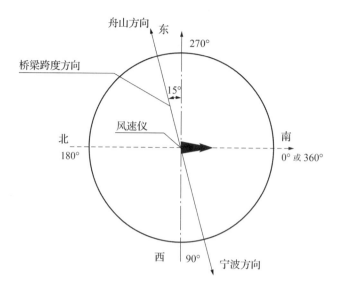

图 2.7　风向定义示意图[2]

（a）加速度计　　　　　　　　　　（b）风速仪

图 2.8　加速度计与风速仪现场照片[2]

图 2.9 给出了西堠门大桥 2 号吊索三组典型实测数据，每组数据包括风速、风向，以及索股顺桥向、横桥向加速度。数据 1 实测于 2013 年 12 月 16 日，可以看出吊索在 6:00—8:00 及 14:00—17:00 时间段内发生了数次明显振动，最大加速度达到 1.5g 左右，其中，4 号索股振幅明显大于索股 1 和索股 3，特别是顺桥向振动。从风速、风向时程可以看出，吊索发生大幅振动时对应的平均风速、风向分别为 7 m/s 和 165° 左右，来流风向与桥梁跨度方向基本垂直，此时，索股 1 和索股 3 处于来流上游，而振幅较大的 4 号索股处于来流的下游。数据 2 实测于 2014 年 2 月 4 日，吊索在 0:00—6:00 时间段内发生了多次明显振动，其中，索股 4 振幅明显大于索股 1 和索股 3。从风向时程可以看出，在 0:00—6:00 时间段内，风速平均值约为 8 m/s，风向基本维持在 165° 左右，同样该风向下，1 号索股和 3 号索股处于来流上游，振幅较大的 4 号索股位于来流的下游。数据 3 实测于 2014 年 2 月 7 日，吊索在 14:00—24:00 时间段内持续发生大幅振动，其中，索股 4 振幅最大，索股 3 次之，索股 1 最小。吊索发生大幅振动时对应的平均风速、风向分别为 10 m/s 和 125° 左

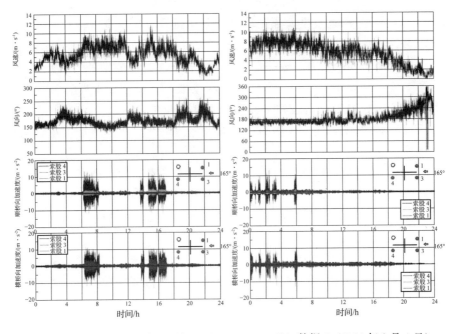

（a）数据 1（2013 年 12 月 16 日）　　　（b）数据 2（2014 年 2 月 4 日）

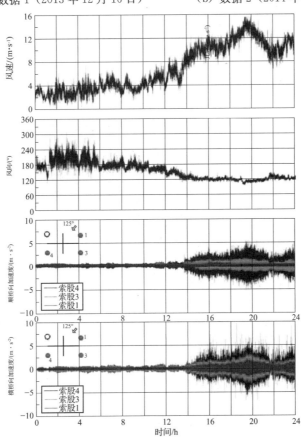

（c）数据 3（2014 年 2 月 7 日）

图 2.9　西堠门大桥 2 号吊索典型实测数据[2]

右,1 号索股处于来流上游,3 号索股和 4 号索股位于来流的下游。

图 2.10 给出了 2 号吊索发生大幅振动时的振动轨迹。当来流风垂直于桥梁跨度方向时(数据 1 和数据 2),位于来流下游处 4 号索股振动幅度明显大于上游处的 1 号索股和 3 号索股。当来流风与桥梁跨度方向成一定斜角(数据 3),4 号索股位于来流下游时,3 号索股转变成下游索,从图 2.10(c)中可以看出,相比较于数据 1 和数据 2,3 号索股振动幅度增大,位于下游处的 3 号索股和 4 号索股振动幅度明显大于上游处的 1 号索股。此外,从图 2.10 还可以看出,发生大幅振动时索股的振动轨迹接近于椭圆形,与尾流致振振动轨迹相吻合。

图 2.11 给出了三组数据中均发生了大幅振动的 4 号索股的顺桥向加速度功率谱密度函数(PSD)。从图 2.11 可以看出,振动表现为多模态的耦合振动,在数据 1 和数据 2 中,第三阶模态的振动能量明显大于其他模态,而在数据 3 中,一阶模态的振动能量最大,振动表现为以一阶模态为主。

上述实测结果表明,吊索发生大幅振动时,位于来流下游处的索股振幅明显大于上游索股。这说明悬索桥吊索索股间的气动干扰会引发吊索大幅度振动,有必要对其振动特性及减振措施展开研究。

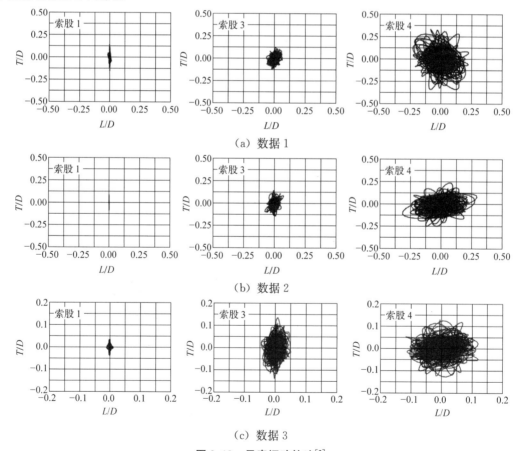

（a）数据 1

（b）数据 2

（c）数据 3

图 2.10 吊索振动轨迹[2]

L:顺桥向位移;T:横桥向位移;D:索股直径

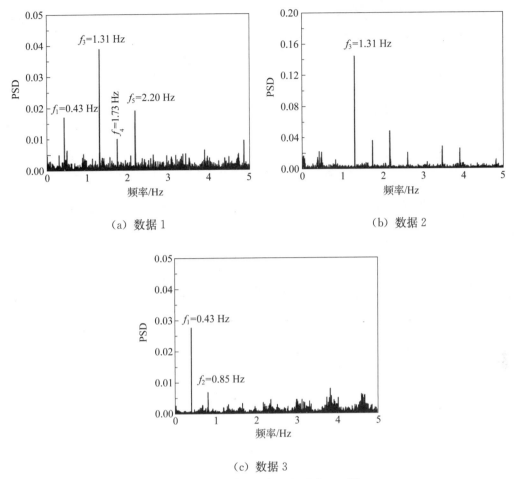

（a）数据 1　　　　　　　　　　　（b）数据 2

（c）数据 3

图 2.11　4 号索股顺桥向加速度 PSD[2]

2.2　拱桥吊杆

吊杆是拱桥的主要受力构件之一，其将作用在桥面系上的自重、车辆荷载和人群荷载等传递至拱肋。设计时通常将拱桥吊杆作为轴向受力构件考虑，对于短吊杆，还需考虑温度、收缩徐变、汽车制动力等作用下桥梁纵向变形引起的附加次内力。

2.2.1　吊杆立面布置形式

按照立面布置方式，拱桥吊杆可分为竖直吊杆、无交叉斜吊杆和网状斜吊杆三种类型，如图 2.12 所示。其中，竖直吊杆的轴向与自重方向一致，在实际拱桥中应用广泛；无交叉斜吊杆以倾斜吊杆代替竖直吊杆，可大幅提高桥面系的支撑刚度；网状斜吊杆可进一步提高桥面系的支撑刚度，同时可提高拱的面内稳定性。采用斜吊杆的拱桥也称为尼尔森拱。但是，由于斜吊杆的构造设计较为复杂，实际工程中一般较少使用。

吊杆的纵向间距即为行车道纵梁的跨长，通常由构造要求和经济美学等因素决定。纵向间距大时，吊杆数量减少，但纵、横梁的用料增多；反之，吊杆数量增多，纵、横梁用料减少。一般吊杆的纵向间距为 4~10 m，通常采用等间距布置。

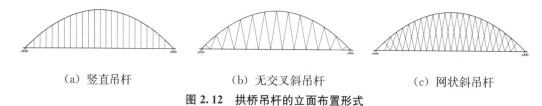

（a）竖直吊杆　　　　　　（b）无交叉斜吊杆　　　　　（c）网状斜吊杆

图 2.12　拱桥吊杆的立面布置形式

2.2.2　吊杆类型

按照构造特点，拱桥吊杆可分为刚性吊杆和柔性吊杆两种类型。

1. 刚性吊杆

刚性吊杆常采用钢筋混凝土、预应力混凝土或型钢等制作，通常顺桥向尺寸设计得较小，使之具有柔性而不承受弯矩，只承受拉力；横桥向尺寸设计得较大，以增强拱肋的稳定性。从外形上看，刚性吊杆有闭口式和开口式两种，一般来说，钢筋混凝土或预应力钢筋混凝土刚性吊杆常做成矩形截面的闭口式吊杆，采用型钢作为刚性吊杆时，常采用 H 形或箱形截面，如图 2.13（a）所示。刚性吊杆可以增大拱肋的横向刚度，但是钢筋混凝土或预应力钢筋混凝土刚性吊杆存在变形能力弱、施工程序多、工艺复杂等缺点，现已较少使用。型钢刚性吊杆具有加工制作简单、施工方便等优点，在实际拱桥中也常有应用案例，但需特别关注其气动稳定性。

2. 柔性吊杆

柔性吊杆［如图 2.13（b）所示］一般采用高强钢丝或冷轧粗钢筋制作。高强钢丝吊杆通常采用墩头锚，冷轧粗钢筋吊杆则采用轧丝锚与拱肋、横梁连接。为提高柔性吊杆的耐久性，必须防止钢索锈蚀，为此要求防护层有足够的强度、韧性、抗老化性及附着性，以确保使用期内防护层不开裂或脱落。柔性吊杆的防护方法主要有缠包法和套管法等。目前主要用 PE 热挤索套防护工艺，直接在工厂制成成品索，简单可靠，性价比高。

（a）H 形截面刚性吊杆　　　　　　　　　（b）柔性吊杆

图 2.13　拱桥吊杆类型

2.2.3 吊杆连接

拱桥吊杆上端锚固在拱肋上，下端一般锚固在横梁端部。对于钢筋混凝土或预应力钢筋混凝土刚性吊杆，常采用现浇混凝土的形式连接；对于型钢刚性吊杆，为便于施工，常采用螺栓连接的方式；柔性吊杆与拱肋或横梁的连接，常采用锚头的方式，这与悬索桥吊索的端部连接方式类似。

正如第 1 章绪论中所述，短吊杆的破坏是拱桥垮塌的主要原因之一。短吊杆接近拱脚处，由于长度较短，其线刚度（EA/l）较大，相比较于长吊杆，短吊杆会承担更大的活荷载及活载冲击力，并且在温度、汽车制动力等纵向荷载的作用下，短吊杆下端会随桥面一起发生纵向水平位移，使得其上、下端点偏离垂直线，形成较大折角，致使吊杆护套破损，钢丝受力不均匀并腐蚀断裂。为改善这些不利的受力状况，常将短吊杆两端设计成铰接，并在桥面系上设置横向伸缩缝。

2.2.4 拱桥刚性吊杆的风致振动

我国 20 世纪 90 年代建成的九江长江大桥，采用 H 形刚性吊杆，合龙后就出现了明显的涡激振动[3]，如表 2.2 所示。近几年，我国设计和建造的大型钢拱桥中，多座发生了严重的吊杆风致振动，并且造成了较大的病害，导致吊杆翼板因扭转而开裂。H 形吊杆风振后的典型破坏情形如图 2.14。

表 2.2 九江长江大桥 H 形吊杆实测自振特性及涡振模态[3]

九江方向下游桁	涡振频率/Hz	自振频率/Hz	对数衰减率 δ	涡振模态
$C'_{28}A'_{28}$	4.64	4.64		1 阶扭转
$C'_{29}A'_{29}$	4.00	4.00		
		3.64		1 阶扭转
$C'_{30}A'_{30}$	2.91	2.91		1 阶扭转
$C'_{31}A'_{31}$	2.62	2.62	0.006	1 阶扭转
$C_{32}A_{32}$	2.44	2.44	0.008	1 阶扭转
$C_{31}A_{31}$	2.62	2.62		1 阶扭转
$C_{30}A_{30}$	2.82	2.82	0.006	1 阶扭转
$C_{29}A_{29}$	3.50	3.50		1 阶扭转
$C_{28}A_{28}$		3.86	0.01	1 阶扭转

20 世纪 80 年代前，国外也发生过多次拱桥吊杆和桁架直杆的风振事件（杆件因大幅振动而破坏），并做过一些风洞试验研究，因历史原因，这些信息当时未能在国内有效传播。表 2.3 中列举了一些发生风振病害的桥梁实例[4]。

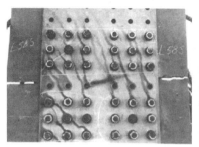

图 2.14　H 形吊杆风致振动造成的翼缘板断裂、开裂

表 2.3　20 世纪 80 年代前国外细长杆件风振事件[4]

编号	国家	桥名	结构形式	杆件截面	修复措施
1	瑞典	Asherödfjord	拱桥	圆形	杆中填沙
2	捷克	Orlik	拱桥	圆形	杆中填沙
3	加拿大	Peace River	拱桥	圆形	纵向抗风索
4	美国	Tacony Palmyra	拱桥	H 形	纵向抗风索
5	美国	Fire Island	拱桥	H 形	波形板
6	美国	Commodore Barry	桁架桥	H 形	调谐质量阻尼器（TMD）
7	加拿大	Great Bras d'Or Crossing	拱桥	I 形	调谐质量阻尼器（TMD）

2.3　本章小结

　　本章介绍了悬索桥吊索和拱桥吊杆的基本构造、立面布置形式、端部连接方式等，并在此基础上，回顾了悬索桥吊索和拱桥吊杆破坏案例，重点介绍了我国西堠门大桥、丹麦大带东桥、九江长江大桥等桥梁直立索杆的风致振动及结构破坏情况。

参考文献

［1］LAURSEN E，BITSCH N，ANDERSEN J E. Analysis and Mitigation of Large Amplitude Cable Vibrations at the Great Belt East Bridge［C］. IABSE Symposium Report，2006，91(3)：64-71.

［2］LI S Y，DENG Y C，LEI X，et al. Wake-induced vibration of the hanger of a suspension bridge：field measurements and theoretical modeling[J]. Structural Engineering and Mechanics，2019，72(2)：169-180.

[3]方秦汉. 九江长江大桥柔拱吊杆风致涡振及对策[C]//中国力学学会结构工程专业委员会. 第八届全国结构工程学术会议论文集(第Ⅰ卷). 北京：清华大学出版社，1999：21-26.

[4]徐凯. 大跨度钢拱桥刚性细长吊杆的抗风索减振措施[D]. 郑州：华北水利水电大学，2017.

第 3 章

悬索桥吊索尾流致振的试验室重现

第 2 章所述的西堠门大桥吊索的实测结果表明，吊索的尾流索股会发生明显振动，而迎风索股的振幅很小，这表明迎风索股的气动干扰是尾流索股发生振动的重要原因。实际上，尾流致振现象在输电线和海洋立管等结构中出现得较为频繁，20 世纪 70～90 年代，研究人员对此进行了大量的研究[1]，但输电线的轴向为水平方向，其直径和净间距与悬索桥吊索有较大差异，而海洋立管的流体为海水，其流体参数（如密度和黏性系数）与空气有较大差异。

在实际桥梁上进行实测，各种影响参数（包括风速、风向、索股间距等）难以根据研究需要调节，虽然能获得符合实际现象基本特征的第一手资料，但不便于进行详细的机理研究及系统的参数分析。另一方面，悬索桥吊索的几何尺寸较小，试验研究中的模型几何相似比可选为接近于 1，雷诺数效应不明显，可在风洞试验中较为精确地捕捉到与实际桥梁上几乎一致的物理现象。为此，笔者分别设计并制作了悬索桥吊索二维节段模型和三维连续气弹模型，进行了一系列悬索桥吊索尾流致振的测振风洞试验，在试验室中重现了悬索桥吊索的尾流致振现象。

3.1 二维节段模型测振风洞试验

大跨度悬索桥中常采用一个吊点并列多根（2、4 或 6 根）索股的并列吊索形式，吊索索股可以是多股钢丝束相互缠绕而成的钢丝绳，也可以是外包聚乙烯套管的平行钢丝。例如，日本明石海峡大桥采用了平行钢丝吊索，我国的西堠门大桥则采用了钢丝绳吊索。钢丝绳吊索表面粗糙，平行钢丝吊索则表面光滑，二者的气动性能特别是尾流特性可能会有较大差异。为此，笔者分别制作了可模拟两类吊索表面粗糙度的刚性节段模型，进行了多工况的悬索桥吊索二维节段模型测振风洞试验，得到了尾流索股发生大幅尾流致振的空间分布规律，详细分析了尾流索股的运动响应规律，包括位移时程、运动振幅、运动轨迹和振动频率等。

3.1.1 试验概况

3.1.1.1 风洞设备

悬索桥吊索二维节段模型测振试验在湖南大学风工程试验研究中心 HD-2 大气边界层

风洞的高速试验段进行。HD-2 大气边界层风洞为单风机三试验段布置，包括上、下两层：上层为开口大试验段（长×宽×高为 15.0 m×8.5 m×2.0 m）；下层为闭口回流段，包括高速和低速两个试验段，其中高速试验段尺寸（长×宽×高）为 17.0 m×3.0 m×2.5 m，风速区间为 0～58 m/s，空风洞均匀流场的紊流度小于 0.5%，如图 3.1 所示。

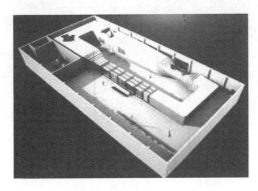 

（a）三维立体图　　　　　　　　　　　　　（b）高速试验段

图 3.1　HD-2 风洞试验室

3.1.1.2　试验模型

实际吊索常由 2、4 或 6 根索股组成，但 2 根索股即可反映尾流致振的主要特征，为简化实际复杂问题，本章先以 2 根索股为例进行研究。

如前所述，吊索试验模型包括光滑和粗糙表面两种类型，分别对应平行钢丝和钢丝绳吊索。模型的几何缩尺比为 1:1，以西堠门大桥边跨 2 号吊索为工程背景，索股模型的直径 D 为 88 mm。迎风索股模型长 1 540 mm，尾流索股模型长 1 330 mm，迎风索股比尾流索股略长，以减少迎风索股端部效应对尾流索股气动力的影响。另外，为了保证二维流动特征，在尾流索股两端安装直径 250 mm、厚度 5 mm 的圆形端板。试验模型两端设置钢轴（直径 10 mm、长度 205 mm），以便与试验移测架（迎风索股）或弹簧（尾流索股）连接。迎风和尾流索股节段模型尺寸详见图 3.2。

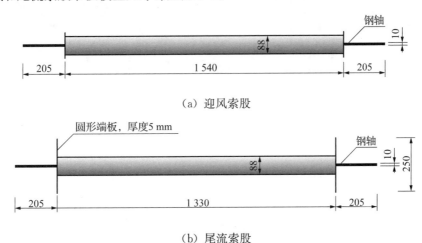

（a）迎风索股

（b）尾流索股

图 3.2　吊索节段模型示意图（单位：mm）

采用 PVC 管模拟表面光滑的平行钢丝吊索，PVC 管外径与索股直径相同，模型照片如图 3.3（a）所示。粗糙表面的钢丝绳吊索模型的内芯为直径 50 mm 的 PVC 管，外缠 19 mm 直径的塑料绳，以保证其表面与钢丝绳索股实际情况一致，模型照片如图 3.3（b）。

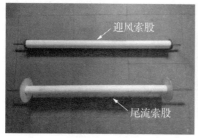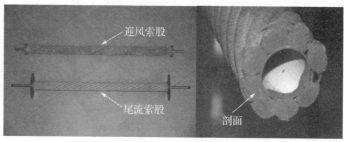

(a) 平行钢丝吊索　　　　　　　　　　（b) 钢丝绳吊索

图 3.3　两类吊索节段模型照片

需要说明的是，在进行悬索桥吊索二维节段模型测振风洞试验时，为满足质量相似比关系，需在两类吊索模型上增加相应的配重。

3.1.1.3　移测架

进行悬索桥吊索双索股节段模型测振风洞试验时，需频繁调节迎风和尾流索股之间的相对空间位置。为提升试验效率和空间位置调节精度，减少试验操作产生的误差，专门设计了一台全数控移测架，如图 3.4 所示。该装置通过伺服电机分别可以实现迎风索股沿水平和竖直方向的平移，精度为 0.1 mm，水平和竖直方向的最大行程分别为 1.2 m 和 1.5 m。该移测架的总质量为 120 kg，测试结果表明，当风速达到 25 m/s 时，移测架不会发生明显的振动。在 HD-2 风洞的高速试验段中，进行了有、无移测架影响时单根圆柱的测力风洞试验，结果表明：移测架对圆柱模型的气动力的影响很小，可以忽略不计。

(a) 移测架　　　　　　　　　　（b) 控制面板

图 3.4　全数控移测架照片

3.1.1.4　试验工况

实际的悬索桥吊索为竖向布置，为了便于风洞中节段模型弹性悬挂系统的设计，试验中吊索模型水平布置，根据钝体空气动力学理论，两者的流体绕流特性相同，不会影响吊索尾流致振试验的测试结果。

迎风索股模型固定不动，安装在移测架上，通过移动迎风索股的位置来调节 2 根索股之间的相对空间位置。尾流索股悬挂在弹簧上，节段模型弹性悬挂系统的两端各采用 4 根完全相同且相互垂直的弹簧，以确保尾流索股模型在横风向和顺风向的自振频率相同。综合考虑移测架、吊索模型和弹性悬挂系统的投影面积，试验阻塞率为 5% 左右，满足《建筑工程风洞试验方法标准》（JGJ/T 338－2014）[2] 等规范的要求，阻塞率对试验结果的影响较小，可以忽略。悬索桥吊索二维节段测振模型安装在试验室中的照片如图 3.5 所示。

（a）平行钢丝吊索　　　　　　　　（b）钢丝绳吊索

图 3.5　悬索桥吊索二维节段测振模型安装在试验室中的照片

图 3.6 给出了双索股空间相对位置的定义，建立直角坐标系 xoy，取迎风索股中心为坐标原点 o，x 轴指向顺风向，y 轴指向横风向（向下）。采用无量纲参数 X 和 Y 来定义迎风和尾流索股的相对空间位置：

$$X=x/D, \ Y=y/D \tag{3.1}$$

式中，D 为索股直径。

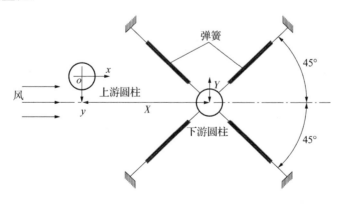

图 3.6　双索股相对空间位置的定义

西堠门大桥边跨 2 号吊索由 4 根索股组成，横桥向和顺桥向索股中心间距分别为 600 mm 和 300 mm。为充分考虑悬索桥吊索的实际情况，在进行平行钢丝双索股吊索节段模型测振风洞试验时，无量纲参数 X 的取值范围为 $[2.5，11]$，利用上、下对称性，无量纲参数 Y 的测试范围仅选取迎风索股尾流中心线的下侧区域，即 $Y=[0，4]$，间距步长 $\Delta X=\Delta Y=0.25$。平行钢丝吊索试验包括 35 个横断面，每个横断面上有 17 个测试点，总计 595 个试验工况。

进行钢丝绳双索股吊索节段模型测振风洞试验时，以平行钢丝吊索测试结果为基础，对 x 轴方向的间距步长 ΔX 进行了适当调整：当 $2.5 \leqslant X \leqslant 4$ 时，间距步长 $\Delta X=0.25$；当 $4<X \leqslant 7$ 时，间距步长 $\Delta X=0.5$；当 $7<X \leqslant 11$ 时，间距步长 $\Delta X=1.0$。y 轴方向的间距步长 $\Delta Y=0.25$。调整后的钢丝绳吊索试验包括 17 个横断面，每个横断面上有 17 个测试点，总计 289 个试验工况。

试验在均匀流场中进行，来流风速 U 的范围为 $1\sim18$ m/s，对应的雷诺数范围为 $0.59\times10^4\sim1.053\times10^5$，与实际悬索桥吊索发生尾流致振时现场风速基本一致。平行钢丝和钢丝绳吊索节段模型测振风洞试验的详细参数如表 3.1 所示。

表 3.1 节段模型测振风洞试验的详细参数

参数	平行钢丝	钢丝绳
吊索直径 D /mm	88	88
模型质量 m / (kg・m^{-1})	9.0	9.0
振动自由度	顺风向和横风向	顺风向和横风向
结构频率 f /Hz	顺风向 $f_u=1.68$	顺风向 $f_u=1.61$
	横风向 $f_v=1.67$	横风向 $f_v=1.61$
阻尼比 ζ	0.11%、0.26%、0.50%	0.52%、0.71%、1.0%
雷诺数	$0.59\times10^4\sim1.053\times10^5$	$0.59\times10^4\sim1.053\times10^5$

3.1.1.5 模型参数识别

进行风洞试验之前，需先识别节段模型测振系统的动力特性。为减少粘贴传感器对模型质量和阻尼等结构参数的影响，采用英国 Imetrum 公司研制的非接触式视频位移计（见图 3.7）对节段模型测振系统的频率和阻尼比进行识别，与传统传感器相比，其具有三维、全场、多点多参数、动态实时和非接触等优点。

图 3.7 英国 Imetrum 公司的非接触式视频位移计

采用自由振动衰减方法测量悬索桥吊索节段模型测振系统的频率和阻尼比，初始振幅由人工激励方式获得，其大小与吊索尾流致振的振幅大致相当。

图 3.8 给出了平行钢丝吊索节段模型弹性悬挂系统的自由振动衰减的加速度时程曲线，包括顺风向和横风向结果。对上述时程曲线进行功率谱分析得到的功率谱曲线如图 3.9 所示，可知平行钢丝吊索节段模型弹性悬挂系统的顺风向（水平）和横风向（竖向）自振频率分别为 1.68 Hz 和 1.67 Hz。由自由振动衰减法计算得到的横风向和顺风向阻尼比 ζ 均为 0.11%。在弹簧上粘贴胶带可提高节段模型测振系统的阻尼比，调节得到了 0.26%、0.50% 两个水平的阻尼比，其值也在表 3.1 中列出。

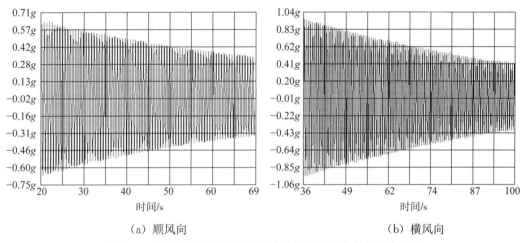

（a）顺风向　　　　　　　　　　　　（b）横风向

图 3.8　平行钢丝吊索节段模型弹性悬挂系统的自由衰减时程

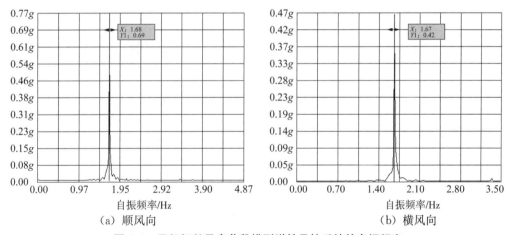

（a）顺风向　　　　　　　　　　　　（b）横风向

图 3.9　平行钢丝吊索节段模型弹性悬挂系统的自振频率

图 3.10 给出了钢丝绳吊索节段模型弹性悬挂系统的自由振动衰减的加速度时程曲线，包括顺风向和横风向结果。对应的功率谱曲线如图 3.11 所示，钢丝绳吊索节段模型测振系统的顺风向和横风向的自振频率均为 1.61 Hz。由自由振动衰减法计算得到的顺风向和横风向阻尼比 ζ 分别为 0.53% 和 0.52%，明显大于平行钢丝吊索节段模型测振系统的初始阻尼比，这是因为钢丝绳吊索模型的外表面缠绕了塑料绳。因此，在后续的平行钢丝和钢丝绳吊索尾流致振响应对比研究，仅在 0.50% 的阻尼比水平下进行。为研究阻尼比大小

对悬索桥吊索尾流致振的影响规律，在弹簧上粘贴胶带，得到了钢丝绳吊索弹性悬挂系统的 0.71％和 1.0％两个水平的阻尼比，其值也在表 3.1 中列出。

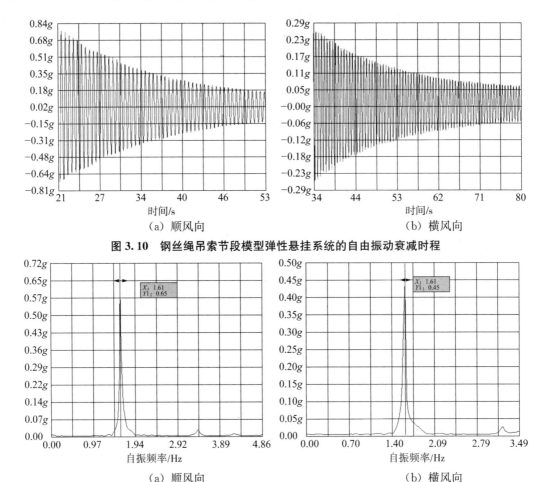

(a) 顺风向　　　　　　　　　　　　　(b) 横风向

图 3.10　钢丝绳吊索节段模型弹性悬挂系统的自由振动衰减时程

(a) 顺风向　　　　　　　　　　　　　(b) 横风向

图 3.11　钢丝绳吊索节段模型弹性悬挂系统的自振频率

3.1.2　试验结果与讨论

节段模型测振风洞试验结果表明：在初始的 0.11％阻尼比水平下，平行钢丝吊索在来流风速 10 m/s 时会发生大空间范围的尾流致振现象，钢丝绳吊索的初始阻尼比更大（0.52％），其发生大范围尾流致振现象的来流风速提高到 15 m/s。后文分别在上述两个风速水平介绍两类吊索尾流致振特征。

3.1.2.1　平行钢丝吊索

（1）振动幅值

图 3.12～图 3.14 分别给出了来流风速 $U=10$ m/s、结构阻尼比 $\zeta=0.11$％时平行钢丝吊索尾流索股顺风向单边振幅 A_u、横风向单边振幅 A_v 以及合成单边振幅 A_{max} 的空间分布规律，包括三维立体图及其相应的平面等高线图。从图 3.12～图 3.14 中可以看出，平行钢丝吊索尾流索股发生大幅振动的空间范围为 $X=[2.5，5.25]$、$Y=[0，1.5]$，最大

合成单边振幅约为 90 mm，发生在尾流中心线（$Y=0$）附近，且随着无量纲参数 Y 值的增加，振幅明显减小。总体上来说，尾流索股横风向振幅远大于顺风向值。还需注意的是，尾流索股顺、横风向振幅最大值并不在同一工况出现，例如，工况 $X=3.0$、$Y=1.0$ 时的顺风向振幅为 26 mm，横风向振幅为 40 mm；而工况 $X=4.5$、$Y=0.5$ 的顺风向振幅为 13 mm，横风向振幅为 60 mm。当 $X<2.5$ 时，尾流索股也可能会发生大幅振动，但为避免试验中迎风和尾流索股发生碰撞，没有进行该空间范围的测振试验，当然，悬索桥吊索的实际索股间距一般超过 $2.5D$。

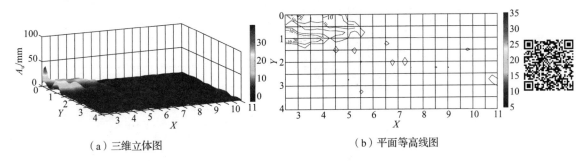

（a）三维立体图　　　　　　　　　（b）平面等高线图

图 3.12　平行钢丝吊索尾流索股顺风向单边振幅 A_u 的空间分布规律（$U=10$ m/s、$\zeta=0.11\%$）

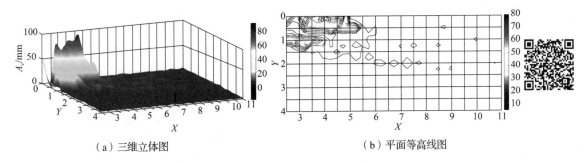

（a）三维立体图　　　　　　　　　（b）平面等高线图

图 3.13　平行钢丝吊索尾流索股横风向单边振幅 A_v 的空间分布规律（$U=10$ m/s、$\zeta=0.11\%$）

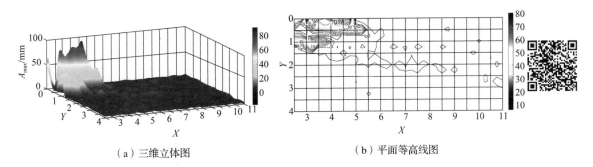

（a）三维立体图　　　　　　　　　（b）平面等高线图

图 3.14　平行钢丝吊索尾流索股合成单边振幅 A_{max} 的空间分布规律（$U=10$ m/s、$\zeta=0.11\%$）

（2）运动轨迹

图 3.15 给出了来流风速 $U=10$ m/s、结构阻尼比 $\zeta=0.11\%$ 时，平行钢丝吊索尾流索股发生稳定振动的运动轨迹的空间分布规律。从图 3.15 中可以看出，尾流索股发生大幅振动的运动轨迹主要包括两种类型：第一类为直线振动，发生在迎风索股尾流中心线附

近，最大振幅可达 90 mm；第二类为椭圆振动，发生在 $X=$ ［2.5，11］、$Y=$ ［0.25，2.5］空间范围内，最大振幅约为 60 mm，小于直线振动。按照上述分类原则，图 3.16 给出了不同空间位置平行钢丝吊索尾流致振的类型分布，包括无明显振动、横风向运动为主的直线振动、横风向和顺风向耦合的椭圆振动。在图 3.16 中，定义尾流索股合成单边振幅小于 5 mm 时为无明显振动。从图 3.16 中可以看出，发生尾流致振的空间区域大致为条带状，当 $X>5.25$ 时，振幅较小，约为 8 mm。随着双索股距离的增大，不稳定区域与迎风索股尾流中心线（$Y=0$）的距离增大。

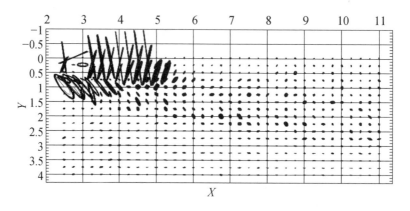

图 3.15　平行钢丝吊索尾流致振运动轨迹的空间分布规律（$U=10$ m/s、$\zeta=0.11\%$）

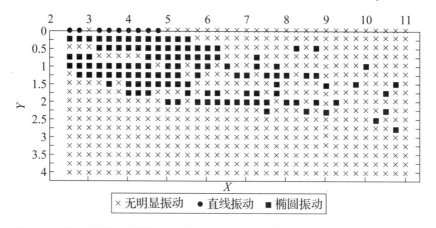

| ×无明显振动 | ●直线振动 | ■椭圆振动 |

图 3.16　平行钢丝吊索尾流致振类型的空间分布规律（$U=10$ m/s、$\zeta=0.11\%$）

选取 5 个典型工况分析运动轨迹的具体特征，包括 $X=3.25$，$Y=0$、0.25、0.5、1.0、1.25。图 3.17 给出了上述 5 个典型工况下平行钢丝吊索尾流索股发生大幅振动的运动轨迹。从图 3.17 中可以看出，在 $X=3.25$、$Y=0$ 工况下，运动轨迹几乎为直线形式；而在 $X=3.25$，$Y=0.25$、0.5、1.0、1.25 等四个工况下，运动轨迹为椭圆形式，运动方向为逆时针方向，这与已有文献中关于尾流弛振的结论是一致的[1]。不同空间相对位置（即工况）下椭圆振动的长轴与尾流中心线的夹角也不同。例如，在 $X=3.25$，$Y=0.25$、0.5 这 2 个空间相对位置下，长轴处于坐标系的第一、三象限，主轴与尾流中心线的夹角分别为 75°、70°；但 $X=3.25$，$Y=1.0$、1.25 这 2 个空间相对位置下的长轴处于坐标系的第二、四象限，长轴与尾流中心线的夹角分别为 60°、78°。

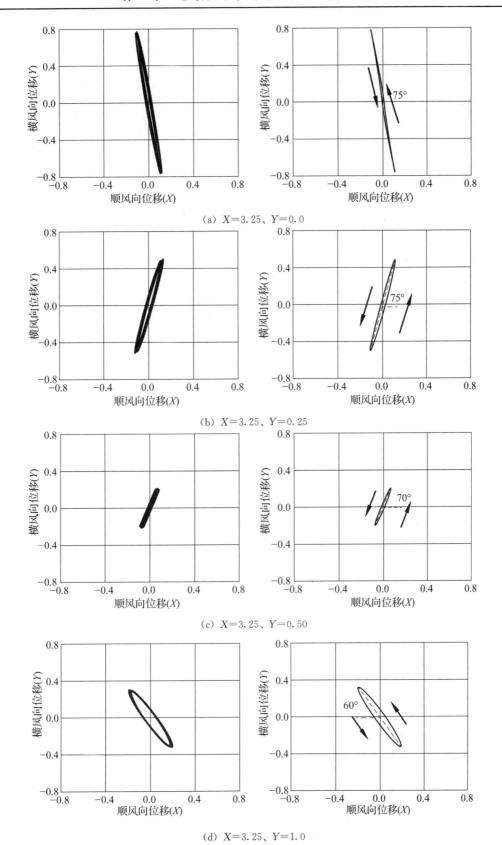

(a)　$X=3.25$、$Y=0.0$

(b)　$X=3.25$、$Y=0.25$

(c)　$X=3.25$、$Y=0.50$

(d)　$X=3.25$、$Y=1.0$

图 3.17　典型工况下平行钢丝吊索尾流索股运动轨迹（$U=10$ m/s，$\zeta=0.11\%$）

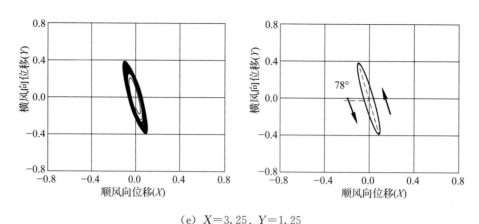

（e）$X=3.25$、$Y=1.25$

图 3.17 典型工况下平行钢丝吊索尾流索股运动轨迹（$U=10$ m/s、$\zeta=0.11\%$）（续图）

（3）位移时程与频率

图 3.18 给出了上述 5 个典型工况下平行钢丝吊索尾流索股发生稳定振动时的位移时程。从图 3.18 中可以看出，在 $X=3.25$ 横截面上的 5 个典型工况下，平行钢丝吊索尾流索股顺风向振幅均小于横风向值。当靠近迎风索股尾流中心线（$Y=0$）时，尾流索股顺风向的振幅接近于零，运动轨迹为直线形式；随着与尾流中心线距离的增加，横风向振幅有所减小，但顺风向振幅有所增加，且横风向和顺风向位移时程的相位不同，运动轨迹表现为椭圆形式。

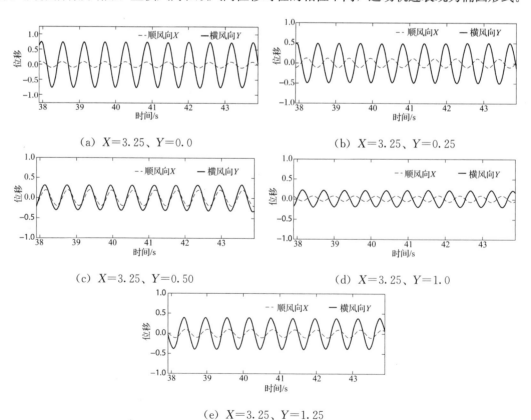

图 3.18 典型工况下平行钢丝吊索尾流索股的位移时程（$U=10$ m/s、$\zeta=0.11\%$）

图 3.19 给出了上述 5 个典型工况下平行钢丝吊索尾流索股发生稳定振动时位移时程的功率谱密度函数曲线（PSD），其中，每个工况下的左图和右图分别为顺风向和横风向结果。从图 3.19 中可以看出，工况 $X=3.25$，$Y=0$、0.25、0.5、1.0 和 1.25 时，平行钢丝吊索尾流索股发生稳定振动的顺风向与横风向频率相等，分别为 1.71 Hz、1.71 Hz、1.75 Hz、1.66 Hz 和 1.66 Hz，与节段模型悬挂系统的自振频率稍有不同（顺风向和横风向分别为 1.68 Hz 和 1.67 Hz），这可能是悬索桥吊索发生尾流致振的关键原因，后文将做进一步的讨论。

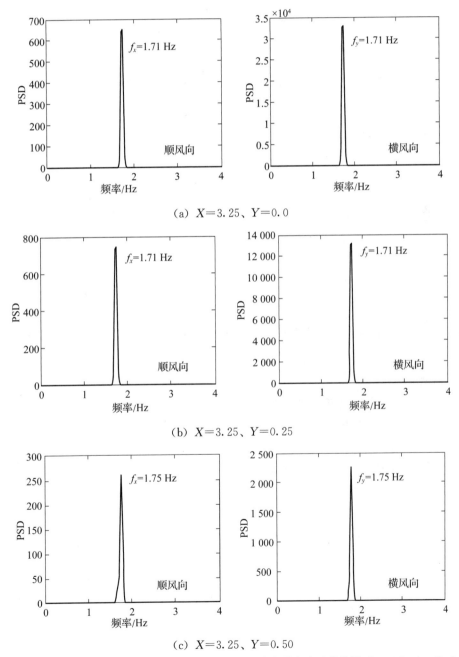

(a) $X=3.25$、$Y=0.0$

(b) $X=3.25$、$Y=0.25$

(c) $X=3.25$、$Y=0.50$

图 3.19　典型工况下平行钢丝吊索尾流索股位移时程的功率谱密度函数曲线（$U=10\text{m/s}$、$\zeta=0.11\%$）

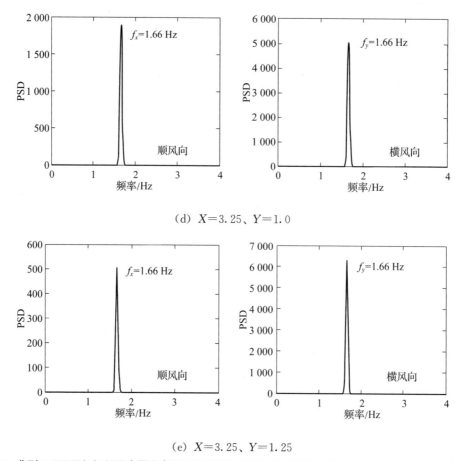

(d) $X=3.25$、$Y=1.0$

(e) $X=3.25$、$Y=1.25$

图 3.19　典型工况下平行钢丝吊索尾流索股位移时程的功率谱密度函数曲线 ($U=10m/s$、$\zeta=0.11\%$)（续图）

（4）风速的影响

图 3.20 给出了结构阻尼比 $\zeta=0.11\%$ 时，3 个典型工况下（$X=3.25$，$Y=0.25$、0.5 和 1.0）平行钢丝吊索尾流索股顺、横风向单边振幅（A_u 和 A_v）和振幅均方根值（A_{rms}）随折减风速（U/fD）的变化曲线。从图 3.20 中可以看出，不同空间位置的尾流索股起振临界风速不同，例如，当 $X=3.25$，$Y=0.25$、0.5 和 1.0 时，起振临界折减风速分别约为 60、20 和 45，对应的实际风速分别为 8.8 m/s、2.9 m/s 和 6.6 m/s。总体上来说，当风速大于临界风速以后，上述 3 种典型工况下尾流索股振幅随着风速的增加先增大后减小，这说明悬索桥吊索尾流致振不是发散性振动，短时间内不会影响悬索桥吊索的结构安全。需要特别关注的是，当 $X=3.25$，$Y=0.5$ 时，平行钢丝吊索尾流索股的振动呈现出涡激共振的限速特征，其具体机理有待进一步研究。

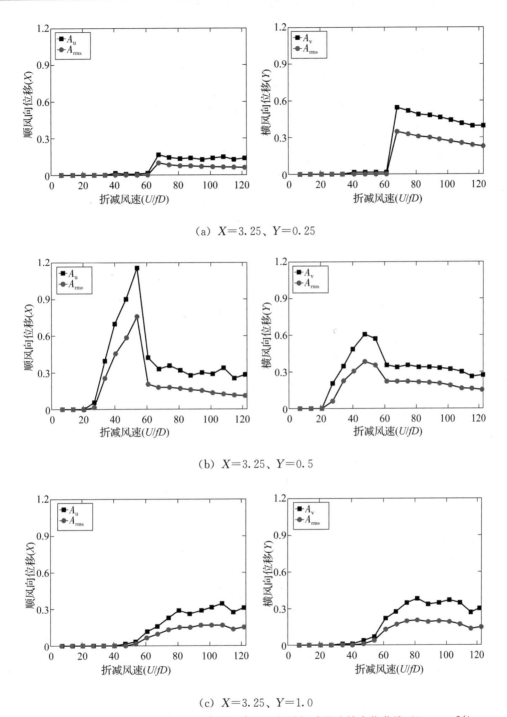

(a) $X=3.25$、$Y=0.25$

(b) $X=3.25$、$Y=0.5$

(c) $X=3.25$、$Y=1.0$

图 3.20　典型工况下平行钢丝吊索尾流索股振幅随折减风速的变化曲线（$\zeta=0.11\%$）

（5）阻尼比的影响

图 3.21 给出了结构阻尼比 $\zeta=0.11\%$、0.26% 和 0.50% 时，4 个典型工况下平行钢丝吊索尾流索股顺、横风向振幅随折减风速的变化曲线。从图 3.21 中可以看出，总体上来说，随着结构阻尼比的增大，4 个典型工况下平行钢丝吊索尾流索股的振幅有所减小，但

减小幅度不大。结构阻尼比由 0.11% 增大到 0.26% 时，上述 4 个典型工况的平行钢丝尾流索股振幅基本没有变化；结构阻尼比由 0.26% 增大至 0.50% 时，振幅减小的幅度稍大，且随着结构阻尼比的增大，尾流索股起振的临界风速有所增大。例如，当结构阻尼比由 0.26% 增大到 0.50% 时，工况 $X=3$、$Y=1.0$ 的起振的折减临界风速由 $U/fD=68$ 增大到 $U/fD=104$。总体而言，增大阻尼比似乎对抑制平行钢丝吊索尾流致振的效果不明显。

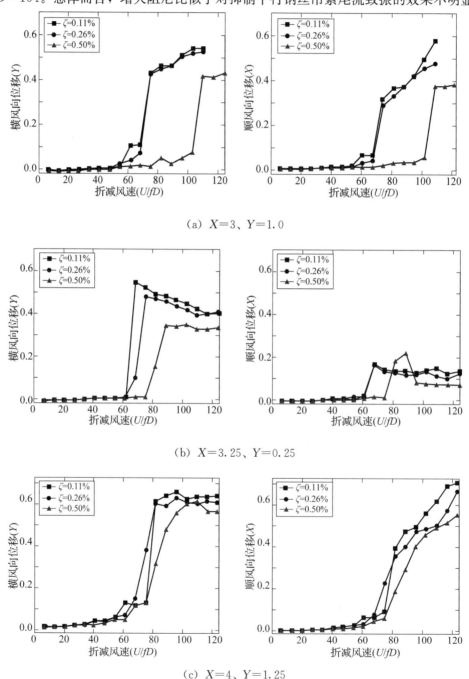

(a) $X=3$、$Y=1.0$

(b) $X=3.25$、$Y=0.25$

(c) $X=4$、$Y=1.25$

图 3.21　典型工况下不同结构阻尼比对平行钢丝吊索尾流索股振幅的影响

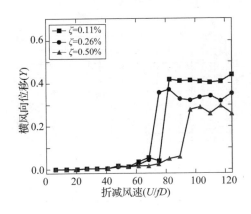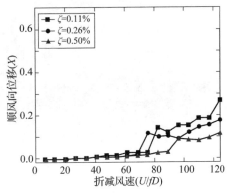

(d) $X=4.5$、$Y=0.5$

图 3.21　典型工况下不同结构阻尼比对平行钢丝吊索尾流索股振幅的影响（续图）

3.1.2.2　钢丝绳吊索

（1）振动幅值

图 3.22～图 3.24 分别给出了来流风速 $U=15$ m/s、结构阻尼比 $\zeta=0.52\%$ 时钢丝绳吊索尾流索股顺风向单边振幅 A_u、横风向单边振幅 A_v 以及合成单边振幅 A_{max} 的空间分布规律。其中，每幅图均包括三维立体图和相应的平面等高线图。从图 3.22 可以看出，钢丝绳吊索尾流索股大幅振动主要发生在 $X=$ [2.5，3.75]、$Y=$ [0.5，1.5] 空间范围内。顺风向单边振幅 A_u 最大可达 100 mm，横风向单边振幅 A_v 最大可达 50 mm。

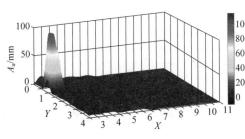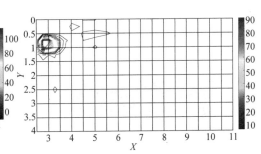

（a）三维立体图　　　　　　　　　（b）平面等高线图

图 3.22　钢丝绳吊索尾流索股顺风向单边振幅 A_u 的空间分布规律（$U=15$ m/s、$\zeta=0.52\%$）

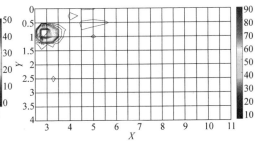

（a）三维立体图　　　　　　　　　（b）平面等高线图

图 3.23　钢丝绳吊索尾流索股横风向单边振幅 A_v 的空间分布规律（$U=15$ m/s、$\zeta=0.52\%$）

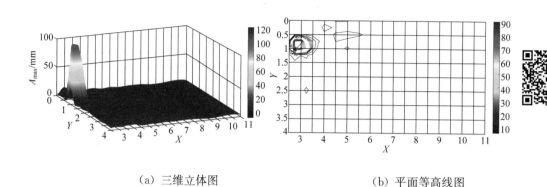

（a）三维立体图　　　　　　　　　（b）平面等高线图

图 3.24　钢丝绳吊索尾流索股合成单边振幅 A_{max} 的空间分布规律（$U=15m/s$、$\zeta=0.52\%$）

前文 3.1.2.1 小节"振动幅值"部分给出了来流风速 $U=10$ m/s、结构阻尼比 $\zeta=0.11\%$ 时平行钢丝吊索的试验结果，与图 3.22～图 3.24 中钢丝绳吊索风洞试验的来流风速和结构阻尼比有差异，为便于比较，图 3.25～图 3.27 分别给出了来流风速 $U=15$ m/s、结构阻尼比 $\zeta=0.52\%$ 时平行钢丝吊索尾流索股顺风向单边振幅 A_u、横风向单边振幅 A_v 以及合成单边振幅 A_{max} 的空间分布规律。

对比图 3.22～图 3.24 与图 3.25～图 3.27 可知，钢丝绳吊索发生尾流致振的空间区域远小于平行钢丝吊索，且在迎风索股尾流中心线上（即 $Y=0$）钢丝绳吊索尾流索股没有发生大幅振动。但是，钢丝绳吊索的最大振幅（100 mm）稍大于平行钢丝吊索的最大振幅（70 mm）。

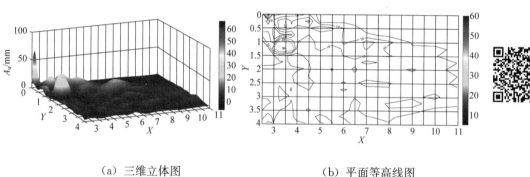

（a）三维立体图　　　　　　　　　（b）平面等高线图

图 3.25　平行钢丝吊索尾流索股顺风向单边振幅 A_u 的空间分布规律（$U=15$ m/s、$\zeta=0.52\%$）

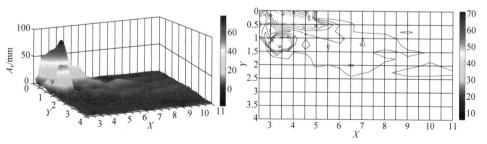

（a）三维立体图　　　　　　　　　（b）平面等高线图

图 3.26　平行钢丝吊索尾流索股横风向单边振幅 A_v 的空间分布规律（$U=15$ m/s、$\zeta=0.52\%$）

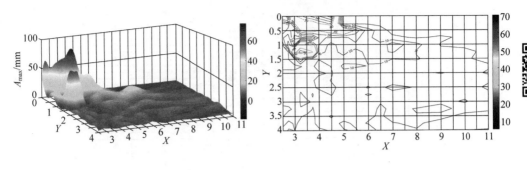

（a）三维立体图　　　　　　（b）平面等高线图

图 3.27　平行钢丝吊索尾流索股合成单边振幅 A_{max} 的空间分布规律（$U=15$ m/s、$\zeta=0.52\%$）

（2）运动轨迹

图 3.28 和图 3.29 分别给出了来流风速 $U=15$ m/s、结构阻尼比 $\zeta=0.52\%$ 时钢丝绳吊索尾流索股运动轨迹的空间分布规律。从图 3.28 中可以看出，钢丝绳吊索尾流索股发生大幅振动的运动轨迹只有一种类型，即椭圆振动，这与平行钢丝吊索的结果不同，如图 3.30 和图 3.31。

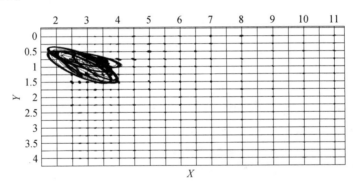

图 3.28　钢丝绳吊索尾流致振运动轨迹的空间分布规律（$U=15$ m/s、$\zeta=0.52\%$）

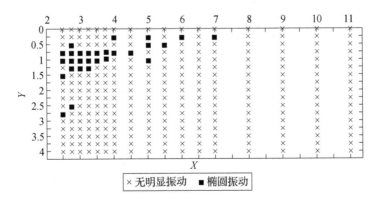

图 3.29　钢丝绳吊索尾流致振类型（$U=15$ m/s、$\zeta=0.52\%$）

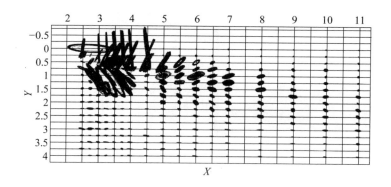

图 3.30　平行钢丝吊索尾流致振运动轨迹的空间分布规律（$U=15$ m/s、$\zeta=0.52\%$）

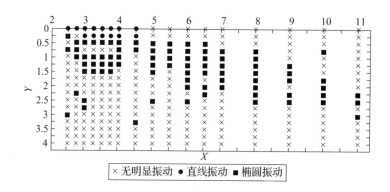

× 无明显振动　● 直线振动　■ 椭圆振动

图 3.31　平行钢丝吊索尾流致振类型（$U=15$ m/s、$\zeta=0.52\%$）

选取 3 个典型工况分析运动轨迹的具体特征，包括工况 $X=3.25$，$Y=0.75$、1.0、1.25。图 3.32 给出了上述 3 个典型工况下钢丝绳吊索尾流索股发生大幅振动的运动轨迹。从图 3.32 中可以看出，3 个工况的运动轨迹均为椭圆形式，运动方向为逆时针，且长轴均处于坐标系的第二、四象限，长轴与尾流中心线的夹角分别为 15°、25°和 40°。

（3）位移时程与频率

图 3.33 给出了来流风速 $U=15$ m/s、结构阻尼比 $\zeta=0.52\%$ 时，上述 3 个典型工况下钢丝绳吊索尾流索股的位移时程。从图 3.33 中可以看出，当尾流索股发生大幅振动时，钢丝绳吊索尾流致振的顺风向振幅大于横风向的值，这一结论与平行钢丝吊索的结果相反。

图 3.34 给出了上述 3 个典型工况下钢丝绳吊索尾流索股发生稳定振动时位移时程的功率谱密度曲线。其中，每个工况下左图和右图分别为顺风向和横风向结果。从图 3.34 中可以看出，工况 $X=3.25$，$Y=0.75$、1.0 和 1.25 下，钢丝绳吊索尾流索股发生稳定振动的顺风向与横风向频率都相等，为 1.587 Hz。而钢丝绳吊索的节段模型测振系统在零风速下测得的固有频率均为 1.61 Hz，这说明钢丝绳吊索发生大幅稳定振动时的振动频率要小于结构自身的固有频率，这与平行钢丝吊索的部分工况结果相同。工况 $X=3.25$，$Y=0$、0.25 和 0.5 下，没有发生大幅振动，对这些工况的位移时程进行功率谱分析，顺风

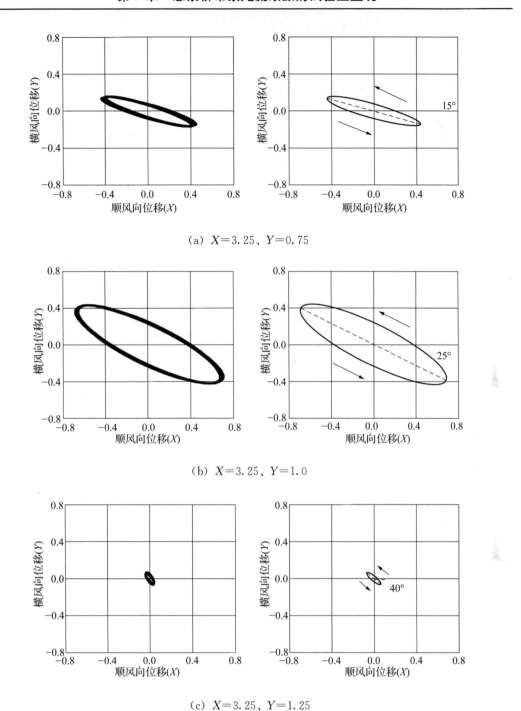

（a）$X=3.25$、$Y=0.75$

（b）$X=3.25$、$Y=1.0$

（c）$X=3.25$、$Y=1.25$

图 3.32　典型工况下钢丝绳吊索尾流索股运动轨迹（$U=15$ m/s、$\zeta=0.52\%$）

向振动频率均为 1.61 Hz，横风向分别为 1.67 Hz、1.69 Hz 和 1.72 Hz。关于振动频率与固有频率差异的具体原因，将在第五章作进一步的讨论。

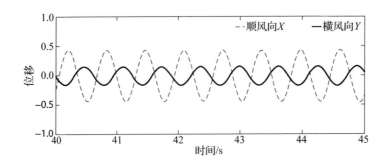

(a) $X=3.25$、$Y=0.75$

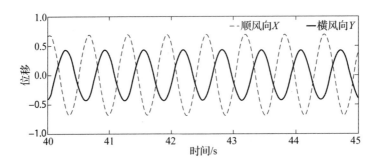

(b) $X=3.25$、$Y=1.0$

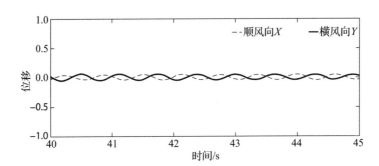

(c) $X=3.25$、$Y=1.25$

图 3.33　典型工况下钢丝绳吊索尾流索股的位移时程（$U=15$ m/s、$\zeta=0.52\%$）

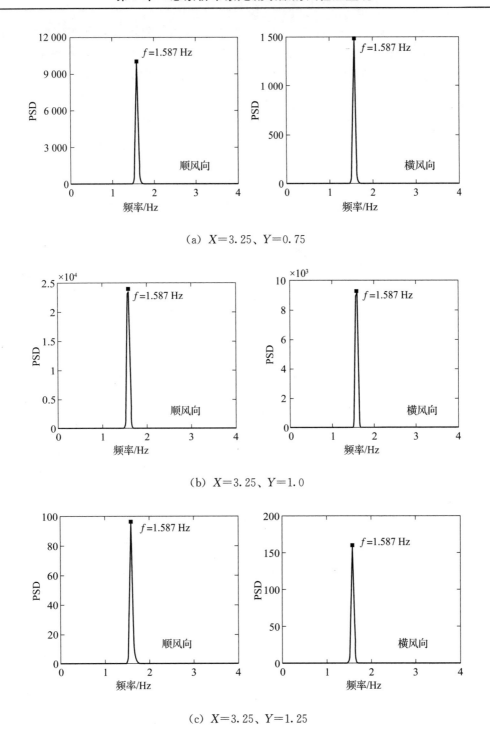

（a）$X=3.25$、$Y=0.75$

（b）$X=3.25$、$Y=1.0$

（c）$X=3.25$、$Y=1.25$

图 3.34　典型工况下钢丝绳吊索尾流索股位移时程的功率谱密度曲线（$U=15$ m/s、$\zeta=0.52\%$）

（4）风速的影响

图 3.35 给出了结构阻尼比 $\zeta=0.52\%$ 时，3 个典型工况下（$X=3.25$，$Y=0.75$、1.0 和 1.25）钢丝绳吊索尾流索股顺、横风向单边振幅（A_u 和 A_v）和振幅均方根值（A_{rms}）随折减风速的变化曲线。从图 3.35 中可以看出，不同工况下的起振临界折减风速

稍有不同，工况 $X=3.25$、$Y=0.75$、1.0 和 1.25 的起振临界折减风速分别为 90、60 和 100，对应的风速分别为 12.7 m/s、8.5 m/s 和 14.2 m/s。总体而言，钢丝绳吊索尾流索股的振动幅值随着风速的增大而一直增大，但平行钢丝吊索的部分工况出现了类似涡激共振的限速特征。

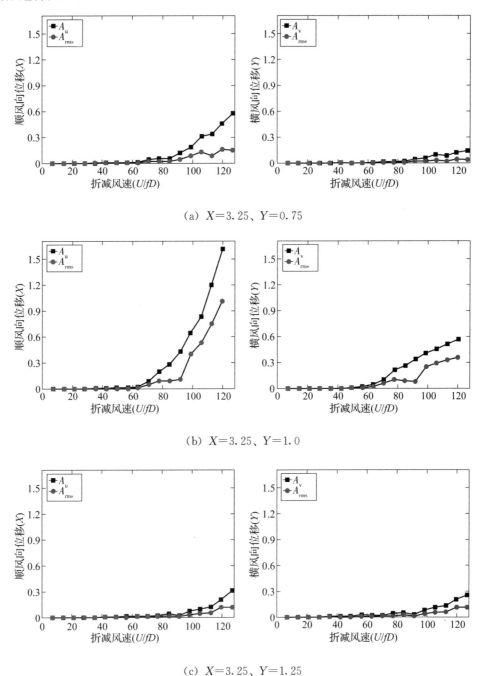

(a) $X=3.25$、$Y=0.75$

(b) $X=3.25$、$Y=1.0$

(c) $X=3.25$、$Y=1.25$

图 3.35 典型工况下钢丝绳吊索尾流索股振动幅值随折减风速的变化规律（$\zeta=0.52\%$）

（5）结构阻尼比的影响

图 3.36 给出了结构阻尼比 $\zeta=0.52\%$、0.71% 和 1.0% 时，3 个典型工况下（$X=3.25$，$Y=0.75$、1.0 和 1.25）钢丝绳吊索尾流索股、横风向振幅随折减风速的变化曲线。从图 3.36 中可以看出，随着结构阻尼比的增大，相同风速下钢丝绳吊索尾流索股的振幅值呈减小的趋势，起振临界折减风速也稍有增加。但是，即使结构阻尼比增大至 1.0%，钢丝绳吊索尾流致振的振幅也较大。总体而言，增大阻尼比似乎对抑制钢丝绳吊索尾流致振的效果不明显，这与平行钢丝吊索节段模型测振风洞试验得到的结论是相同的。

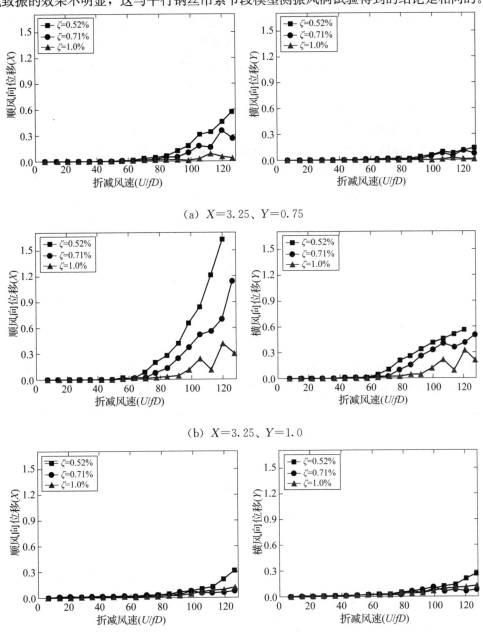

（a）$X=3.25$、$Y=0.75$

（b）$X=3.25$、$Y=1.0$

（c）$X=3.25$、$Y=1.25$

图 3.36 典型工况下不同结构阻尼比对钢丝绳吊索尾流索股振幅的影响

3.2 三维连续气弹模型测振风洞试验

目前，有关干扰效应引起的尾流致振现象的试验研究往往采用二维节段模型。例如，杜晓庆等[3]基于二维节段气弹模型进行了系列风洞试验，研究了间距为 4D 双索尾流致振的起振条件、振动振幅和运动轨迹，并探究了雷诺数效应以及结构阻尼比等对尾流致振的影响；Yagi 等[4]采用二维节段气弹模型研究了双圆柱尾流致振的振动形式及其空间分布规律；Kim 等[5]通过二维节段气弹模型风洞试验研究了两个圆柱平行和不平行布置情况下的尾流致振特征。但是，实际的悬索桥吊索是一个三维连续体系，理论上含有无穷多个自振频率，随着吊索长度的不断增加，其基频逐渐减小，更多的模态可能会参与到尾流致振中。西堠门大桥吊索现场观测结果也表明，吊索发生尾流致振时会出现多个模态耦合振动现象，二维节段模型风洞试验无法模拟上述的多模态耦合振动，有必要针对悬索桥吊索的尾流致振开展三维连续气弹模型风洞试验。

悬索桥吊索长细比超大，若长度和直径采用相同的几何相似比，有两种方式：①以风洞试验段截面尺寸确定模型长度，此时模型直径会非常小，这将导致不可接受的雷诺数效应，且增加了模型响应测试难度；②以可接受的模型直径确定几何相似比，则模型的长度会很长，远大于风洞试验段截面尺寸。显然，上述两种方式都有明显的缺点，甚至可能无法实施。Hua 等[6]采用 1:36 的缩尺比，设计制作了西堠门大桥吊索三维连续气弹模型，索股模型的直径仅为 2.5 mm；Li 等[7]和 He 等[8]设计了大尺度斜拉索三维连续气弹模型，试验模型的长度远小于其目标值；Chen 等[9]和 Li 等[10]设计了类似的吊索三维气弹模型，也碰到了类似的困难。

针对上述模型设计难题，笔者首先提出了一种超长吊索三维连续气弹模型设计的新方法，可准确地模拟实际吊索的动力特性。其次，以西堠门大桥吊索结构参数为工程背景，利用该方法设计制作了三维连续气弹模型，进行了双索股吊索风洞测振试验，得到了吊索的尾流致振响应，并研究了增加结构阻尼、缠绕螺旋线和安装分隔架等三种抑振措施对吊索尾流致振的控制效果。

3.2.1 超长吊索三维连续气弹模型设计新方法

在气弹模型的设计中，不仅要求结构物几何外形相似，还要求气动弹性参数相似，包括结构的密度、弹性、内摩擦，以及气流的密度、黏性系数、速度、重力加速度等。上述相似性可由雷诺（Reynolds）数、弗劳德（Froude）数、柯西（Cauchy）数、施特鲁哈尔（Strouhal）数、阻尼比以及密度比六个无量纲参数共同决定，如表 3.2 所示。

然而，在实际气弹模型设计中，往往难以满足所有的相似参数。例如，因风洞试验段尺寸和试验风速的限制，风洞试验时模型的 Reynolds 数远小于实际结构在实际风速下的 Reynolds 数。而且，并不是所有的相似参数都会对试验结果产生明显影响。因此，在风洞试验模型设计中，需根据研究对象和研究目的对相似关系进行取舍，重要相似参数需严格满足，适当放弃次要相似参数的模拟。

表 3.2　气弹模型设计的无量纲参数相似要求[2]

无量纲参数	表达式	物理意义	相似要求
Reynolds 数	$\rho U D/\mu$	气动惯性力/空气黏性力	钝体可不模拟
Froude 数	$G D/U^2$	结构重力/气动惯性力	直立结构可不模拟
Strouhal 数	$f D/U$	时间尺度	严格相似
Cauchy 数	$E/\rho U^2$	结构弹性力/气动惯性力	严格相似
密度比	ρ_s/ρ_f	结构惯性力/气动惯性力	严格相似
阻尼比	ζ	每周期耗能/振动总能量	严格相似

根据现场观测结果可知，实际吊索发生尾流致振的风速约为 10 m/s，对应的 Reynolds 数约为 $6.1×10^4$，处于亚临界区，与气弹模型相同。因此，放弃对 Reynolds 数的模拟不会对试验结果产生重要影响。Froude 数反映了重力对风振响应的影响，对 P-Δ 效应较显著的结构，重力场对风振响应存在一定影响，对于吊索等直立式结构而言，Froude 数是一个相对次要的参数。因此，在本研究的悬索桥吊索三维连续气弹模型设计中，放弃了对 Reynolds 数和 Froude 数相似性的模拟，严格模拟了 Strouhal 数、Cauchy 数、密度比和阻尼比等相似参数。

受风洞试验段截面尺寸的限制，若模型在长度和直径方向采用相同的几何缩尺比，将使得吊索模型的直径非常小，导致极低的试验风速，并增加吊索模型响应测试难度。

吊索的第 n 阶模态的频率 f_n 可由下式确定：

$$f_n = \frac{n}{2L}\sqrt{\frac{T}{m}} \tag{3.2}$$

式中，L、T 和 m 分别是吊索的长度、轴向力和单位长度质量。由公式（3.2）可知，在吊索模型的长度 L 不能完全模拟的情况下，可以通过改变其轴向力 T 来调整模型频率 f_n，使其达到目标值。

假设吊索原型的长度、直径、轴向力和单位长度质量分别为 l_p、D_p、T_p 和 m_p，在严格的相似下，相应的吊索模型的长度、直径、轴向力和单位长度质量分别为 l_m、D_m、T_m 和 m_m。吊索模型第 n 阶模态的运动方程可表示为：

$$\ddot{Y}_n + 2\zeta_n\omega_n\dot{Y}_n + \omega_n^2 Y_n = F_n/M_n \tag{3.3}$$

式中，Y_n、F_n 和 M_n 分别为吊索模型第 n 阶模态的广义位移、广义荷载和广义质量；ζ_n 和 ω_n 分别为吊索模型第 n 阶模态的阻尼比和圆频率。

吊索模型第 n 阶模态的振型 $\varphi_n(x)$ 可表示为理想的简谐形式：

$$\varphi_n(x) = \sin n\pi x/l_m \tag{3.4}$$

吊索模型第 n 阶模态的广义质量 M_n 为：

$$M_n = \int_0^{l_m} m_m \cdot \varphi_n^2(x) \mathrm{d}x = \frac{m_m l_m}{2} \tag{3.5}$$

假定作用在吊索模型上的风荷载为均布荷载 p_m，则第 n 阶模态的广义荷载 F_n 可由下式求得：

$$F_n = \int_0^{l_m} p_m \cdot \varphi_n(x) \mathrm{d}x = [1 + (-1)^{n-1}] \frac{p_m l_m}{n\pi} \tag{3.6}$$

将公式（3.5）和（3.6）代入公式（3.3），可得吊索模型第 n 阶模态的运动微分方程为：

$$\ddot{Y}_n + 2\zeta_n\omega_n\dot{Y}_n + \omega_n^2 Y_n = [1 + (-1)^{n-1}] \frac{2p_m}{n\pi m_m} \tag{3.7}$$

由于风洞试验段截面尺寸的限制，将吊索模型的长度由严格缩尺比情况下的 l_m（后文简称"长索模型"）缩短至 l_{ms}，但模型索直径 D_m 和单位长度质量 m_m 保持不变。同时为了保持频率不变，缩短后的吊索模型（后文简称"短索模型"）轴向力 T_{ms} 与 T_m 需满足如下关系：

$$\sqrt{T_m}/l_m = \sqrt{T_{ms}}/l_{ms} \tag{3.8}$$

短索模型的第 n 阶广义质量 M_{ns} 和广义荷载 F_{ns} 可分别由下式求得：

$$M_{ns} = \int_0^{l_{ms}} m_m \cdot \varphi_n^2(x) dx = \frac{m_m l_{ms}}{2} \tag{3.9}$$

$$F_{ns} = \int_0^{l_{ms}} p_m \cdot \varphi_n(x) dx = [1 + (-1)^{n-1}] \frac{p_m l_{ms}}{n\pi} \tag{3.10}$$

将公式（3.9）和（3.10）代入公式（3.3），可得到短索模型的运动微分方程，与方程（3.7）完全一致。这表明采用短索模型并适当调整轴向力，其运动微分方程与长索模型完全相同，因此，采用短索模型所测得的响应可以反映长索模型的响应特征。

3.2.2 试验概况

悬索桥吊索三维连续气弹模型风洞试验在湖南大学 HD-3 风洞（如图 3.37 所示）中进行。该风洞属于直流式边界层风洞，高 2.5 m、宽 3.0 m、长 11.5 m，风速在 0.5～20 m/s 范围内连续可调。

以双索股吊索为工程背景，为考虑迎风索股振动对双索股之间相互气动干扰的影响，迎风和尾流索股均采用气弹模型。索股模型由钢制外衣、配重块、钢丝三部分组成，如图 3.38 所示。通过调节钢丝张力调节索股模型频率，钢制外衣保证了索股模型的气动外形，每段外衣长度 100 mm，相邻两外衣之间的间隙为 3 mm，可避免钢制外衣提供额外刚度，并保证试验中相邻外衣之间不发生碰撞，外衣与钢丝通过配重块相连。将吊索模型安装在特制的钢支架上，上端固定在钢支架顶部的滑槽内，下端穿过固定在钢支架底部滑槽内的导向滑轮，并与固定在钢支架上的花篮螺栓连接。通过旋转花篮螺栓可实现对索股模型轴向力的调节，从而调整模型频率。钢支架顶部与风洞顶壁之间采用两个千斤顶的顶升，保证试验室钢支架无明显振动。模型安装在风洞中的照片如图 3.39 所示。

（a）HD-3 风洞外部　　　　　　　　　　（b）HD-3 风洞内部

图 3.37　湖南大学 HD-3 风洞试验室照片

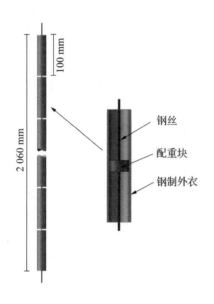

图 3.38　索股模型构造示意图　　　　　**图 3.39　模型安装在风洞中的照片**

　　参考西堠门大桥边跨 2 号吊索的结构参数，吊索索股的直径、长度和单位长度质量分别为 88 mm、160 m 和 31 kg/m，一阶频率为 0.40 Hz。几何缩尺比选定为 1∶4，由于风洞试验段截面尺寸的限制，吊索模型全长取为 2.06 m，小于严格相似比下的模型长度 40 m，根据 3.2.1 小节所述的模型设计方法，采用短索模型代替长索模型是合理可行的。忽略对 Froude 数的模拟，风速比取为 1∶1，吊索原型和模型的结构参数相似比如表 3.3 所示。试验测试前对吊索模型的固有频率进行识别，测试频率与目标频率偏差控制在 2% 范围内，试验测试后也对吊索模型固有频率进行识别，以确保试验中吊索张力不出现松弛现象。采用四个加速度计对吊索模型的响应进行测量，加速度计安装在距吊索底端 0.75 m 高度处，四个加速度计分别对应迎风、尾流索股的顺、横桥向响应，采样频率 1 000 Hz，采样时间 60 s。

表 3.3　吊索原型与模型的结构参数相似比

参数	相似比
直径	$\lambda_D = 1/4$
风速	$\lambda_U = 1/1$
单位长度质量	$\lambda_M = 1/16$
频率	$\lambda_f = 4/1$

双索股之间相对空间位置的定义如图 3.40 所示，其中，P 为迎风和尾流索股中心间距与索股直径 D 的比值，试验中利用设置在钢支架顶、底部的两个滑槽来调节迎风和尾流索股的中心间距；α 为风攻角，钢支架放置在风洞试验段的转盘上，通过转盘转动来调节风攻角。考虑到实际悬索桥吊索的索股间距，以及已有文献的试验结果，索股间距的试验范围选定为 $3 \leqslant P \leqslant 10$，风攻角的试验范围选定为 $0 \leqslant \alpha \leqslant 20°$。其中，当 $3 \leqslant P \leqslant 6$ 时，索股间距和风攻角间隔分别为 $\Delta P = 0.5$ 和 $\Delta \alpha = 5°$；当 $6 < P \leqslant 10$ 时，索股间距和风攻角间隔分别为 $\Delta P = 1$ 和 $\Delta \alpha = 5°$，总计 60 个试验工况。试验在均匀流场中进行，试验风速范围为 $U = 3 \sim 14 \ \text{m/s}$，风速间隔为 $\Delta U = 1 \ \text{m/s}$，对应的雷诺数在 $0.44 \times 10^4 \sim 2.05 \times 10^4$ 范围内。经测试，模型阻尼比为 0.19%。双索股吊索三维连续气弹模型风洞试验的详细参数见表 3.4。

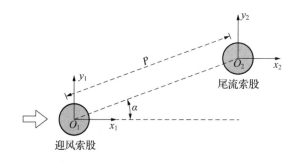

图 3.40　双索股相对空间位置定义

表 3.4　双索股吊索三维连续气弹模型风洞试验参数

参数	取值
空间范围	$3 \leqslant P \leqslant 10$, $0 \leqslant \alpha \leqslant 20°$ $\Delta P = 0.5$，$\Delta \alpha = 5°$（$3 \leqslant P \leqslant 6$）； $\Delta P = 1$，$\Delta \alpha = 5°$（$6 < P \leqslant 10$）
风速	$U = 3 \sim 14$，$\Delta U = 1 \ \text{m/s}$
雷诺数	$0.44 \times 10^4 \sim 2.05 \times 10^4$
阻尼比	0.19%

3.2.3　试验结果与讨论

图 3.41 和图 3.42 分别给出了试验风速 $U=3\sim14$ m/s（折减风速 $U_r=U/fD=85\sim$ 398）范围内尾流索股的单边最大振幅（A_{max}/D）以及振幅均方根（A_{rms}/D）的空间分布规律。其中，位移时程通过对试验实测加速度时程在频域内做两次数值积分得到。从图 3.41 和图 3.42 中可以看出，在各风速下均观测到尾流索股发生了明显大幅振动现象，且随着风速增大，尾流索股发生大幅振动的空间区域呈现增大趋势。其中，当风速为 3 m/s$\leqslant$ $U\leqslant5$ m/s（85$\leqslant U_r\leqslant$142）时，尾流索股大幅振动主要发生在 P 较小的空间位置，即 $3\leqslant P\leqslant$ 4，$5°\leqslant\alpha\leqslant20°$ 区域内。当风速为 6 m/s$\leqslant U\leqslant12$ m/s（170$\leqslant U_r\leqslant$341）时，尾流索股发生大幅振动的空间位置增大，除 $3\leqslant P\leqslant4$，$5°\leqslant\alpha\leqslant20°$ 区域外，在较大间距 $6\leqslant P\leqslant8$，$0°\leqslant$ $\alpha\leqslant10°$ 空间区域也出现了大幅振动。值得注意的是，西堠门大桥 2 号吊索的索股在顺、横桥向间距分别为 3.4D 和 6.8D 时，处于上述两个空间区域范围内。当风速为 13 m/s$\leqslant$ $U\leqslant14$ m/s（369$\leqslant U_r\leqslant$398）时，尾流索股发生大幅振动的空间区域进一步增大，在大间距 $8\leqslant P\leqslant10$ 空间范围内也发生了大幅振动。

在一些特定的试验工况下观测到了迎风和尾流索股的碰撞现象。当风速 $U=7$ m/s（$U_r=199$）时，在 $P=3$，$\alpha=15°$ 和 $20°$ 两个工况下，观测到了迎风和尾流索股发生碰撞。随着风速进一步增大，在 $P=3$，$\alpha=10°$、$15°$ 和 $20°$，以及 $P=3.5$，$\alpha=10°$、$15°$ 和 $20°$ 六个试验工况下也观测到了碰撞现象。在图 3.41 中，将发生索股碰撞的试验工况用红色实心方点标出。

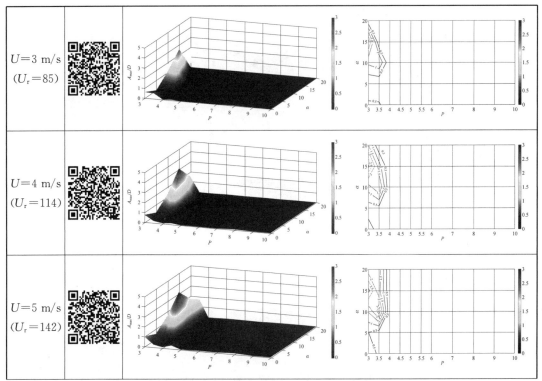

图 3.41　不同风速下尾流索股单边最大振幅的空间分布规律

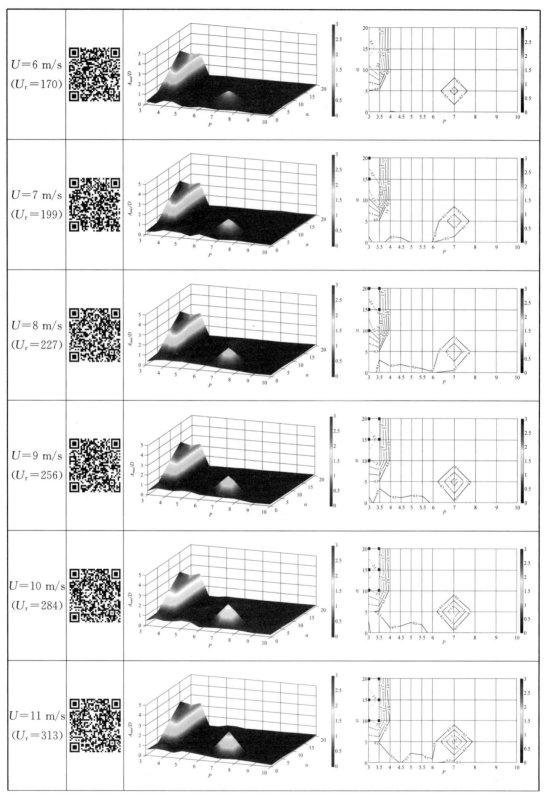

图 3.41　不同风速下尾流索股单边最大振幅的空间分布规律（续图）

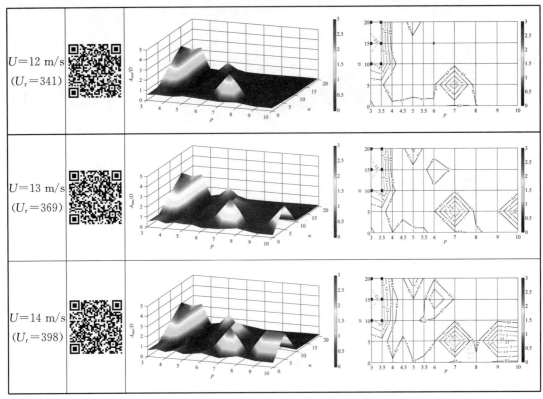

图 3.41　不同风速下尾流索股单边最大振幅的空间分布规律（续图）

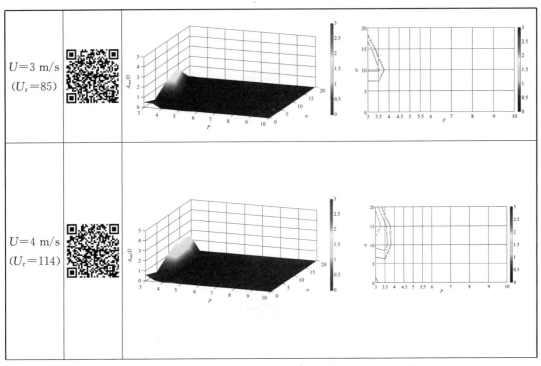

图 3.42　不同风速下尾流索股振幅均方根的空间分布规律

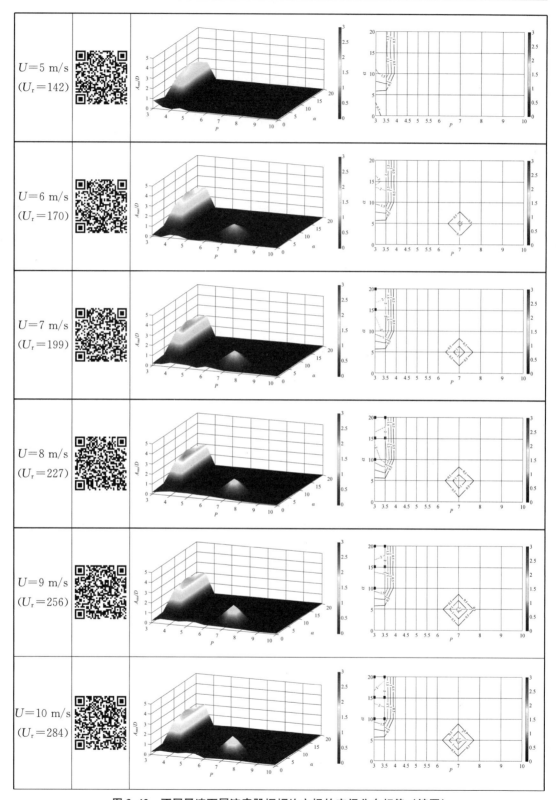

图 3.42　不同风速下尾流索股振幅均方根的空间分布规律（续图）

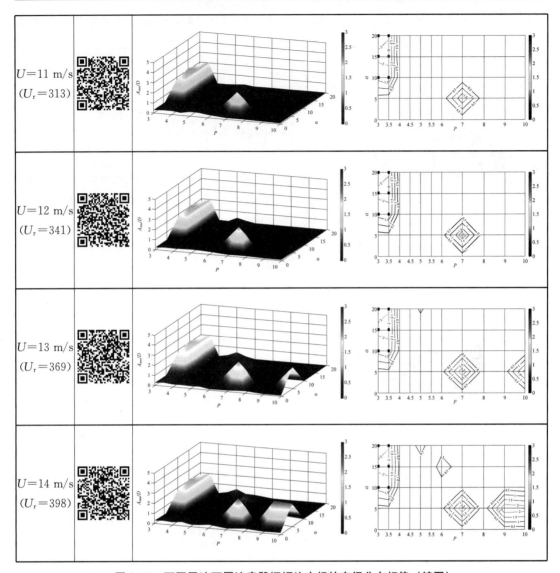

图 3.42　不同风速下尾流索股振幅均方根的空间分布规律（续图）

对于迎风索股，试验中仅在 $P=3.5$、$\alpha=0°$ 空间位置处，且当来流风速 $U \geqslant 11$ m/s（$U_r \geqslant 313$）时观测到了明显振动，其他空间位置处所有试验风速下迎风索股的振幅均小于 $0.2D$。图 3.43 给出了 $U=14$ m/s（$U_r=398$）时迎风索股单边最大振幅和振幅均方根的空间分布规律。从图 3.43 中可以看出，迎风索股仅在 $P=3.5$、$\alpha=0°$ 试验工况下发生了明显振动，单边最大振幅和振幅均方根分别约为 $1.3D$ 和 $0.7D$。该工况下迎风索股的振动机理将在后文作详细分析。

考虑到西堠门大桥边跨 2 号吊索索股实际间距，对 $P=3.5$、$\alpha=0°$，$P=3.5$、$\alpha=20°$ 以及 $P=7$、$\alpha=15°$ 三个典型试验工况的吊索振动特性做进一步的分析。图 3.44 给出上述三个典型试验工况下吊索模型单边最大振幅（A_{max}/D）随折减风速（U_r）的变化规律，同时图 3.44 还给出了特定风速下的振动轨迹。如前所述，在 $P=3.5$、$\alpha=0°$ 试验工况下，迎风和尾流索股均发生了大幅振动，因此该工况下分别给出了迎风和尾流索股结果，其他两个工况仅给出尾流索股结果。

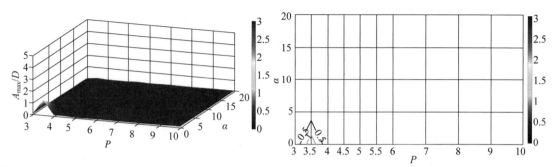

（a）振幅最大值空间分布三维图　　　　　　（b）振幅最大值空间分布二维图

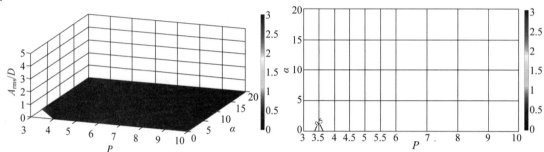

（c）振幅 RMS 值空间分布三维图　　　　　　（d）振幅 RMS 值空间分布二维图

图 3.43　风速 $U=14$ m/s（$U_r=398$）时迎风索股的振幅空间分布规律（$P=3.5$，$\alpha=0°$）

在 $P=3.5$、$\alpha=0°$ 试验工况下，当折减风速 $U_r \leqslant 313$ 时，迎风索股振幅很小，最大振幅小于 $0.2D$，当折减风速 $U_r \geqslant 313$ 时，迎风索股振幅随风速增大急剧增大，如图 3.44（a）所示。这表明迎风索股的振动存在临界风速，其折减风速 U_r 约为 313，对应的试验风速 U 为 11 m/s。当迎风索股大幅振动时，其振动轨迹表现为顺风向的直线振动，如图 3.44（a）中的振动轨迹所示。当折减风速 $U_r \geqslant 369$ 时，随着风速的增大，振幅似乎趋于稳定。已有研究表明，在本试验的雷诺数范围内，间距比 $P=3.5$ 时，其绕流流态为剪切层再附流态，在迎风索股分离的剪切层会附着在尾流索股表面，两个索股之间存在强烈的回流，这会导致尾流索股受到负阻力作用，而迎风索股的阻力较大[11]，从而导致迎风索股的大幅振动。

对于 $P=3.5$、$\alpha=0°$ 试验工况下的尾流索股［图 3.44（b）］，在试验起始风速下就出现了较大振幅，其顺风向和横风向的振幅均达到了 $0.5D$ 左右。该低风速范围内的振动可能为尾流致涡激振动，与迎风索股的旋涡脱落有关[12]，然而，图 3.44（b）中低风速振动仅有下降段，与涡激共振的限速区特征不同，这可能与试验起始风速偏大有关。随着风速的增大，尾流索股振幅整体上呈减小趋势，当 $170 \leqslant U_r \leqslant 398$ 时，尾流索股振幅随着风速的增大又呈现增大趋势，从图 3.44（b）中的振动轨迹中可以看出，该风速范围内的尾流索股振动基本以横风向振动为主。该风速区间内的振动特征与尾流驰振（不同文献命名不同，文献[1,12]将仅在横风向振动称为尾流驰振，顺风向与横风向耦合的椭圆振动称为尾流颤振，本书采用该方式）的特征一致。从图 3.44（b）中还可以看出，当 $170 \leqslant U_r \leqslant 398$ 时，尾流索股振动首先表现为横风向直线振动的尾流驰振，随着风速的增大，尾流索股振动转变为顺风向和横风向耦合的椭圆振动，即尾流颤振，这表明尾流索股的振动特征会随风速变化而变化。

在 $P=3.5$、$\alpha=20°$ 试验工况下，尾流索股振动的临界折减风速 U_r 约为 142，对应试验风速 U 为 5 m/s，当风速达到临界风速后，随着风速的增大，尾流索股振幅急剧增加，其顺风向和横风向的振幅基本相等，表现为椭圆振动，如图 3.44（c）所示。在 $P=3.5$、$\alpha=20°$ 试验工况下，当风速 U 增大到 8 m/s 时，迎风和尾流索股之间发生了碰撞，为保证模型安全性，停止了该工况下的测试。

在 $P=7$、$\alpha=15°$ 试验工况下，随着风速的增大，尾流索股振幅缓慢增加，没有出现明显的临界风速，顺风向和横风向振幅大体相当，表现为椭圆振动，如图 3.44（d）所示。

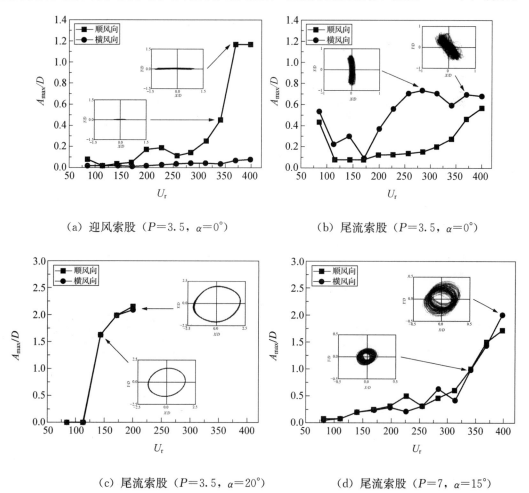

（a）迎风索股（$P=3.5$，$\alpha=0°$）　　　　（b）尾流索股（$P=3.5$，$\alpha=0°$）

（c）尾流索股（$P=3.5$，$\alpha=20°$）　　　　（d）尾流索股（$P=7$，$\alpha=15°$）

图 3.44　典型工况下吊索模型单边最大振幅随折减风速的变化规律及其振动轨迹

图 3.45～图 3.47 给出 $P=3.5$、$\alpha=0°$，$P=3.5$、$\alpha=20°$ 和 $P=7$、$\alpha=15°$ 三个典型试验工况下吊索振动的位移时程。从图 3.45～图 3.47 可以看出，当吊索发生明显振动时，其振幅均比较稳定。

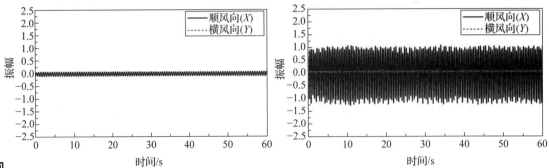

(a) 迎风索股（$U_r=85$）　　　　　　　　　(b) 迎风索股（$U_r=369$）

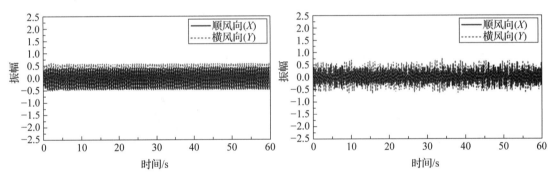

(c) 尾流索股（$U_r=85$）　　　　　　　　　(d) 尾流索股（$U_r=369$）

图 3.45　典型风速下吊索振动的位移时程（$P=3.5$，$\alpha=0°$）

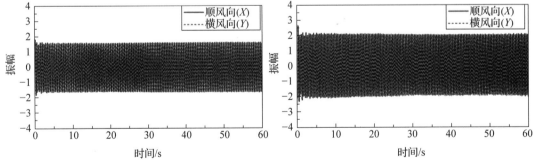

(a) 尾流索股（$U_r=142$）　　　　　　　　　(b) 尾流索股（$U_r=199$）

图 3.46　典型风速下吊索振动的位移时程（$P=3.5$，$\alpha=20°$）

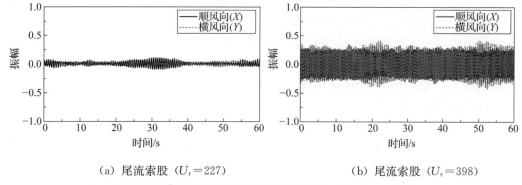

（a）尾流索股（$U_r=227$）　　　　　　（b）尾流索股（$U_r=398$）

图 3.47　典型风速下吊索振动的位移时程（$P=7$，$\alpha=15°$）

图 3.48 给出了 $P=3.5$、$\alpha=0°$试验工况下，不同风速时迎风和尾流索股顺风向振动的功率谱分析结果。当折减风速 $U_r=85\sim313$ 时，迎风索股主要表现为第一阶模态的振动，但振动能量很小；当折减风速 U_r 增大至 369（临界风速为 $U_r=313$）时，振动能量开始增大，前几阶模态的频率处均出现明显峰值，但第一阶模态能量明显大于其他模态的值，表明迎风索股振动仍以第一阶模态为主。对于尾流索股，当折减风速 $U_r=85$ 时，前几阶模态均参与振动，但以第一阶模态为主；当风速增大至 $U_r=142\sim313$ 时，前几阶模态的频率处呈现出多个峰值，但没有明显占优的模态，且振动能量均较小；当折减风速增大至 $U_r=369$ 时，第一阶模态的振动能量开始增大，且明显大于其他模态，说明在此风速下，第一阶模态开始重新主导尾流索股振动。

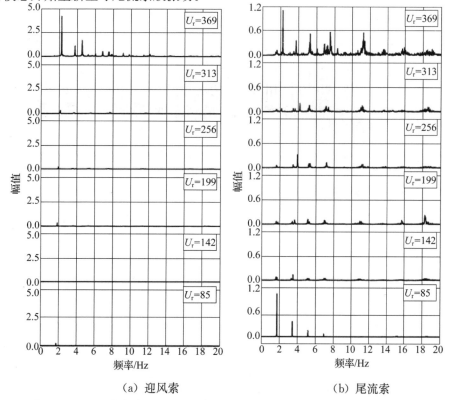

（a）迎风索　　　　　　　　　　（b）尾流索

图 3.48　不同风速时迎风和尾流索股顺风向振动的功率谱（$P=3.5$、$\alpha=0°$）

为研究各参振模态在时域内的转换情况，对振动时程进行了时频分析。图 3.49 给出了 $P=3.5$、$\alpha=0°$ 试验工况下迎风和尾流索股顺风向振动响应的时频分析结果。从图 3.49 中可以看出，当折减风速 $U_r=85$ 时，迎风和尾流索股振动均以第一阶模态为主，伴有少数低阶模态参与；当折减风速 $U_r=369$ 时，迎风和尾流索股振动的参振模态数变多，特别是尾流索股，但是仍以第一阶模态为主。在整个分析周期内，第一阶模态振动稳定存在，而高阶模态并不能稳定存在。

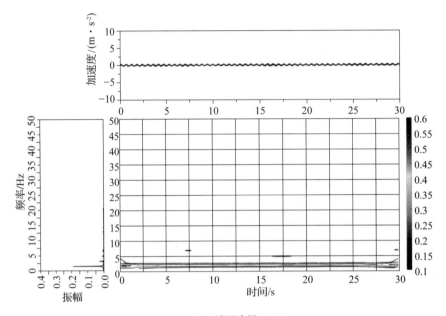

（a）迎风索股 $U_r=85$

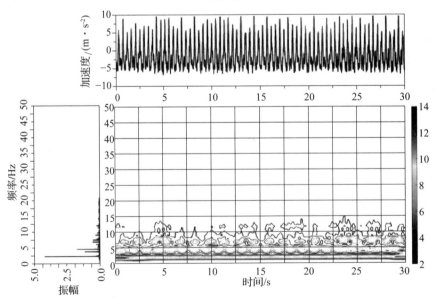

（b）迎风索股 $U_r=369$

图 3.49　吊索顺风向振动响应的时频分析（$P=3.5$、$\alpha=0°$）

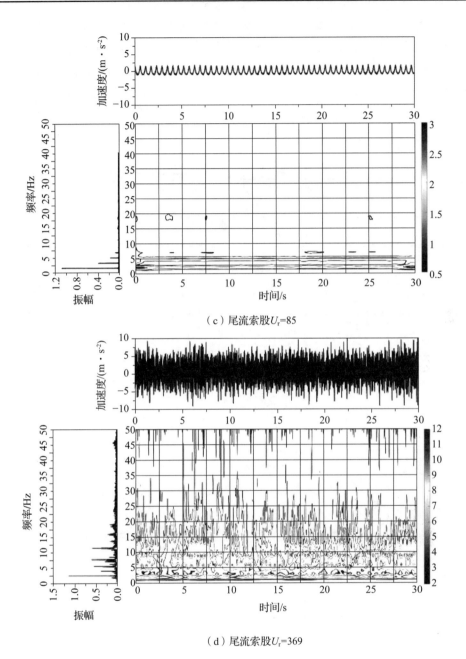

（c）尾流索股U_r=85

（d）尾流索股U_r=369

图 3.49　吊索顺风向振动响应的时频分析（$P=3.5$、$\alpha=0°$）（续图）

图 3.50 给出了 $P=3.5$、$\alpha=20°$ 和 $P=7$、$\alpha=15°$ 两个试验工况下、不同风速时尾流索股顺风向振动的功率谱分析结果。在 $P=3.5$、$\alpha=20°$ 试验工况下，当折减风速 $U_r=85\sim114$ 时，并未发现明显的能量峰值，说明此时结构无明显振动；当风速大于临界风速（$U_r=142$）时，在几个低阶模态的频率处出现多个能量峰值，其中第一阶模态振动能量要明显大于其他模态的值。在 $P=7$、$\alpha=15°$ 试验工况下，当折减风速 $U_r=170\sim227$ 时，尾流索股顺风向振动响应的功率谱出现多个能量峰值，但无明显占优模态；当

折减风速 U_r 增大至 284 时，第三阶模态振动能量显著增大，明显大于其他模态，说明在此风速下，第三阶模态开始主导尾流索股振动；当折减风速 U_r 增大至 341 和 398 时，第三阶模态振动能量进一步增大，振动近乎表现为第三阶模态的单模态振动。由于尾流索股横风向振动响应的功率谱分析结果与顺风向结果相似，在此就不再列出。

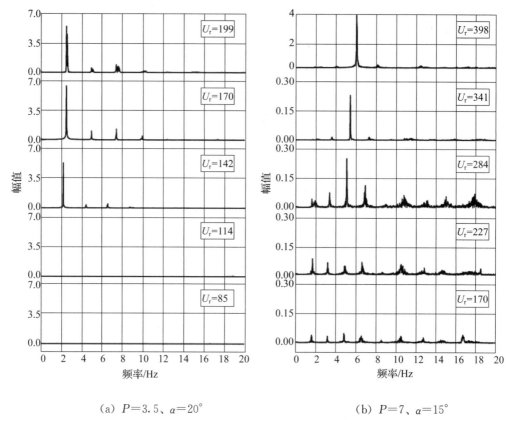

(a) $P=3.5$、$\alpha=20°$　　　　　　(b) $P=7$、$\alpha=15°$

图 3.50　典型工况下不同风速时尾流索股顺风向振动响应的功率谱

图 3.51 和图 3.52 分别给出了 $P=3.5$、$\alpha=20°$ 和 $P=7$、$\alpha=15°$ 两个典型试验工况下，不同风速时尾流索股顺风向振动响应的时频分析结果。从图 3.51 和图 3.52 中可以看出，在 $P=3.5$、$\alpha=20°$ 试验工况下，当 $U_r=142$ 时，尾流索股振动以第一阶模态为主，随着风速增大，振动的多模态参与程度加剧，但仍以第一阶模态为主，且各模态的贡献均能稳定存在。在 $P=7$、$\alpha=15°$ 试验工况下，当 $U_r=227$ 时，尾流索股振动的多模态参与明显，无明显占优模态，各阶模态的贡献在整个分析周期内均呈不稳定性；当 $U_r=398$ 时，尾流索股振动表现为第三阶单模态振动，且在整个分析周期内，第三阶模态的贡献稳定存在。

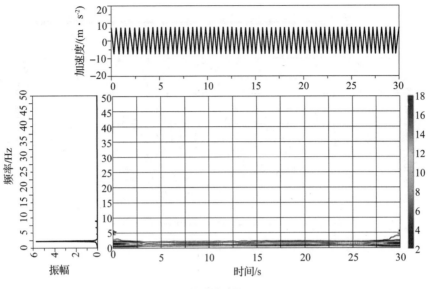

（a）尾流索股U_r=142

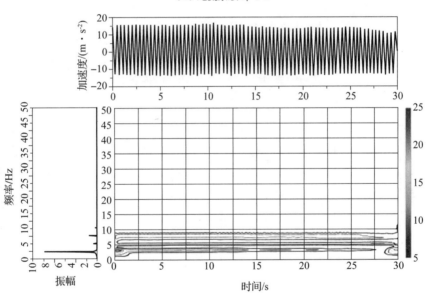

（b）尾流索股U_r=199

图 3.51 不同风速时尾流索股顺风向振动响应的时频分析结果（P=3.5、α=20°）

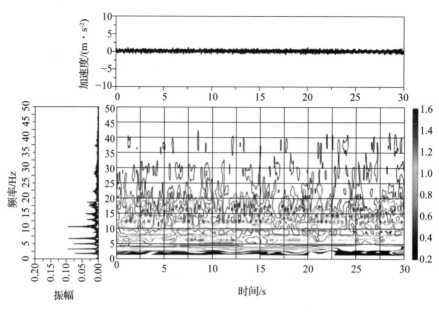

（a）尾流索股U_r=227

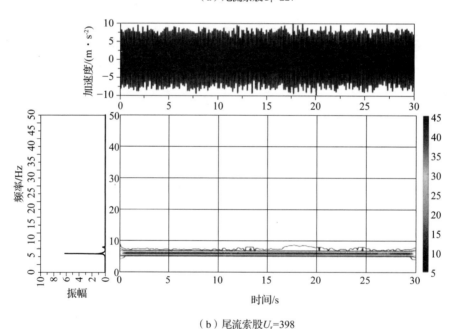

（b）尾流索股U_r=398

图 3.52 不同风速时尾流索股顺风向振动响应的时频分析结果（$P=7$、$\alpha=15°$）

3.2.4 抑振措施的试验研究

目前，已有多座悬索桥的多索股吊索观测到了大幅风致振动，但最终的有效抑振措施各不相同。例如，丹麦大带东桥采用的是在索端安装阻尼器的机械措施来控制吊索振动[13]，日本明石海峡大桥通过在吊索上缠绕螺旋线的气动措施成功地控制了吊索振动[14]，中国西堠门大桥则通过在索股间安装分隔架成功控制吊索振动[15,16]。采用三维连续气弹模型，分别针对增加结构阻尼比、缠绕螺旋线以及索股间安装分隔架三种措施，进行了多索股吊索尾流致振控制效果的风洞试验研究。

3.2.4.1　增加结构阻尼比

模型索阻尼比可通过在模型外衣间隙处粘贴不同类型胶带进行调节，模型构造细节详见图 3.38，得到了四个不同水平的结构阻尼比，分别为 $\zeta=0.19\%$、0.54%、0.88% 及 1.37%，图 3.53 给出了四种不同大小结构阻尼比对应的自由振动加速度衰减时程曲线。需要说明的是，测试结果表明在模型外衣间隙处粘贴不同类型胶带对吊索模型的固有频率影响很小，可以忽略。针对 $P=3.5$、$\alpha=0°$ 和 $P=3.5$、$\alpha=20°$ 两个典型试验工况下，进行了上述四种不同大小结构阻尼比下的三维连续气弹模型风洞试验。

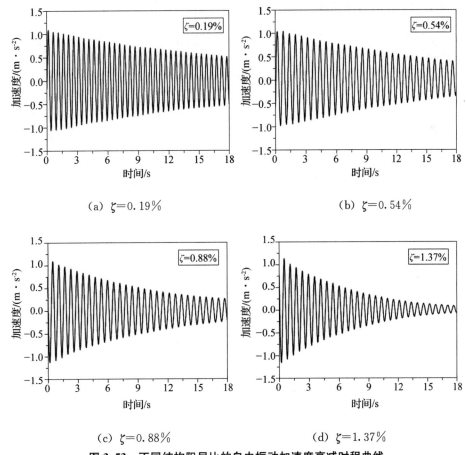

(a) $\zeta=0.19\%$　　　　　　　　　　(b) $\zeta=0.54\%$

(c) $\zeta=0.88\%$　　　　　　　　　　(d) $\zeta=1.37\%$

图 3.53　不同结构阻尼比的自由振动加速度衰减时程曲线

图 3.54 和图 3.55 分别给出了 $P=3.5$、$\alpha=0°$ 和 $P=3.5$、$\alpha=20°$ 两个典型试验工况下、4 种不同水平的结构阻尼比时吊索单边最大振幅和均方根随风速增加的变化规律。由于 $P=3.5$、$\alpha=0°$ 试验工况的迎风和尾流索股均发生了大幅振动，故该工况下同时给出了结构阻尼比对迎风和尾流索股振动响应的影响。

在 $P=3.5$、$\alpha=0°$ 试验工况下，当结构阻尼比增大至 0.88% 时，迎风索股振幅下降显著,最大振幅降至 $0.3D$,振动得到有效控制,如图 3.54(a)和(b)所示。对于尾流索股〔如图 3.54(c)和(d)所示〕,风速较低时($85 \leqslant U_r \leqslant 170$)的振动对结构阻尼比较为敏感,当结构阻尼比增大至 0.54%,振动即可得到有效控制;当风速较高时($170 \leqslant U_r \leqslant 398$),随着结构阻尼比的增大,尾流索股振幅呈现减小趋势,但即使结构阻尼比增大至 1.37%,振幅仍较大。这可能与低风速和高风速尾流索股的起振机理不同有关。

在 $P=3.5$、$\alpha=20°$ 试验工况下,当结构阻尼比 $\zeta=0.19\% \sim 0.88\%$ 时,尾流索股振幅未随结构阻尼比的增大发生明显变化;当结构阻尼比增大至 1.37% 时,尾流索股振幅明显减小,起振临界风速大幅提高,但其振幅仍可达 $0.62D$。

以上研究表明,相较于尾流索股,迎风索股振动对结构阻尼比更为敏感,完全抑制振动所需要的结构阻尼比较小;但增加结构阻尼比对抑制尾流索股振动的效果更差,完全抑制振动控制所需结构阻尼比较高。

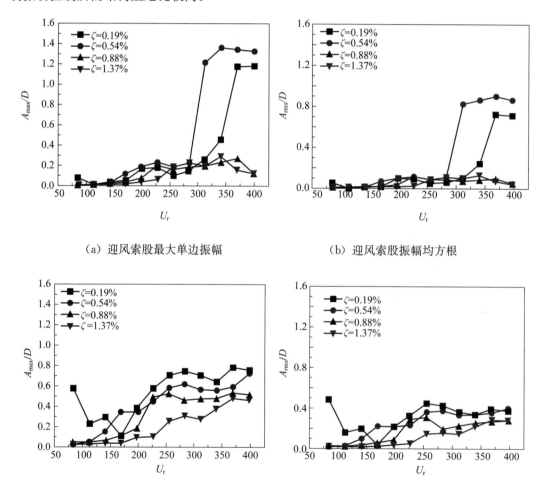

(a) 迎风索股最大单边振幅   (b) 迎风索股振幅均方根

(c) 尾流索股最大单边振幅   (d) 尾流索股振幅均方根

图 3.54 典型工况下结构阻尼比对吊索振幅的影响($P=3.5$、$\alpha=0°$)

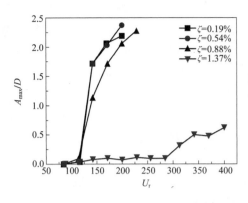 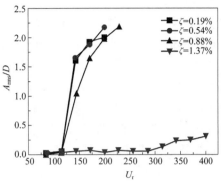

（a）最大单边振幅　　　　　　　　　（b）振幅均方根

图 3.55　典型工况下结构阻尼比对尾流索股振幅的影响（$P=3.5$、$\alpha=20°$）

3.2.4.2　螺旋线

采用单螺旋顺时针方式在悬索桥吊索三维连续气弹模型表面缠绕螺旋线，螺旋线直径为 2.2 mm，为索股模型直径的 1/10，螺距为 75 mm，约为索股模型直径的 3.4 倍，如图 3.56 所示。图 3.57 为缠绕螺旋线的吊索模型的试验照片，分别在 $P=3.5$、$\alpha=0°$，$P=3.5$、$\alpha=20°$ 和 $P=7$、$\alpha=5°$ 三个典型试验工况下研究了螺旋线对吊索风致振动的影响。

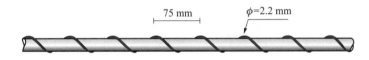

图 3.56　螺旋线示意图

（a）迎风索股缠绕螺旋线　　（b）尾流索股缠绕螺旋线　　（c）迎风和尾流索股均缠绕螺旋线

图 3.57　缠绕螺旋线的吊索模型照片

图 3.58～图 3.60 分别给出了 $P=3.5$、$\alpha=0°$，$P=3.5$、$\alpha=20°$ 以及 $P=7$、$\alpha=5°$ 三个典型试验工况下螺旋线对吊索最大单边振幅和振幅均方根的影响规律，同时给出了无螺旋线（即光索）的试验结果。其中，在 $P=3.5$、$\alpha=0°$ 试验工况下，螺旋线缠绕方式包括三种：仅迎风索股缠绕螺旋线，仅尾流索股缠绕螺旋线，迎风和尾流索股均缠绕螺旋线；在 $P=3.5$、$\alpha=20°$ 和 $P=7$、$\alpha=5°$ 两个试验工况下，仅在迎风和尾流索股均缠绕螺旋线情况

下进行了试验测试。

对于 $P=3.5$、$\alpha=0°$试验工况，在仅迎风索股缠绕螺旋线、迎风和尾流索股均缠绕螺旋线两种抑振措施下，迎风索股在试验风速内均未发生明显振动，但在仅尾流索股缠绕螺旋线的措施下，迎风索股仍发生了大幅振动，且比光索情况下的振幅更大，临界风速更小，如图 3.58（a）和（b）所示。因此，在迎风索股上缠绕螺旋线，迎风索股的顺风向直线振动可被抑制，这说明迎风索股的顺风向直线振动与自身产生的尾流有关。对于尾流索股，三种螺旋线的缠绕方式都能较好地抑制低风速范围内的振动，但对于高风速范围内的振动，抑振效果不明显，如图 3.58（c）和（d）所示。

在 $P=3.5$、$\alpha=20°$试验工况下，与光索相比，当在迎风和尾流索股上均缠绕螺旋线时，尾流索股的振幅未见明显变化，起振临界风速甚至还略有降低，如图 3.59（a）和（b）所示。

在 $P=7$、$\alpha=5°$试验工况下，当在迎风和尾流索股上均缠绕螺旋线时，在试验风速范围内尾流索股的振动得到了有效抑制，如图 3.60（a）和（b）所示。

上述结果表明，同一种螺旋线设置方式对不同相对空间位置的双索股吊索尾流致振的抑制效果不同。这也在一定程度上解释了为什么螺旋线措施有效抑制了日本明石海峡大桥的吊索振动，但对丹麦大带东桥吊索却无抑振效果。

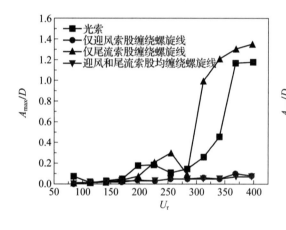
（a）迎风索股最大单边振幅

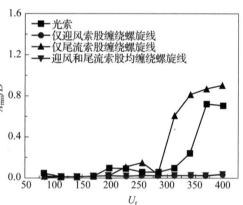
（b）迎风索股振幅均方根

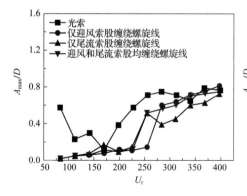
（c）尾流索股最大单边振幅

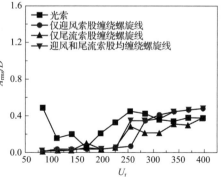
（d）尾流索股振幅均方根

图 3.58 典型工况下缠绕螺旋线对吊索振幅的影响（$P=3.5$、$\alpha=0°$）

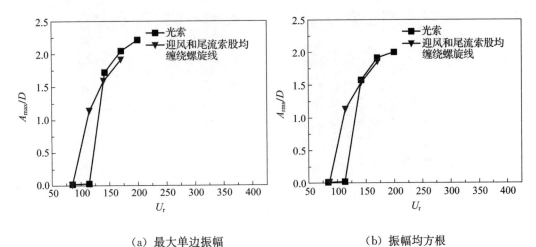

（a）最大单边振幅　　　　　　　　　（b）振幅均方根

图 3.59　典型工况下缠绕螺旋线对尾流索股振幅的影响（$P=3.5$、$\alpha=20°$）

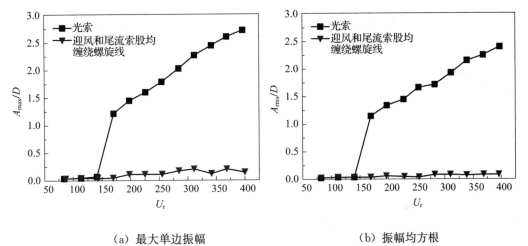

（a）最大单边振幅　　　　　　　　　（b）振幅均方根

图 3.60　典型工况下缠绕螺旋线对尾流索股振幅的影响（$P=7$、$\alpha=5°$）

3.2.4.3　分隔架

为保证分隔架刚度，并尽可能减小附加质量，采用高密度聚苯乙烯泡沫制作分隔架模型，单个分隔架质量仅 11 g，相比吊索模型质量可忽略不计。仅在吊索中点位置安装单个分隔架，图 3.61 给出了安装分隔架的吊索模型照片，分别在 $P=3.5$、$\alpha=0°$ 和 $P=3.5$、$\alpha=20°$ 两个典型试验工况下研究了分隔架对吊索风致振动的影响。

图 3.62 和图 3.63 分别给出了 $P=3.5$、$\alpha=0°$ 和 $P=3.5$、$\alpha=20°$ 两个典型试验工况下，在吊索中点位置安装单个分隔架时吊索最大单边振幅和振幅均方根随风速的变化规律。

从图 3.62 中可以看出，在 $P=3.5$、$\alpha=0°$ 试验工况下，相比较于光索，在吊索中点位置安装单个分隔架后，迎风和尾流索股的振动均得到了有效抑制。迎风索股最大单边振幅从 $1.18D$ 降至 $0.26D$，振幅均方根从 $0.73D$ 降至 $0.10D$，分别降低了 78% 和 86%；尾流索股最大单边振幅从 $0.78D$ 降至 $0.27D$，振幅均方根从 $0.47D$ 降至 $0.08D$，分别降低了 65% 和

图 3.61　安装分隔架的吊索模型照片

83%。比较图 3.62（a）和（c）可以看出，在索股间安装分隔架后，迎风和尾流索股的振幅随风速的变化规律基本相同，表明分隔架使得吊索各索股之间的相对振动得到了完全抑制。从图 3.63 中可以看出，在 $P=3.5$、$\alpha=20°$ 试验工况下，相比较于光索，在吊索中点位置安装单个分隔架后，迎风和尾流索股的振动也都得到了有效抑制。

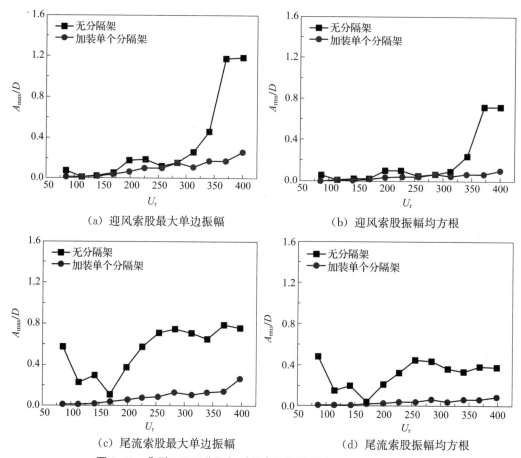

（a）迎风索股最大单边振幅　　　　　（b）迎风索股振幅均方根

（c）尾流索股最大单边振幅　　　　　（d）尾流索股振幅均方根

图 3.62　典型工况下分隔架对吊索振幅的影响（$P=3.5$、$\alpha=0°$）

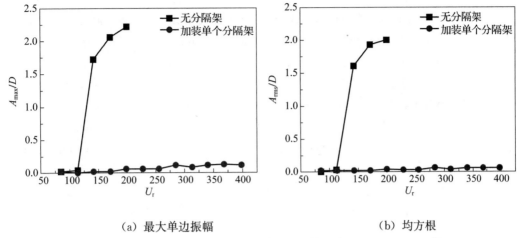

(a) 最大单边振幅　　　　　　　　(b) 均方根

图 3.63　典型工况下分隔架对尾流索股振幅的影响（$P=3.5$、$\alpha=20°$）

3.3　本章小结

本章以双索股吊索为工程背景，先后采用节段模型和三维连续气弹模型测振风洞试验手段，在试验室中重现了悬索桥吊索的尾流致振现象，并在此基础上，研究该类现象的振动特征，包括振动时程、幅值、轨迹和频率等，同时针对双索股相对空间位置、来流风速、结构阻尼比等进行了系统的参数研究。本章采用三维连续气弹模型风洞试验方法，初步研究了螺旋线、分隔架等控制措施的抑振效果。得到的主要结论如下：

①悬索桥吊索索股之间的相互气动干扰，易引发大幅尾流致振，且其起振临界风速较低，常遇风速下即可频繁发生。

②悬索桥吊索发生大幅稳定尾流致振时，其稳定振动频率似乎会比模型固有频率略低，这可能是其起振的关键原因，需做进一步研究。

③提高结构阻尼比和增加螺旋线对控制悬索桥吊索风致振动的效果不理想，但分隔架是一种可有效减小悬索桥吊索风致振动的有效措施，特别是对于抑制索股之间的相对振动。

参考文献

［1］PAÏDOUSSIS M P，PRICE S J，LANGRE，E D. Fluid structure interactions：cross-flow-induced instabilities［M］. Cambridge：Cambridge University Press，2011.

［2］中华人民共和国住房和城乡建设部标准定额研究所.建筑工程风洞试验方法标准：JGJ/T 338—2014［S］. 北京：中国建筑工业出版社，2014.

［3］杜晓庆，蒋本建，代钦，等.大跨度缆索承重桥并列索尾流激振研究［J］. 振动工程学

报,2016,29(5):842-850.

[4]YAGI T,ARIMA M,ARAKI S,et al. Investigation on wake-induced instabilities of parallel circular cylinders based on unsteady aerodynamic forces[C]. 14th International Conference on Wind Engineering-Porto Alegre,Brazil,2014,1-12.

[5]KIM S,KIM H K. Wake galloping phenomena between two parallel/unparallel cylinders[J]. Wind and Structures,2014,18(5):511-528.

[6]HUA X G,CHEN Z Q,LEI X,et al. Monitoring and control of wind-induced vibrations of hanger ropes of a suspension bridge[J]. Smart Structures and Systems,2018,23(6):125-141.

[7]LI Y L,WU M X,CHEN X Z,et al. Wind-tunnel study of wake galloping of parallel cables on cable-stayed bridges and its suppression[J]. Wind and Structures,2013,16(3):249-261.

[8]HE X H,CAI C,WANG Z J,et al. Experimental verification of the effectiveness of elastic cross-ties in suppressing wake-induced vibrations of staggered stay cables[J]. Engineering Structures,2018,167:151-165.

[9]CHEN W L,GAO D L,LI H,et al. Wake-flow-induced vibrations of vertical hangers behind the tower of a long-span suspension bridge[J]. Engineering Structures,2018,169:188-200.

[10]LI Y L,TANG H J,LIN Q M,et al. Vortex-induced vibration of suspenders in the wake of bridge tower by numerical simulation and wind tunnel test[J]. Journal of Wind Engineering and Industrial Aerodynamics,2017,164:164-173.

[11]WU G F,DU X Q,WANG Y L. LES of flow around two staggered circular cylinders at a high Reynolds number of 1.4×105[J]. Journal of Wind Engineering and Industrial Aerodynamics,2020,196:104044,1-14.

[12]FUJINO Y,SIRINGGORINGO D. Vibration mechanisms and controls of long-span bridges:a review[J]. Structural Engineering International,2013,23(3):248-268.

[13]LAURSEN E,BITSCH N,ANDERSEN J E. Analysis and Mitigation of Large Amplitude Cable Vibrations at the Great Belt East Bridge[C]. Iabse Symposium Report,2006,91(3):64-71.

[14]FUJINO Y,KIMURA K,TANAKA H. Wind resistant design of bridges in Japan:developments and practices[M]. SpringerJapan,New York,2012.

[15]WEN Q,HUA X G,CHEN Z Q,et al. Experimental study of wake-induced instability of coupled parallel hanger ropes for suspension bridges[J]. Engineering Structures,2018,167(15):175-187.

[16]HUA X G,CHEN Z Q,LEI X,et al. Monitoring and control of wind-induced vibrations of hanger ropes of a suspension bridge[J]. Smart Structures and Systems,2018,23(6):125-141.

第 4 章

悬索桥吊索尾流索股气动力特征

第 3 章介绍了悬索桥吊索尾流致振的二维节段模型和三维连续气弹模型测振风洞试验，成功地在试验室重现了悬索桥吊索尾流致振现象，这说明在满足特定气候条件（如风速和风向）下，悬索桥吊索确实会发生大幅尾流致振。相比于现场观测而言，风洞试验可以对各种影响因素进行系统的参数研究，对吊索尾流致振特征有更为深入的了解，并对起振机理进行一定的推测，但难以找到悬索桥吊索尾流致振机理的直接证据。理论分析可以建立吊索振动与气动力之间的直接因果关系，定量分析各种类型气动力（包括气动刚度力和气动阻尼力等）对吊索振动的实际贡献，从而对悬索桥吊索尾流致振机理进行深入的解释，为提出有效的振动控制措施提供可靠的依据。

进行理论分析的关键是建立与实际情况相符的运动微分方程，吊索本身的力学模型比较简单，难点在于吊索尾流索股气动力的确定。为此，本章首先进行了两类吊索尾流索股的测力风洞试验，然后对平行钢丝吊索尾流索股气动导数进行了识别，为采用准定常和非定常方法建立悬索桥吊索尾流致振理论分析模型提供了气动力参数。

4.1 双索股测力风洞试验

悬索桥吊索常由 2、4 或 6 根索股组成，但第 3 章的测振试验结果表明，双索股可以反映悬索桥吊索气动干扰现象的主要特征，为简化试验工况，本节的悬索桥吊索节段模型测力风洞试验仍以双索股吊索为例进行。

4.1.1 试验概况

悬索桥吊索尾流索股的测力风洞试验在湖南大学风工程试验研究中心 HD-2 风洞试验室的高速试验段进行。节段模型测力采用湖南大学自主研制的强迫振动装置进行，该装置内置两台 B51 型五分量杆式测力天平，测力试验数据采用 DH5920 动态信号测试分析系统进行采集。风速采用澳大利亚 TFI 公司的眼镜蛇风速仪进行测量。

双索股之间的气动干扰可以简化为双圆柱绕流问题。平行钢丝吊索的索股采用光滑圆柱模拟，而钢丝绳吊索的索股采用圆柱外缠塑料绳来模拟，以保持外形的统一。仍参照西堠门大桥边跨 2 号吊索的结构参数，两类吊索模型的直径均为 0.088 m、迎风索股长

1.54 m、尾流索股长 1.33 m，迎风索股比尾流索股略长是为了降低尾流索股的端部影响。此外，为保证模型端部流场的二维特性，在尾流索股端部安装了直径为 0.25 m 的端板。两类吊索模型与第 3 章节段测振试验中的模型完全相同，详见图 3.2 和图 3.3，但测力试验中不需要增加模型配重。

尾流索股通过两端的钢轴固定在强迫振动装置上内置的两个测力天平上。迎风索股则固定在专门设计的全数控移测架上，移测架通过伺服电机驱动，可实现高精度的水平、竖直两个方向的自由移动，以此来调整迎风和尾流圆柱的相对位置，移测架的具体构造详见第 3 章 3.1.1.3 小节。两类吊索的节段测力试验模型安装在风洞中的照片如图 4.1 所示。

（a）平行钢丝吊索　　　　　　　（b）钢丝绳吊索

图 4.1　测力试验模型安装在风洞中的照片

双索股的空间位置定义如图 4.2 所示，建立坐标系 xoy，其中坐标原点 o 在迎风索股中心，x 轴与来流方向平行，y 轴与来流方向垂直。定义无量纲坐标 X 和 Y：

$$X = x/D, Y = y/D \tag{4.1}$$

式中，D 为圆柱直径。

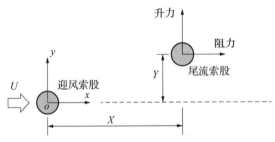

图 4.2　双索股相对位置定义示意图

双索股节段模型测力试验在均匀流场中进行，来流风速为 10 m/s，与实际悬索桥吊索发生尾流致振的现场风速基本一致。考虑到悬索桥吊索间距实际情况，选定无量纲坐标 X 和 Y 的测试范围分别为 [3, 11] 和 [−4, 4]，测量间距步长为 $\Delta X = \Delta Y = 0.25$，共 1 089 个相对位置。

尾流索股的平均阻力系数 C_D 和平均升力系数 C_L 定义为：

$$C_D = \frac{2F_D}{\rho U^2 D} \tag{4.2}$$

$$C_L = \frac{2F_L}{\rho U^2 D} \tag{4.3}$$

式中，F_D 和 F_L 分别为尾流索股的平均阻力和升力，通过测力天平测得；ρ 为空气密度；U 为风速，这里取为前方无干扰的来流风速，即 $U = 10$ m/s。

4.1.2　试验结果与讨论

图 4.3 分别给出了 $X=3$、3.5、4、4.5、5、6、7、9、11 时，平行钢丝和钢丝绳两类吊索尾流索股平均阻力系数 C_D 沿 Y 方向的变化规律。从图 4.3 中可以看出，平行钢丝和钢丝绳两类吊索尾流索股的 C_D 均以尾流中心线 $Y=0$ 为轴对称分布，且当两索股串列布置（$Y=0$）时，C_D 最小。在 X 方向，随着 X 的增大，靠近尾流中心线附近的两种尾流索股的 C_D 均有增大的趋势，当 $X>6$ 时，两种尾流索股的 C_D 变化减缓并趋于稳定。不同的是，在 $3\leqslant X\leqslant3.5$ 区域内，当钢丝绳吊索尾流索股位于尾流中心线附近时 C_D 为负，表现为吸力，而平行钢丝吊索尾流索股的 C_D 在该范围内为正值，这可能跟两类迎风索股所形成的尾流结构的不同有关，相比较光滑的平行钢丝吊索，粗糙的钢丝绳吊索迎风索股的尾流负压区范围更大。在 Y 方向，随着 Y 的增大，两类尾流索股的 C_D 先快速增大，在 $Y=\pm2\sim\pm3$ 区域内达到最大值，之后趋于稳定。不同的是，钢丝绳吊索尾流索股的 C_D 大幅波动区域较为稳定，为 $0\sim\pm2D$；而平行钢丝吊索尾流索股的 C_D 大幅波动区域随着 X 的改变有较大变化，前后索股间距为 $3D$ 左右时为 $0\sim\pm2D$，前后索股间距扩大到 $11D$ 时为 $0\sim\pm3D$。

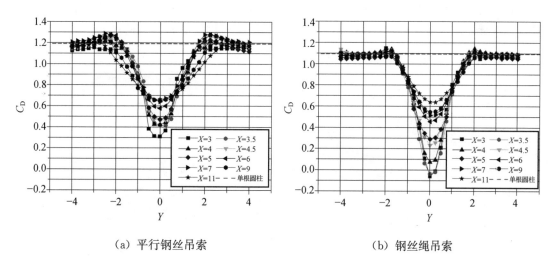

(a) 平行钢丝吊索　　　　　　　　(b) 钢丝绳吊索

图 4.3　两类吊索尾流索股平均阻力系数

图 4.4 分别给出了 $X=3$、3.5、4、4.5、5、6、7、9、11 时，平行钢丝和钢丝绳两类吊索尾流索股平均升力系数 C_L 沿 Y 方向的变化规律。从图 4.4 中可以看出，两类尾流索股 C_L 均关于尾流中心线 $Y=0$ 反对称分布，且其值在 $Y=0$ 处约为 0。在 X 方向，在 $0\leqslant Y\leqslant2$ 和 $-2\leqslant Y\leqslant0$ 区域内，随着 X 的增大，两类尾流索股的 C_L 绝对值均呈现逐渐减小的趋势，不同的是，光滑的平行钢丝吊索尾流索股 C_L 整体变化幅值更大，在 $2<Y\leqslant4$ 和 $-4\leqslant Y<-2$ 区域内，两类尾流索股的 C_L 均稳定在 0 左右。在 Y 方向，随着 Y 的增大，两类尾流索股的 C_L 绝对值先迅速增大，在 $X=1$ 附近达到最大值，但是，同一水平间距下的平行钢丝吊索尾流索股 C_L 最大绝对值要大于钢丝绳吊索尾流索股 C_L 最大绝对值，当 Y 方向间距为 $D\sim2D$ 时，两类尾流索股 C_L 绝对值先迅速减小，随后逐渐减小并稳定在 0 左右。

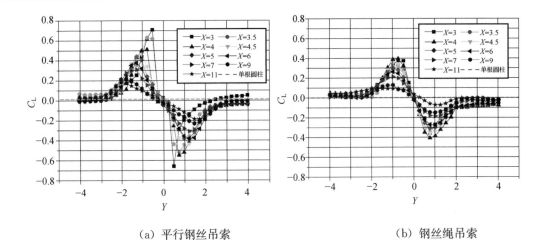

（a）平行钢丝吊索　　　　　　　　　（b）钢丝绳吊索

图 4.4　两类吊索尾流索股平均升力系数

图 4.5 和图 4.6 分别为平行钢丝和钢丝绳吊索尾流索股 C_D、C_L 的空间分布。从图 4.5 和图 4.6 中可以看出，两类尾流索股的平均气动力系数在空间上具有较好的连续性，随着 X 的增加，C_D 和 C_L 曲线的上口宽逐渐增加，且其变化趋势逐渐平缓。这说明尾流索股离迎风索股的水平距离越远，其在横风向受到迎风索股干扰的范围越大，但干扰的强度不断减弱。但是，相比较于粗糙的钢丝绳吊索，光滑的平行钢丝吊索形成的尾流影响区域范围明显更大。

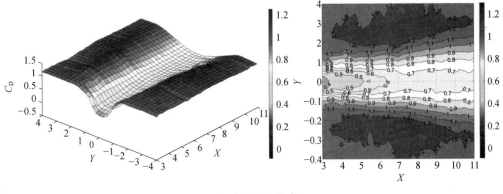

（a）平行钢丝吊索

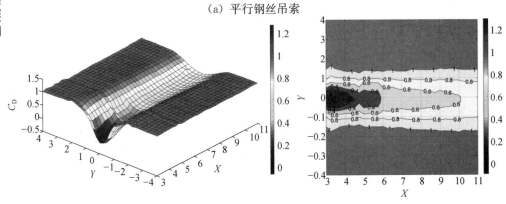

（b）钢丝绳吊索

图 4.5　两类吊索尾流索股平均阻力系数空间分布图

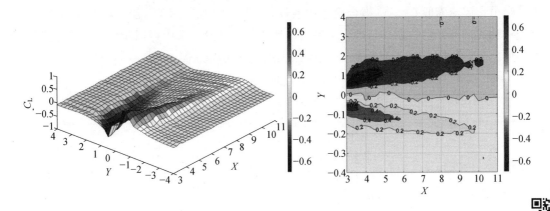

（a）平行钢丝吊索

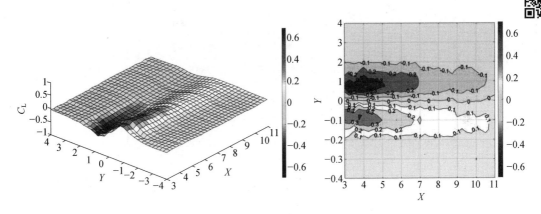

（b）钢丝绳吊索

图 4.6　两类吊索尾流索股平均升力系数空间分布图

4.1.3　尾流索股气动失稳区间

由于双索股之间存在气动干扰，处在迎风索股尾流中的下游索股可能会发生气动失稳现象，尾流索股在尾流区域各点位处的 Routh-Hurwitz 稳定性判据如下式所示[1]：

$$C_{D_L} \cdot C_{L_D} \leqslant 0 \tag{4.4}$$

式中，C_{D_L} 为平均阻力系数对 y 的偏导数，C_{L_D} 为平均升力系数对 x 的偏导数。

在风洞试验得到的尾流索股平均升力、阻力系数的基础上，拟合 C_D、C_L 关于相对位置坐标（X，Y）的表达式，从而通过求偏导数得到 C_{D_L} 和 C_{L_D}，即可对尾流索股的气动稳定性进行定性预测。对气动力系数的拟合，多数已有研究采用多项式函数[2,3]，然而，采用多项式拟合的方法，不仅拟合系数较多，精度也难以保证。本研究利用软件 1stOpt 的自动搜索匹配功能，首先对拟合模型进行优选，选取了公式（4.5）所示的模型对气动力系数进行拟合，该拟合模型在确保精度的同时，拟合系数较少，更为简洁。

$$C_{D(L)}(X,Y) = \frac{p_1 + p_3\ln x + p_5 y + p_7(\ln x)^2 + p_9 y^2 + p_{11}y\ln x}{1 + p_2\ln x + p_4 y + p_6(\ln x)^2 + p_8 y^2 + p_{10}y\ln x} \tag{4.5}$$

由于平均气动力的对称性，仅对 $Y \geqslant 0$ 区域进行拟合。表 4.1 分别给出了平行钢丝、钢丝绳吊索尾流索股C_D、C_L拟合表达式中各系数拟合结果。图4.7给出了$Y \geqslant 0$区域风洞试验得到的平均升阻力系数与拟合结果的对比情况，从图4.7中可以看出，拟合值与试验值整体上吻合较好。

表4.1 拟合表达式系数

	平行钢丝吊索			钢丝绳吊索	
系数	C_D	C_L	系数	C_D	C_L
P_1	2.961×10^{-1}	3.303×10^{-2}	P_1	6.041×10^{-2}	-9.246×10^{-2}
P_2	-1.044	-2.586	P_2	-1.117	-1.070
P_3	-5.781×10^{-1}	-7.125×10^{-3}	P_3	-7.770×10^{-1}	9.374×10^{-2}
P_4	3.837×10^{-1}	1.586	P_4	3.642×10^{-1}	-4.631×10^{-1}
P_5	7.425×10^{-1}	-3.028×10^{-1}	P_5	9.322×10^{-1}	-2.909×10^{-2}
P_6	5.713×10^{-1}	2.046	P_6	7.234×10^{-1}	3.827×10^{-1}
P_7	4.022×10^{-1}	-8.716×10^{-3}	P_7	5.815×10^{-1}	-2.346×10^{-2}
P_8	3.365×10^{-1}	1.601	P_8	7.543×10^{-1}	2.825×10^{-1}
P_9	3.056×10^{-1}	7.739×10^{-2}	P_9	6.783×10^{-1}	2.402×10^{-2}
P_{10}	-6.320×10^{-1}	-2.998	P_{10}	-8.483×10^{-1}	3.501×10^{-2}
p_{11}	-6.277×10^{-1}	6.070×10^{-3}	p_{11}	-8.144×10^{-1}	-2.399×10^{-2}

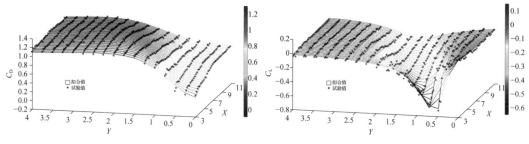

（a）平行钢丝吊索

（b）钢丝绳吊索

图4.7 两类吊索尾流索股平均阻力系数试验结果与拟合结果对比图

根据公式（4.4）、公式（4.5）以及表 4.1 中所给系数，可对平行钢丝吊索和钢丝绳吊索尾流索股的气动不稳定区域进行判定。图 4.8 分别给出了平行钢丝吊索和钢丝绳吊索在 $Y \geqslant 0$ 区域发生不稳定振动的相对位置分布，当尾流索股处于图 4.8 中阴影区域时，其气动力系数满足公式（4.4），即发生了不稳定振动。从图 4.8 可以看出，两种吊索的不稳定区域整体上呈条带状，不稳定区域宽度为 $D \sim 2D$，在 $3 \leqslant X \leqslant 4$ 不稳定区域宽度较大，特别是钢丝绳吊索，这表明双吊索近距离布置时，发生气动失稳的可能性较大，尤其是钢丝绳吊索。随着前后索股间距（X）的增大，两种吊索的不稳定区域与中心线的距离有增大趋势。相比较于钢丝绳吊索，平行钢丝吊索的失稳区域向两边发散得更为明显。平行钢丝吊索的不稳定区域宽度，随着 X 的增大，先逐渐减小，然后稳定在一定宽度。而钢丝绳吊索的不稳定区域宽度，随着 X 的增大，先快速减小，在 $X=5$ 左右达到最小值，随后区域宽度缓慢增大。

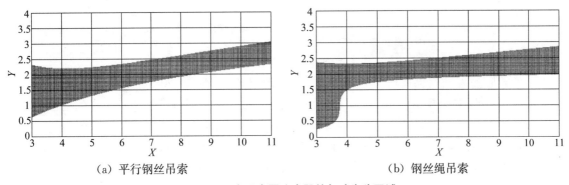

（a）平行钢丝吊索　　　　　　　　　　　（b）钢丝绳吊索

图 4.8　两类吊索尾流索股的气动失稳区域

4.2　四索股测力风洞试验

随着悬索桥跨径的增大，每根吊索所需索股的数量也增加，特别是靠近桥塔处的长吊索，如西堠门大桥靠近桥塔处的吊索由 4 根索股组成，深中通道伶仃洋大桥靠近桥塔的吊索由 6 根索股组成。吊索索股的增加使相互气动干扰更加复杂，由于影响参数众多，如按照 4.1 节方法进行尾流索股气动力系数的测试，会包括大量的工况。为此，本节仅以西堠门大桥四索股吊索的参数为例进行尾流索股的测力风洞试验。

4.2.1　试验概况

西堠门大桥边跨 2 号吊杆由四根钢丝绳索股组成，索股直径 $D=88$ mm，索股横桥向和顺桥向中心间距分别为 6.8D 和 3.4D。索股模型与前述的双索股节段测振和测力模型相同，包括光滑的平行钢丝吊索和粗糙的钢丝绳吊索，模型照片如图 3.3 所示。3 根迎风索股模型安装在移测架上（详见 3.1.1.3 小节），另 1 根尾流索股模型两端的钢轴通过消扰构件与杆式天平固结，杆式天平则内置于绝对刚性的强迫振动装置中。在试验过程中，固定在测力天平上的尾流索股保持空间位置不变，采用移测架移动 3 根迎风索股的位置和角度来调整试验工况。四索股吊索空间位置采用索股中心间距 T、L 和风攻角 α 来定义（参考公式 4.1），如图 4.9 所示。其中，索股模型之间的相对中心间距与西堠门大桥边跨 2 号吊杆完全相同，即 $L=6.8D$，$T=3.4D$。在特定的风攻角下，进行测力的 3 号索股的相对空间位置也采用 X 和 Y 来定义，坐标原点为 1 号迎风索股的中心点。试验模型安装在风洞中的照片如图 4.10 所示。

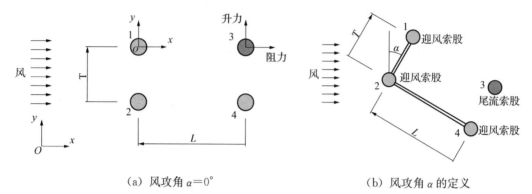

（a）风攻角 $\alpha=0°$ （b）风攻角 α 的定义

图 4.9 四索股吊索空间位置定义

四索股测力试验也在均匀流场中进行，试验风速 $U=15.5\ \mathrm{m/s}$，对应雷诺数为 $R_e=0.92\times10^5$。试验风攻角 $\alpha=0°\sim40°$，攻角间隔 $\Delta\alpha=10°$。主要进行了 2 种工况的测试。第一种工况平行排列，保持风攻角 $\alpha=0°$ 不变，通过移测架调整 3 号索股与其他索股之间的相对位置，按图 4.9（a）中 X 和 Y 的定义，3 号索股初始位置为 $X=7$、$Y=0$，试验测试了平行钢丝和钢丝绳吊索 3 号索股在 $X=[3,9]$，$Y=[-2,2]$ 范围内的气动力，间隔步长为 $\Delta X=\Delta Y=0.25$。第二种工况为斜风向，保持 4 根索股之间的相对位置不变（即吊索的实际索股间距），在 $\alpha=0°\sim40°$ 范围内改变风攻角，$\Delta\alpha=10°$，研究风攻角对尾流索股气动特性的影响。

测力天平、风速采集设备、数据记录设备及相关参数与 4.1 节中双索股节段模型测力试验完全相同。

（a）平行钢丝吊索   （b）钢丝绳吊索

图 4.10 四索股吊索测力模型安装在风洞中的照片

4.2.2 试验结果与讨论

（1）平行排列（$\alpha=0°$）

图 4.11 给出了四索股平行排列（$\alpha=0°$）时两类吊索尾流索股的平均阻力系数随相对

间距 X 和 Y 的空间分布规律。从图 4.11 中可以看出：

①相对于钢丝绳吊索，平行钢丝吊索的平均阻力系数 $\overline{C}_D$ 变化幅度更大，对间距 X 和 Y 更为敏感；

②两类吊索的平均阻力系数 $\overline{C}_D$ 在 $X=7.0$ 时关于 $Y=0$（1 号迎风索股尾流中心线）的对称性最好，此时主要受 1 号迎风索股尾流影响；

③在被测矩形区域内，钢丝绳吊索尾流索股平均阻力系数 $\overline{C}_D$ 关于 $Y=0$ 的对称性较好，而平行钢丝吊索尾流索股平均阻力系数 $\overline{C}_D$ 在 $7\leqslant X\leqslant 9$ 范围内关于 $Y=0$ 的对称性越来越差，说明在此范围受临近 4 号索股的影响较为显著。图 4.12 给出了四索股平行排列（$\alpha=0°$）时两类吊索尾流索股平均阻力系数 $\overline{C}_D$ 在被测区域内的二维分布等高线图。从图 4.12 中可以明显看出，钢丝绳吊索尾流索股的 $\overline{C}_D$ 的对称性相对更好。

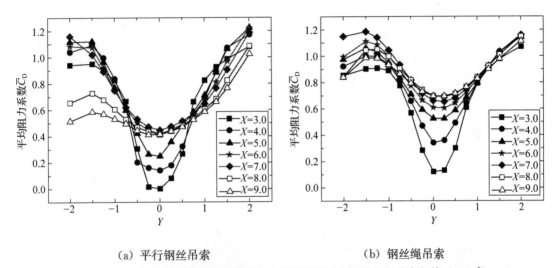

（a）平行钢丝吊索　　　　　　　　　（b）钢丝绳吊索

图 4.11　四索股吊索尾流索股平均阻力系数随相对位置的空间分布规律（$\alpha=0°$）

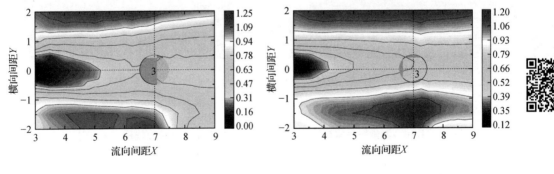

（a）平行钢丝吊索　　　　　　　　　（b）钢丝绳吊索

图 4.12　四索股吊索尾流索股平均阻力系数二维分布等高线图（$\alpha=0°$）

图 4.13 给出了四索股平行排列（$\alpha=0°$）时两类吊索尾流索股平均升力系数随相对间距 X 和 Y 的空间分布规律。由图 4.13 可知：

①尾流索股的平均升力系数总体上关于 1 号迎风索股尾流中心线（$Y=0$）反对称分布，说明对 3 号尾流索股 $\overline{C}_L$ 影响最大的是 1 号迎风索股的尾流；

②靠近迎风索股区域内，平行钢丝吊索尾流索股$\overline{C}_L$对横向间距Y的变化更为敏感，相同位置下的$\overline{C}_L$绝对值比钢丝绳吊索的值更大；

③在$X=3$和$X=4$两个横截面内，平行钢丝吊索尾流索股$\overline{C}_L$随横向间距Y波动显著，呈现出与平行钢丝双吊索类似的规律。图4.14为四索股平行排列（$\alpha=0°$）时两类吊索尾流索股平均升力系数在被测区域内的二维分布等高线图，可见尾流索股$\overline{C}_L$在被测区域内受2号和4号索股的影响不明显。

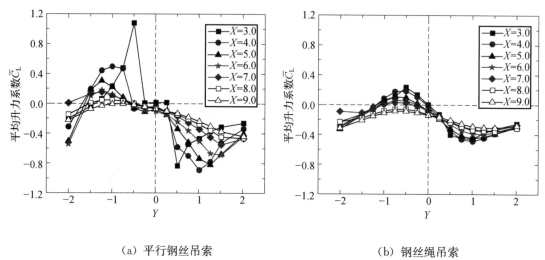

(a) 平行钢丝吊索　　　　　　　　　　(b) 钢丝绳吊索

图4.13　四索股吊索尾流索股平均升力系数随相对间距的空间分布规律 ($\alpha=0°$)

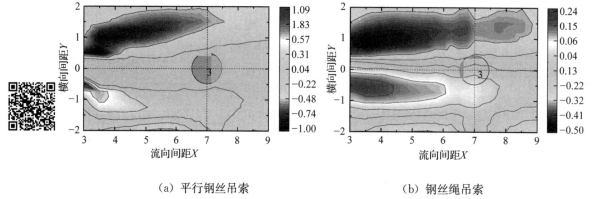

(a) 平行钢丝吊索　　　　　　　　　　(b) 钢丝绳吊索

图4.14　四索股吊索尾流索股平均升力系数二维分布等高线图 ($\alpha=0°$)

图4.15给出了横截面$X=3.0$上双索股和四索股吊索的尾流索股平均升力系数$\overline{C}_L$随横向间距Y的变化曲线。从图4.15中可以看出，在近距离干扰区域内，平行钢丝吊索尾流索股$\overline{C}_L$在y向的变化规律具有"畸变点"的存在，而钢丝绳吊索则无此现象。

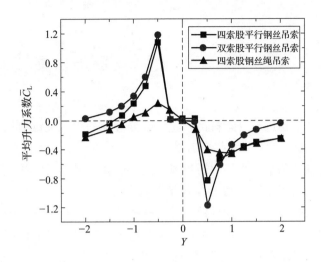

图 4.15　两类吊索尾流索股平均升力系数比较（$X=3.0$）

（2）斜风向

进行了 4 个斜风向风下的四索股测力风洞试验，包括 $\alpha=10°$、$20°$、$30°$ 和 $40°$。图 4.16 给出了两类吊索尾流索股平均阻力和升力系数随风攻角 α 的变化曲线。从图 4.16 中可以看出，风攻角 α 对四索股吊索尾流索股的平均气动力系数有较大影响，当 $\alpha=0°\sim40°$ 时，钢丝绳吊索 3 号索股的平均阻力系数要大于平行钢丝吊索的值，说明钢丝绳吊索尾流索股受迎风索股的尾流干扰相对更小。两类吊索 3 号索股平均升力系数随风攻角的变化规律基本一致，但在 $\alpha=40°$ 时，钢丝绳吊索 3 号索股的平均升力系数为负值，而平行钢丝吊索为正值，这可能与二者的尾流旋涡脱落不同有关。

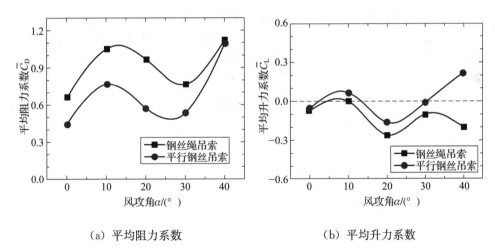

（a）平均阻力系数　　　　　　　　　　（b）平均升力系数

图 4.16　尾流索股（3 号索股）平均气动力系数随风攻角的变化曲线

总体而言，在西堠门大桥四索股吊索的结构尺寸下，平行排列下两类吊索尾流索股的平均气动力系数与双索股工况下基本相同，仅对部分空间位置的尾流索股气动力有一定的影响，特别是平均升力系数。鉴于工况较多，积累的试验数据还较少，斜风向下的四索股吊索尾流索股气动力规律还需进一步的研究。

4.3 尾流索股气动导数识别

尾流索股的气动力是进行悬索桥吊索尾流致振理论分析的关键数据。黄伟峰等[4]等采用 CFD 软件模拟悬索桥串列双吊索的绕流，通过计算得到的气动导数对不同攻角下的稳定性进行判断。肖春云和李寿英等[2]通过风洞试验研究了尾流索股的平均气动力系数随空间位置变化规律，得到了尾流索股发生尾流致振的不稳定区域。Yagi 和 Arima 等[5]进行单自由度强迫振动试验识别了气动导数，进行颤振分析后讨论了尾流驰振以及尾流颤振的形成原因。已有的关于尾流致振现象的研究大都基于准定常假定的计算分析结果，不能很好地体现气动力和气动刚度以及气动阻尼的关系。Yagi 和 Arima 等[5]虽然考虑了非定常气动力模型，但仅考虑一个自由度方向，不符合尾流索股实际运动情况。

本文采用强迫振动装置进行了测力风洞试验，得到了竖向和横向振动状况下尾流索股的气动力及位移时程，识别了尾流索股两个方向上的 8 个气动导数。在此基础上，研究了非定常气动力模型得到的尾流索股气动力，并与试验直接测得的气动力结果进行比较，验证了其精度。

4.3.1 试验概况

尾流索股气动导数识别的风洞试验在湖南大学风工程试验研究中心 HD-2 风洞的高速试验段进行。采用湖南大学自主研制的强迫振动装置对尾流索股进行测力并以此来识别其气动导数，该装置内置两台 B51 型五分量杆式测力天平，可实现水平、竖直和扭转三个方向的耦合运动，振动频率范围为 0.1～3 Hz，水平和竖直方向最大单边振幅 20 mm；测力试验数据采用 DH5920 动态信号测试分析系统进行采集；风速测量采用澳大利亚 TFI 公司的眼镜蛇风速仪。

气动导数识别风洞试验仅针对双索股平行钢丝吊索进行，试验模型与测振和测力试验相同，试验模型尺寸和照片如图 3.2 和图 3.3 所示。迎风索股模型安装在移测架上，尾流索股通过模型两端的钢轴固定在强迫振动装置的天平上，钢轴与天平之间采用消扰构件连接，并在横风向和顺风向分别设置位移计。通过移动迎风索股的位置来调节两根索股之间的空间位置。HD-2 风洞实验室高速试验段的强迫振动装置的一侧位于风洞内，为保证流场的均匀性，对风洞内的强迫振动装置安设了整流罩，试验模型安装在风洞中的照片见图 4.17。

双索股的空间位置定义见图 4.2，无量纲坐标 X 和 Y 的定义见公式（4.1）。

气动导数识别的风洞试验在均匀流场中进行，试验风速为 2～15 m/s。考虑到悬索桥吊索的实际间距，选取了 7 个试验工况，各试验工况中迎风和尾流索股的空间位置的 X 和 Y 值如表 4.2 所示。尾流索股 x 轴和 y 轴方向的运动振幅 A_X 和 A_Y，以及 x 轴和 y 轴方向的相位差 $\Delta\varphi$ 也在表 4.2 中给出，运动频率取为 0.38 Hz。在识别尾流索股的气动导数时，强迫振动装置做横向和竖向的耦合振动，通过五分量天平测得作用在尾流索股的气动阻力

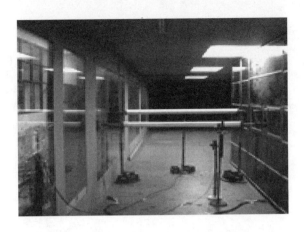

图 4.17　气动导数识别的试验模型照片

和气动升力时程，位移时程采用安装在两个方向的激光位移计来测量，可一次性识别出所有气动导数。

另外，为在第 5 章非定常理论分析中确定非线性气动力，试验还进行了来流风速 $U=$ 10 m/s 时整个空间范围内的尾流索股气动导数识别，空间范围为 $X=[4，8]$、$Y=[0，4]$，测试间距步长为 $\Delta X=\Delta Y=0.25$，共包含 289 个相对位置，运动频率为 0.40 Hz。测试风速为 10 m/s，与西堠门大桥吊索发生尾流致振时的实际风速基本一致。

表 4.2　气动导数识别风洞试验工况

$U=2，3，4，5，6，7，8，9，10，11，12，13，14，15$ (m/s)						
工况	X	Y	A_X/mm	A_Y/mm	f/Hz	$\Delta\varphi$
1	4	-1.5	8	20	0.38	168.45
2	4	-1.8	8	20	0.38	168.45
3	4	-2.1	8	20	0.38	168.45
4	6	-2	12	16	0.38	160.43
5	9	-1.8	20	12	0.38	156.99
6	9	-2.1	20	12	0.38	156.99
7	9	-2.4	20	12	0.38	156.99

4.3.2　气动导数识别方法[6]

在悬索桥吊索的尾流致振的研究中，常常关心尾流索股顺风向和横风向的响应，扭转响应很小，因此，在气动导数识别过程中，只考虑尾流索股两个平动自由度。尾流索股的气动自激力（包括升力与阻力）可采用 8 个气动导数表示：[6]

$$L=\rho U^2 D\left[K_h H_1^*\frac{\dot{h}}{U}+K_h^2 H_4^*\frac{h}{D}+K_p H_5^*\frac{\dot{p}}{U}+K_p^2 H_6^*\frac{p}{D}\right] \tag{4.4}$$

$$D = \rho U^2 D\left[K_p P_1^* \frac{\dot{p}}{U} + K_p^2 P_4^* \frac{p}{D} + K_h P_5^* \frac{\dot{h}}{U} + K_h^2 P_6^* \frac{h}{D}\right] \tag{4.5}$$

式中，ρ 为空气密度；U 为来流风速；D 为吊索索股直径；$K_i = \omega_i D/U (i = h, p)$ 为与各向运动相关的折算频率；h、p、$\dot{h}$、$\dot{p}$ 分别为节段模型竖向位移、横向位移、竖向速度、横向速度；$H_i^* (i = 1,4,5,6)$、$P_i^* (i = 1,4,5,6)$ 为相关的气动导数。

合并气动自激力表达式（4.4）和（4.5）的气动导数项系数，整理得：

$$L = H_1 \dot{h} + H_4 h + H_5 \dot{p} + H_6 p \tag{4.6}$$

$$D = P_5 \dot{h} + P_6 h + P_1 \dot{p} + P_4 p \tag{4.7}$$

其中：

$$\begin{Bmatrix} H_1 \\ H_2 \\ H_3 \\ H_4 \end{Bmatrix} = \rho U^2 D \begin{Bmatrix} \dfrac{K_h}{U} & & & \\ & \dfrac{K_h^2}{D} & & \\ & & \dfrac{K_p}{U} & \\ & & & \dfrac{K_p^2}{D} \end{Bmatrix} \begin{Bmatrix} H_1^* \\ H_4^* \\ H_5^* \\ H_6^* \end{Bmatrix} \tag{4.8}$$

$$\begin{Bmatrix} P_5 \\ P_6 \\ P_1 \\ P_4 \end{Bmatrix} = \rho U^2 D \begin{Bmatrix} \dfrac{K_h}{U} & & & \\ & \dfrac{K_h^2}{D} & & \\ & & \dfrac{K_p}{U} & \\ & & & \dfrac{K_p^2}{D} \end{Bmatrix} \begin{Bmatrix} P_5^* \\ P_6^* \\ P_1^* \\ P_4^* \end{Bmatrix} \tag{4.9}$$

将方程（4.6）和（4.7）改写成矩阵形式：

$$\boldsymbol{Q}_{U,hp} = \boldsymbol{X}_{hp,U} \boldsymbol{D}_{hp} \tag{4.10}$$

其中：

$$\boldsymbol{Q}_{U,hp} = \begin{pmatrix} L_{u,hp,1} & D_{u,hp,1} \\ L_{u,hp,2} & D_{u,hp,2} \\ \vdots & \vdots \\ L_{u,hp,n} & D_{u,hp,n} \end{pmatrix} \tag{4.11}$$

$$\boldsymbol{X}_{hp,U} = \begin{pmatrix} \dot{h}_1 & h_1 & \dot{p}_1 & p_1 \\ \dot{h}_2 & h_2 & \dot{p}_2 & p_2 \\ \vdots & \vdots & \vdots & \vdots \\ \dot{h}_n & h_n & \dot{p}_n & p_n \end{pmatrix}_U \tag{4.12}$$

$$D_{hp} = \begin{pmatrix} H_1 & P_5 \\ H_4 & P_6 \\ H_5 & P_1 \\ H_6 & P_4 \end{pmatrix}$$

(4.13)

根据最小二乘原理，对 D_{hp} 进行参数估计，则其拟合残差为：

$$e = Q_{U,hp} - X_{hp,U}D_{hp}$$

(4.14)

定义误差的平方和为：

$$J = e^T e = (Q_{U,hp} - X_{hp,U}D_{hp})^T (Q_{U,hp} - X_{hp,U}D_{hp})$$

(4.15)

为使误差的平方和最小，有 $\partial J / \partial D_{hp} = 0$，整理可得 D_{hp} 的最小二乘估计值为：

$$D_{hp} = (X_{hp,U}^T X_{hp,U})^{-1} X_{hp,U}^T Q_{U,hp}$$

(4.16)

得到 D_{hp} 后，通过方程（4.8）和（4.9）得到 8 个气动导数。

4.3.3　气动导数识别结果

图 4.18～图 4.25 分别给出了工况 1～7 下尾流索股的 8 个气动导数随着无量纲风速的变化规律。从图 4.18 和图 4.20 中可以看出，气动升力中的阻尼项气动导数 H_1^*、H_5^* 主要为负值，随着无量纲风速的增大，数值波动明显，只有在少数几个工况下出现较大的正值，这说明气动阻尼力对升力方向的运动起到抑制作用。从图 4.19 和图 4.21 可以看出，气动升力中的刚度项气动导数 H_4^*、H_6^* 主要表现为正值，在无量纲风速从 250 增大到 400 的过程中，气动导数有明显增大的趋势，表现为较大正值且明显大于其余 6 个气动导数，这说明尾流索股在尾流扰动下会引起升力方向的气动负刚度，气动负刚度对尾流吊索的振幅有放大作用。气动阻力中的阻尼项气动导数 P_1^*、P_5^* 在试验风速范围内的数值较小，但是波动较大，当无量纲风速大于 250 时，在工况 1～4 下，气动导数 P_1^*、P_5^* 主要为负值，表现为正阻尼作用，在工况 5～7 下，气动导数 P_1^*、P_5^* 主要为正值，表现为负阻尼作用，这说明随着前后索股的初始间距变化，气动阻尼力对尾流索股运动起到不同的作用。气动阻力中的刚度项气动导数 P_4^*、P_6^* 除了在无量纲风速 300～350 范围内表现为正值，在其余试验风速范围内主要表现为负值，对横向运动提供气动正刚度作用，对尾流吊索振动起稳定作用。Paidoussis 和 Price[7] 的研究结果表明，错列双圆柱的气动不稳定现象主要是由气动负刚度引起的；肖春云等[8] 从气动力做功的角度，分析了尾流索股的振动机理，研究结果也表明气动阻尼力对尾流致振现象的发生主要起阻碍作用，气动刚度力的指向和尾流索股的位移方向一致，从而引发了显著的气动负刚度效应。

从总体上来看，随着无量纲风速的增大，气动导数曲线形态比较复杂，这说明在不同前后索股间距和风速下，对运动起主导作用的气动导数可能会发生变化，也就是说阻力方向或升力方向的气动刚度力或者气动阻尼力都可能主导尾流索股的运动形式。当无量纲风速大于 233.10（$U > 8$ m/s）时，气动导数 H_4^*、H_6^* 都表现为正值，此时运动开始受到气动负刚度的影响，横风向的气动负刚度效应十分明显，尾流索股的振幅逐渐增大，这与实际吊索尾流致振临界风速吻合较好。

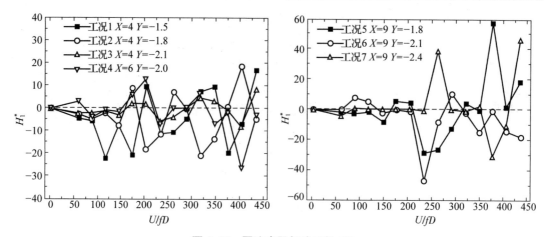

图 4.18 尾流索股气动导数 H_1^*

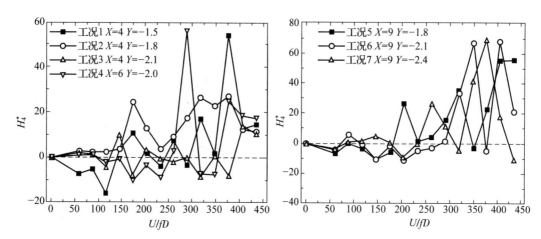

图 4.19 尾流索股气动导数 H_4^*

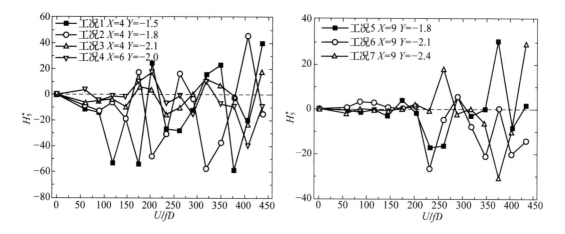

图 4.20 尾流索股气动导数 H_5^*

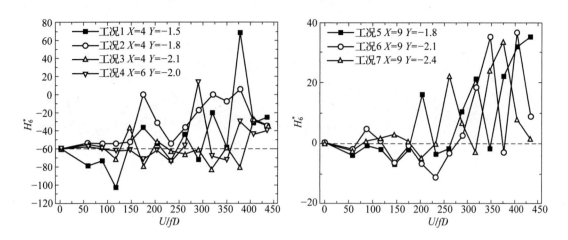

图 4.21　尾流索股气动导数 H_6^*

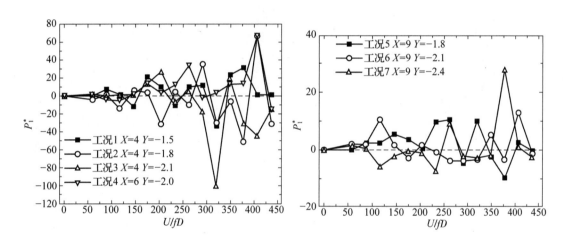

图 4.22　尾流索股气动导数 P_1^*

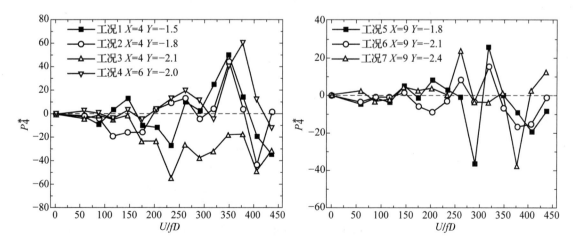

图 4.23　尾流索股气动导数 P_4^*

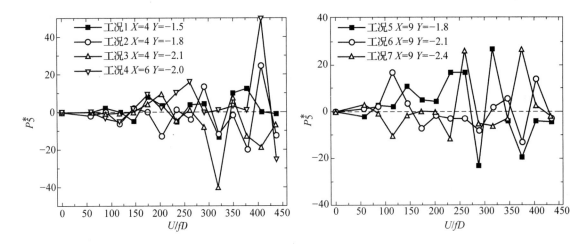

图 4.24　尾流索股气动导数 P_5^*

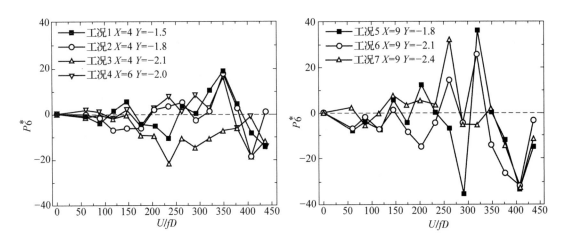

图 4.25　尾流索股气动导数 P_6^*

　　图 4.26 给出了尾流索股做强迫振动的运动轨迹，模拟了实际情况下尾流区索股发生尾流致振现象时运动的极限环，横坐标为顺风向位移，纵坐标为横风向位移。其中图 4.26（a）为工况 1～3 下尾流索股的振动轨迹，振动以横风向振动为主；图 4.26（b）为工况 5～7 下尾流索股的振动轨迹，振动以顺风向振动为主。两种运动轨迹的椭圆主轴方向有明显的区别。表 4.3 和表 4.4 分别给出了无量纲风速为 299.04 和 358.85 时，不同工况下尾流索股的 8 个气动导数。从表 4.3 和表 4.4 中可以看出，各个工况下对引起尾流致振现象占主导作用的气动导数并不相同。例如，在无量纲风速 $U/fD=299.04$ 时，工况 2 中主要由气动导数 H_4^*、H_6^*、P_1^* 和 P_5^* 为尾流索股的运动提供气动负刚度和气动负阻尼；工况 4 中主要由气动导数 H_4^*、H_6^*、P_4^* 和 P_6^* 为尾流索股的运动提供气动负刚度；在无量纲风速 $U/fD=358.85$ 时，工况 2 中主要由气动导数 H_4^*、H_6^*、P_4^* 和 P_6^* 为尾流索股的运动提供气动负刚度和气动负阻尼；工况 6 中主要由气动导数 H_4^*、H_6^* 为尾流索股的运动提供气动负刚度。从总体上来看，影响横向气动力的气动导数 H_4^*、H_6^* 主要表现为正值，而且数值明显大于其他的阻尼项和刚度项，引起横风向运动的气动负刚度，对尾

流索股的横风向气动不稳定性起作用，而气动导数 $H_1{}^*$、$H_5{}^*$、$P_1{}^*$、$P_4{}^*$、$P_5{}^*$ 和 $P_6{}^*$ 也会在个别工况下表现为正值，造成尾流索股气动负刚度或气动负阻尼，引起尾流索股两个方向耦合运动的气动不稳定性。Yagi 和 Arima 等[5] 的研究也表明，前后索股的相对位置不同将导致尾流索股的运动形式不同，而不同的尾流索股运动是由不同的气动导数联合作用导致的。这说明无论尾流索股的主运动方向是横风向还是顺风向，在发生尾流致振现象的风速范围内，不同工况下前后索股的间距不同，而气动导数 $H_4{}^*$、$H_6{}^*$ 在运动中始终提供的气动负刚度是引起尾流索股不稳定振动的重要因素。气动阻尼对尾流索股的运动主要起到抑制作用，8 个气动导数共同影响尾流索股的运动轨迹形状。

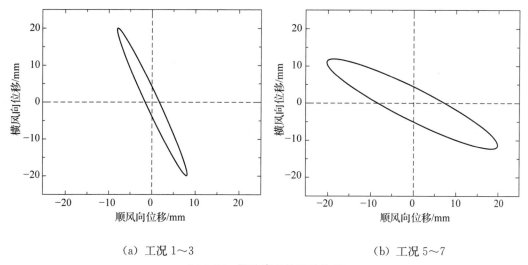

（a）工况 1～3　　　　　　　　　（b）工况 5～7

图 4.26　尾流索股的运动轨迹

表 4.3　气动导数 ($U/fD = 299.04$)

工况	空间位置 X	Y	振幅 A_p /mm	A_h /mm	气动导数 $U/fD = 299.04$ $H_1{}^*$ ($L-h$)	$H_4{}^*$ ($L-h$)	$P_5{}^*$ ($D-h$)	$P_6{}^*$ ($D-h$)	$P_1{}^*$ ($D-p$)	$P_4{}^*$ ($D-p$)	$H_5{}^*$ ($L-p$)	$H_6{}^*$ ($L-p$)
1	4	−1.5	8	20	−4.87	−3.46	4.79	0.43	11.82	3.05	−11.46	−11.29
2	4	−1.8	8	20	−0.18	17.68	14.10	−2.81	35.56	−4.42	−3.18	42.65
3	4	−2.1	8	20	0.19	−0.31	−7.83	−14.78	−17.73	−37.63	0.66	−1.24
4	6	−2.0	12	16	0.05	56.12	−0.40	7.96	−2.59	10.97	−15.03	72.34
5	9	−1.8	20	12	−12.95	15.43	−22.28	−35.04	−4.75	−36.22	5.35	−47.93
6	9	−2.1	20	12	9.94	1.37	−7.78	−4.44	−3.90	−3.60	5.51	2.41
7	9	−2.4	20	12	−0.23	11.39	−5.17	−5.17	−2.22	−3.59	−2.19	6.33

表 4.4 气动导数 ($U/fD=358.85$)

工况	空间位置		振幅		气动导数 $U/fD=358.85$							
	X	Y	A_p /mm	A_h /mm	H_1^* ($L-\dot{h}$)	H_4^* ($L-h$)	P_5^* ($D-\dot{h}$)	P_6^* ($D-h$)	P_1^* ($D-\dot{p}$)	P_4^* ($D-p$)	H_5^* ($L-\dot{p}$)	H_6^* ($L-p$)
1	4	−1.5	8	20	9.18	1.53	10.26	18.79	23.23	50.10	22.98	2.24
2	4	−1.8	8	20	−13.43	22.79	−1.72	17.49	−6.51	44.31	−36.93	53.12
3	4	−2.1	8	20	3.08	0.46	7.75	−7.63	20.45	−18.02	7.72	0.89
4	6	−2.0	12	16	−7.14	−7.94	3.32	16.23	12.55	−40.78	−6.90	−13.33
5	9	−1.8	20	12	−0.48	−2.66	−3.46	0.82	−2.20	0.38	0.20	−1.60
6	9	−2.1	20	12	−15.75	66.80	5.82	−13.97	5.60	−6.58	−20.78	35.25
7	9	−2.4	20	12	1.98	41.93	−2.67	1.69	−1.94	1.02	−6.45	24.17

来流风速 $U=10$ m/s 时尾流索股气动导数（P_1^*、P_4^*、P_5^*、P_6^*、H_1^*、H_4^*、H_5^* 和 H_6^*）空间分布情况如图 4.27 所示。从图 4.27 中可以看出，尾流索股的 8 个气动导数的分布没有明显的规律性。但从图 4.27（f）中可以观察到，与顺风向位移相关的 H_4^*，其正数值高达 80。这表明与顺风向位移有关的气动负刚度可能会引起吊索的振动。图 4.27 所示的试验数据将用来确定理论分析中尾流索股的非定常气动自激力。

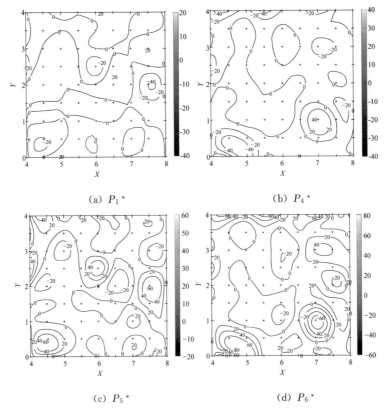

(a) P_1^* (b) P_4^*

(c) P_5^* (d) P_6^*

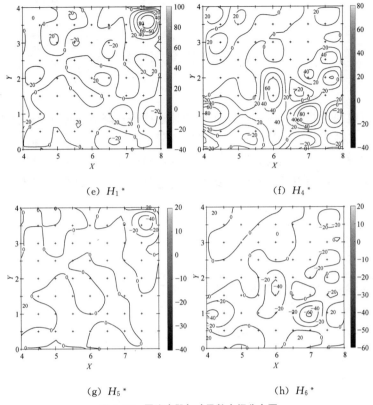

(e) $H_1{}^*$ 　　　　　　　　　　　　(f) $H_4{}^*$

(g) $H_5{}^*$ 　　　　　　　　　　　　(h) $H_6{}^*$

图 4.27　尾流索股气动导数空间分布图

4.3.4　气动自激力比较

将识别的气动导数代入公式（4.4）和（4.5），可以得到尾流索股做稳定极限环运动时所受的气动自激力（简称为拟合值）。图 4.28 给出了尾流索股气动力的拟合值和试验值的比较，所取工况为 $U=10$ m/s，前后索股的相对位置为 $X=4$，$Y=-1.8$。图 4.28 中的试验值是在尾流索股做强迫振动状态下通过五分量天平测得的与运动同步的气动力时程，可以作为尾流索股气动力的精确值。从图 4.28 可以看出，通过气动导数得到气动力与试验值几乎完全一致。因此，采用非定常理论来进行尾流致振理论研究的方法是可行的，通过非定常方法得到的气动导数可以方便进一步进行尾流索股气动力组成成分（气动刚度力和气动阻尼力）的研究。

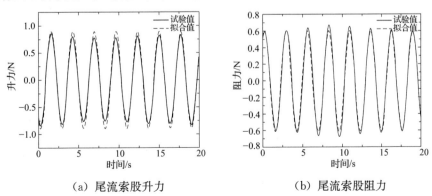

（a）尾流索股升力 　　　　　　　　　　　（b）尾流索股阻力

图 4.28　尾流索股的气动力时程比较 （$U=10$ m/s，$X=4$，$Y=-1.8$）

4.4　本章小结

本章采用节段模型测力风洞方法，研究了悬索桥吊索尾流索股平均气动力系数的空间分布规律，并对气动不稳定区域进行了初步定性分析。在后续第5章理论分析研究中，该数据可用于准定常方法确定尾流索股气动力。本章采用强迫振动方法对悬索桥吊索尾流索股的气动导数进行了精确识别，在后续第5章理论分析中，该数据可用于非定常方法确定尾流索股气动力。

参考文献

[1]PAÏDOUSSIS M P,PRICE S J,LANGRE,E D. Fluid structure interactions：cross-flow-induced instabilities[M]. Cambridge：Cambridge University Press,2011.

[2]肖春云,李寿英,陈政清.悬索桥双吊索尾流弛振的失稳区间研究[J]. 中国公路学报,2016,29(9):53-58,67.

[3]陈元坤.分裂导线的微风振动与次档距振荡研究[D]. 武汉:华中科技大学,2011.

[4]黄伟峰,李勇,刘秋生,等.桥梁吊杆索尾流驰振问题的数值研究[J]. 清华大学学报（自然科学版）,2008,48(11)：1931-1934.

[5]YAGI T,ARIMA M,ARAKI S,et al. Investigation on Wake-induced Instabilities of Parallel Circular Cylinders Based on Unsteady Aerodynamic Forces[C]. 14th International Conference on Wind Engineering-Porto Alegre,Brazil,2015.

[6]陈政清.桥梁风工程[M]. 北京：人民交通出版社,2005.

[7]PRICE S J,MACIEL Y. Solution of the nonlinear equations for wake-induced flutter via the Krylov and Bogoliubov method of averaging[J]. Journal of Fluids and Structures,1990,4(5):519-540.

[8]肖春云.大跨度柔性桥梁双索股尾流驰振机理研究[D]. 长沙：湖南大学,2016.

第 5 章

悬索桥吊索尾流致振的数值重现

第 3 章介绍了悬索桥吊索尾流致振测振风洞试验，成功地在试验室重现了悬索桥吊索尾流致振现象。相比现场实测，风洞试验可以根据研究目标方便地改变各种参数，系统地研究这些参数对悬索桥吊索尾流致振的影响规律，甚至可以验证一些减振措施的抑振效果。但是，风洞试验主要是重现悬索桥吊索尾流致振现象，难以对其机理做出精确解释。为此，在第 4 章获得的吊索尾流索股气动力数据的基础上，本章建立了悬索桥吊索尾流索股运动微分方程，采用数值的方法重现了悬索桥吊索尾流致振现象，并从作用在尾流索股上的气动力做功的角度，提出了悬索桥吊索尾流致振的机理解释。

5.1 基于准定常方法的二维理论分析模型

5.1.1 运动微分方程的建立

假定迎风索股固定不动，将尾流索股简化为一个两自由度振子。建立坐标轴 xoy，原点位于迎风索股中心，x 和 y 轴方向分别为顺风向和横风向，如图 5.1 所示。尾流索股质量为 m，在 x 和 y 轴方向的刚度系数分别为 k_x 和 k_y，阻尼系数分别为 c_x 和 c_y，在 x 和 y 轴方向的位移分别为 u 和 v。前方来流风速为 U，但由于迎风索股的干扰影响，尾流索股所在位置的风速会发生变化，这里以 $\overline{U}$ 表示，假定其方向仍为水平向右。因此，尾流索股相对于局部气流的相对速度为水平方向 $\overline{U} - \dot{u}$、竖直方向 $\dot{v}$。尾流索股上的作用力包括惯性力、阻尼力、弹性力及气动力。水平方向（x 轴）的惯性力、阻尼力和弹性力分别为 $m\ddot{u}$、$c_x\dot{u}$ 和 $k_x u$，竖直方向（y 轴）的惯性力、阻尼力和弹性力分别为 $m\ddot{v}$、$c_y\dot{v}$ 和 $k_y v$。沿着 x 轴和 y 轴方向的气动力，即体轴坐标系下的气动力，以 F_x 和 F_y 表示。风轴坐标系与体轴坐标系之间的夹角大小为 α，以逆时针方向为正，其大小为：

· 91 ·

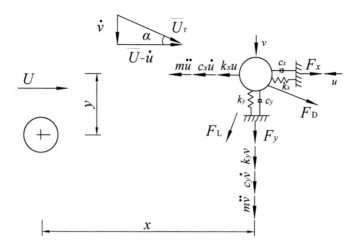

图 5.1 尾流索股两自由度振子力学模型示意图

$$\alpha = \arctan\frac{-\dot{v}}{\overline{U}-\dot{u}} \tag{5.1}$$

体轴坐标系和风轴坐标系下的尾流索股气动力的相互关系为：

$$\begin{cases} F_x = F_D\cos\alpha - F_L\sin\alpha \\ F_y = F_D\sin\alpha + F_L\cos\alpha \end{cases} \tag{5.2}$$

其中，风轴坐标系下的气动力 F_D 和 F_L 可表示为：

$$\begin{cases} F_D = \dfrac{1}{2}\rho\overline{U}_r{}^2 D\overline{C}_D \\ F_L = \dfrac{1}{2}\rho\overline{U}_r{}^2 D\overline{C}_L \end{cases} \tag{5.3}$$

则体轴坐标系下的气动力 F_x 和 F_y 可写为：

$$\begin{cases} F_x = \dfrac{1}{2}\rho\overline{U}_r{}^2 D(\overline{C}_D\cos\alpha - \overline{C}_L\sin\alpha) \\ F_y = \dfrac{1}{2}\rho\overline{U}_r{}^2 D(\overline{C}_D\sin\alpha + \overline{C}_L\cos\alpha) \end{cases} \tag{5.4}$$

式中，ρ 为空气密度；$\overline{U}_r$ 为尾流与尾流索股的局部相对风速；D 为尾流索股直径；$\overline{C}_D$ 为以局部风速 $\overline{U}$ 进行无量纲化的平均阻力系数；$\overline{C}_L$ 为以局部风速 $\overline{U}$ 进行无量纲化的平均升力系数。局部相对风速 $\overline{U}_r$ 与局部风速以及尾流索股的运动速度有关：

$$\overline{U}_r = \sqrt{(\overline{U}-\dot{u})^2 + \dot{v}^2} \tag{5.5}$$

另外，公式（5.4）中以局部风速无量纲化的平均阻力与升力系数（$\overline{C}_D$ 和 $\overline{C}_L$）与以前方无干扰来流风速 U 无量纲化的平均阻力与升力系数（C_D 和 C_L）的关系可表示为：

$$\overline{U}^2\,\overline{C}_L = U^2 C_L, \overline{U}^2\,\overline{C}_D = U^2 C_D \tag{5.6}$$

公式（5.4）中的正弦和余弦函数可表示为：

$$\sin\alpha = \frac{-\dot{v}}{\overline{U}_r}, \cos\alpha = \frac{\overline{U}-\dot{u}}{\overline{U}_r} \tag{5.7}$$

将公式（5.7）代入公式（5.4）中可得：

$$\begin{cases} F_x = \dfrac{1}{2}\rho\overline{U}_r{}^2 D\left(\overline{C}_D\dfrac{\overline{U}-\dot{u}}{\overline{U}_r} - \overline{C}_L\dfrac{-\dot{v}}{\overline{U}_r}\right) \\[2mm] F_y = \dfrac{1}{2}\rho\overline{U}_r{}^2 D\left(\overline{C}_D\dfrac{-\dot{v}}{\overline{U}_r} + \overline{C}_L\dfrac{\overline{U}-\dot{u}}{\overline{U}_r}\right) \end{cases} \qquad (5.8)$$

将（5.8）式中括号外的一个 $\overline{U}_r$ 乘到括号内可得：

$$\begin{cases} F_x = \dfrac{1}{2}\rho\overline{U}_r D\left[\overline{C}_D(\overline{U}-\dot{u}) + \overline{C}_L\dot{v}\right] \\[2mm] F_y = \dfrac{1}{2}\rho\overline{U}_r D\left[\overline{C}_D(-\dot{v}) + \overline{C}_L(\overline{U}-\dot{u})\right] \end{cases} \qquad (5.9)$$

取 $C_{D\infty}=1.2$，并令：

$$b = (C_D/C_{D\infty})^{1/2} \qquad (5.10)$$

前方无干扰来流风速 U 与尾流局部风速 $\overline{U}$ 之间的关系可表示为：

$$\overline{U} = (U^2 C_D/C_{D\infty})^{1/2} = Ub \qquad (5.11)$$

将公式（5.5）、（5.6）、（5.11）代入到式（5.9）中可得：

$$\begin{cases} F_x = \dfrac{1}{2}\rho D\dfrac{\sqrt{(bU-\dot{u})^2 + \dot{v}^2}}{b^2}\left[(bU-\dot{u})C_D + C_L\dot{v}\right] \\[3mm] F_y = \dfrac{1}{2}\rho D\dfrac{\sqrt{(bU-\dot{u})^2 + \dot{v}^2}}{b^2}\left[-C_D\dot{v} + C_L(bU-\dot{u})\right] \end{cases} \qquad (5.12)$$

公式（5.12）即为尾流索股的气动力表达式。从式（5.12）可以看出，尾流索股气动力不仅与其运动速度有关，而且与其所处瞬态位置有关，因为平均阻力与升力系数 C_D 和 C_L 是一个与空间位置相关的量。两类吊索尾流索股平均升力和阻力系数已在第 4 章节段模型测力风洞试验中得到，并进行了拟合，详见公式（4.5）和表 4.1。

在图 5.1 所示的力学模型的基础上，尾流索股的运动微分方程可表示为：

$$\begin{cases} m\ddot{u} + c_x\dot{u} + k_x u = F_x \\ m\ddot{v} + c_y\dot{v} + k_y v = F_y \end{cases} \qquad (5.13)$$

方程（5.13）两边同时除以 m，同时令 $\dfrac{c_{x(y)}}{m} = 2\zeta_{x(y)}\omega_{x(y)}$，$\dfrac{k_{x(y)}}{m} = \omega^2_{x(y)}$，公式（5.13）可写成：

$$\begin{cases} \ddot{u} + 2\zeta_x\omega_x\dot{u} + \omega_x^2 u = \dfrac{1}{m}F_x \\[2mm] \ddot{v} + 2\zeta_y\omega_y\dot{v} + \omega_y^2 v = \dfrac{1}{m}F_y \end{cases} \qquad (5.14)$$

5.1.2　运动微分方程的数值求解

采用四阶龙格-库塔（Runge-Kutta）方法对方程组（5.14）进行数值求解。尾流索股的失稳一般表现为极限环运动，其解具有较好的光滑性质，而 Runge-Kutta 法的推导是基于泰勒展开进行的，对于这类具有较好光滑性质的方程，Runge-Kutta 法具有很高的精度[1]。另外，Runge-Kutta 法还具有编程容易的特点。每次计算第 $n+1$ 步，只需知道前面第 n 步的计算结果，是单步法，在初始条件已知的情况下，可自动进行迭代计算。每个时间步计算时可人为地改变步长，以方便在不同情况下选择最优步长。在一维情况下，假设给定微分方程：

$$\frac{\mathrm{d}u}{\mathrm{d}t} = f(t,u) \tag{5.15}$$

及初始条件

$$u_0 = f(t_0) \tag{5.16}$$

第 $n+1$ 步的响应结果可由第 n 步的结果得到[1]：

$$\begin{cases} u_{n+1} = u_n + \dfrac{1}{6}(k_1 + 2k_2 + 2k_3 + k_4) \\ k_1 = hf(t_n, u_n) \\ k_2 = hf\left(t_n + \dfrac{h}{2}, u_n + \dfrac{k_1}{2}\right) \\ k_3 = hf\left(t_n + \dfrac{h}{2}, u_n + \dfrac{k_2}{2}\right) \\ k_4 = hf(t_n + h, u_n + k_3) \end{cases} \tag{5.17}$$

计算结果局部截断误差为 $o(h^5)$。

由于方程为二阶非线性微分方程组，首先需将二阶方程系统转换为一阶方程系统。初始微分方程组的表达式一般写成如下形式：

$$\ddot{u} = f_1(t, u, \dot{u}, v, \dot{v}, \ddot{v}) \tag{5.18}$$

$$\ddot{v} = f_2(t, v, \dot{v}, u, \dot{u}, \ddot{u}) \tag{5.19}$$

其所需的初始条件为：

$$u(t_0) = u_0, \dot{u}(t_0) = \dot{u}_0, v(t_0) = v_0, \dot{v}(t_0) = \dot{v}_0 \tag{5.20}$$

令

$$u_1 = u, u_2 = \dot{u}, v_1 = v, v_2 = \dot{v} \tag{5.21}$$

则方程组 (5.18) 和 (5.19) 可转化为：

$$\dot{u}_1 = u_2 \tag{5.22}$$

$$\dot{v}_1 = v_2 \tag{5.23}$$

$$\dot{u}_2 = f_1(t, u_1, u_2, v_1, v_2, \dot{v}_2) \tag{5.24}$$

$$\dot{v}_2 = f_2(t, u_1, u_2, \dot{u}_2, v_1, v_2) \tag{5.25}$$

方程 (5.14) 按式 (5.22) ～ (5.25) 的表达形式改写后变为：

$$\dot{u}_1 = u_2 \tag{5.26}$$

$$\dot{v}_1 = v_2 \tag{5.27}$$

$$\dot{u}_2(t) = \frac{1}{m}\left(\frac{1}{2}\rho D \frac{\sqrt{(bU - u_2(t))^2 + v_2{}^2(t)}}{b^2}\{[bU - u_2(t)]C_\mathrm{D} + C_\mathrm{L}v_2(t)\}\right)$$
$$- 2\zeta\omega u_2(t) - \omega^2 u_1(t) \tag{5.28}$$

$$\dot{v}_2(t) = \frac{1}{m}\left(\frac{1}{2}\rho D \frac{\sqrt{(bU - u_2(t))^2 + v_2{}^2(t)}}{b^2}\{-C_\mathrm{D}v_2(t) + C_\mathrm{L}[bU - u_2(t)]\}\right)$$
$$- 2\zeta\omega v_2(t) - \omega^2 v_1(t) \tag{5.29}$$

即原来的二元二阶微分方程组转化成了四个独立的四元一阶微分方程组，然后再用

Runge-Kutta 法同步求解。以方程组（5.26）和（5.28）为例，迭代计算式如下：

$$
\begin{cases}
u_{2,n+1} = u_{2,n} + \dfrac{h}{6}(k_1 + 2k_2 + 2k_3 + k_4) \\[2mm]
u_{1,n+1} = u_{1,n} + hu_{2,n} + \dfrac{h^2}{6}(k_1 + k_2 + k_3) \\[2mm]
k_1 = f_1(t_n, u_{1,n}, u_{2,n}, v_{1,n}, v_{2,n}, \dot{v}_{2,n}) \\[2mm]
k_2 = f_1(t_n + \dfrac{h}{2}, u_{1,n} + \dfrac{h}{2}u_{2,n}, u_{2,n} + \dfrac{h}{2}k_1, v_{1,n}, v_{2,n}, \dot{v}_{2,n}) \\[2mm]
k_3 = f_1(t_n + \dfrac{h}{2}, u_{1,n} + \dfrac{h}{2}u_{2,n} + \dfrac{h^2}{4}k_1, u_{2,n} + \dfrac{h}{2}k_2, v_{1,n}, v_{2,n}, \dot{v}_{2,n}) \\[2mm]
k_4 = f_1(t_n + h, u_{1,n} + hu_{2,n} + \dfrac{h^2}{2}k_2, u_{2,n} + hk_3, v_{1,n}, v_{2,n}, \dot{v}_{2,n})
\end{cases}
\tag{5.30}
$$

方程组（5.27）和（5.29）的算法同（5.30）相似。依据方程组（5.30），采用 Matlab 编制了计算程序。

5.1.3　计算参数的选取

基于准定常方法的二维理论分析模型的数值计算以西堠门大桥边跨 2 号吊索为工程背景，仅针对平行钢丝吊索进行。该吊索的索股线密度 m 为 31 kg/m，直径 D 为 0.088 m，顺风向和横风向结构频率 f_x 和 f_y 相同，为 0.40 Hz；结构阻尼比取为 0.1%；来流风速 U 为 10 m/s；空气密度 1.225 kg/m³。上述计算参数称为基本计算参数，详见表 5.1。

表 5.1　索股基本计算参数

参数名称	参数符号	数值	单位符号
索股线密度	m	31	kg/m
阻尼比	ζ	0.1	%
顺风向频率	f_x	0.4	Hz
横风向频率	f_y	0.4	Hz
索股直径	D	0.088	m
来流风速	U	10	m/s
空气密度	ρ	1.225	kg/m³

时间步长 h 的大小对计算精度和效率至关重要。一方面，需要足够小的计算步长以保证计算精度；另一方面，时间步长不能太小，以确保计算时间在可接受的范围之内，保证计算效率。经试算，在表 5.1 所示的基本计算参数情况下，时间步长 $h=0.02$ s 可以同时保证计算精度和计算效率，在后续的计算中，时间步长均取 0.02 s。

在第 4 章双索股节段模型测力试验中，对尾流索股的平均气动力系数的测量范围为

$X=[3，11]$，$Y=[-4，4]$，顺、横风向间距步长 $\Delta X=\Delta Y=0.25$。在试算过程中发现，当选取的初始位置 X 过小或过大时，尾流索股运动轨迹会进入到 $X<3$ 或 $X>11$ 范围，没有对应的平均气动力系数实测值。为此，数值计算选取的空间范围为 $X=[4，10]$，$Y=[-4，4]$，顺、横风向间距步长 $\Delta X=\Delta Y=0.1$，共 4 941 个计算点，平均气动力系数采用第 4 章公式（4.5）的拟合结果。

数值计算中，尾流与迎风索股相对位置有两种表述方式，第 1 种以初始位置 O_1 表示，第 2 种以风荷载作用下稳定振动（或静止）的中心 O_2 表示，如图 5.2 所示。初始位置 O_1 和振动中心 O_2 与迎风索股的相对位置分别以（X，Y）和（W，S）表示。

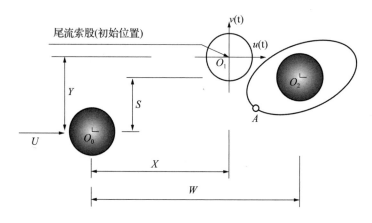

图 5.2　迎风与尾流索股相对位置的 2 类表述方式

在采用四阶 Runge-Kutta 方法进行迭代计算的过程中，$t=0$ 时刻尾流索股位于初始位置 O_1，数值求解得到的位移 $u(t)$ 和 $v(t)$ 是相对于初始位置 O_1 的位移时程。振动中心 O_2 在 x 轴的坐标 W 等于稳定极限环 x 方向最大位移 u_{max} 和最小位移 u_{min} 的平均值；同理，在 y 轴的坐标 S 等于稳定极限环 y 方向最大位移 v_{max} 和最小位移 v_{min} 的平均值。振动中心 O_2 的坐标 W 和 S、尾流索股顺风向和横风向单边振幅 A_u 和 A_v、合成单边振幅 A_{max} 可分别由公式（5.31）～（5.35）确定：

$$W = X + 0.5(u_{max} + u_{min}) \tag{5.31}$$

$$S = Y + 0.5(v_{max} + v_{min}) \tag{5.32}$$

$$A_u = 0.5(u_{max} - u_{min}) \tag{5.33}$$

$$A_v = 0.5(v_{max} - v_{min}) \tag{5.34}$$

$$A_{max} = (u^2 + v^2)^{0.5}_{max} \tag{5.35}$$

初始条件也可能会影响数值模拟结果。选取工况 $X=8$、$Y=1.9$ 来分析初始条件的影响，考虑三种不同的初始条件：①尾流索股有一个顺时针方向的初始扰动，$u(0)=0$，$v(0)=0.01$、$\dot{u}(0)=0.05$、$\dot{v}(0)=0$；②尾流索股有一个逆时针方向的初始扰动，$u(0)=0$、$v(0)=-0.01$、$\dot{u}(0)=0.05$、$\dot{v}(0)=0$；③零初始条件，$u(0)=v(0)=\dot{u}(0)=\dot{v}(0)=0$。图 5.3 给出了 3 种初始条件下尾流索股的运动轨迹，从图 5.3 中可以看出，3 种初始条件下尾流索股最终的稳定振动轨迹几乎完全相同，这说明初始条件不影响最终收敛的稳定极限环形状。基于此，本章数值计算均采用零初始条件。

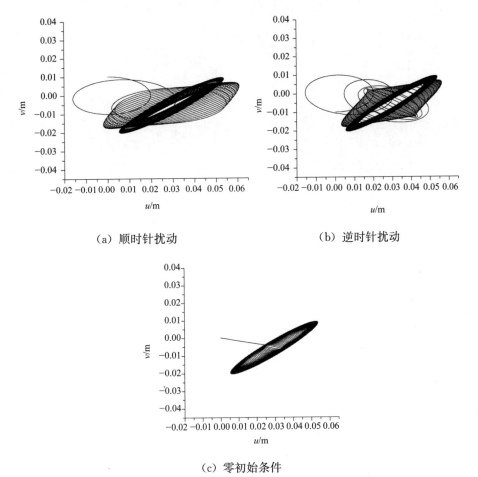

（a）顺时针扰动　　　　　　　（b）逆时针扰动

（c）零初始条件

图 5.3　三种初始条件下尾流索股的运动轨迹（工况 $X=8$、$Y=1.9$）

5.1.4　数值结果与分析

图 5.4（a）（b）和（c）分别给出了基本计算参数下平行钢丝吊索尾流索股的顺风向单边振幅 A_u、横风向单边振幅 A_v 和合成单边振幅 A_{max} 的空间分布规律。从图 5.4 中可以看出，顺、横风向单边振幅和合成单边振幅的空间分布规律趋势基本相同。尾流索股在迎风索股尾流中心线（即 $Y=0$）附近没有发生大幅振动，这一规律与已有的输电线尾流驰振研究结果相吻合[2]；尾流索股的大振幅振动主要集中在 $1<|Y|<3$ 区域内；在 $Y=\pm4$ 位置上，振幅较小。从图 5.4 还可以看出，顺风向最大振幅 A_u 约为 0.08 m，横风向最大振幅 A_v 约为 0.06 m。需要注意的是，顺风向和横风向最大振幅值并不出现在同一个空间位置，例如，当顺风向振幅为 0.08 m 时，相应空间位置的横风向振幅为 0.04 m；当横风向振幅为 0.06 m 时，相应空间位置的顺风向振幅也约为 0.04 m。

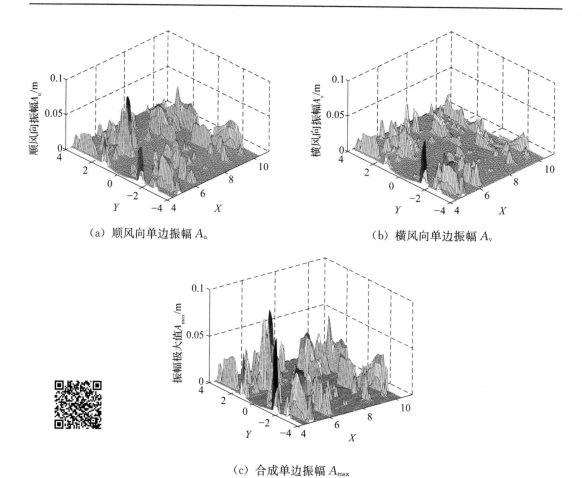

（a）顺风向单边振幅 A_u

（b）横风向单边振幅 A_v

（c）合成单边振幅 A_{max}

图 5.4　基本计算参数下的尾流索股振幅的空间分布规律

图 5.5～图 5.10 分别给出了 6 个典型计算工况下（$X=5.5$，$Y=1.2$、1.3、1.5、1.7、1.9、2.0）平行钢丝吊索尾流索股位移时程、运动轨迹和功率谱分析结果。从图 5.5（a）（b）～图 5.10（a）（b）可以看出，在 $X=5.5$ 的横截面上，当尾流索股与迎风索股尾流中心线距离较近时，顺风向稳定振幅大于横风向的值，如 $Y=1.2$、1.3、1.5 位置处；当 $Y=1.7$ 时，顺风向稳定振幅和横风向的值基本相当；随着与尾流中心线距离的进一步增大，横风向稳定振幅大于顺风向的值，如 $Y=1.9$、2.0 位置处。

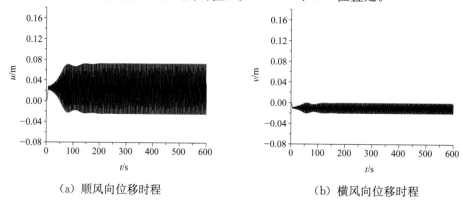

（a）顺风向位移时程

（b）横风向位移时程

图 5.5　平行钢丝吊索尾流索股位移时程、运动轨迹和功率谱分析结果（$X=5.5$，$Y=1.2$）

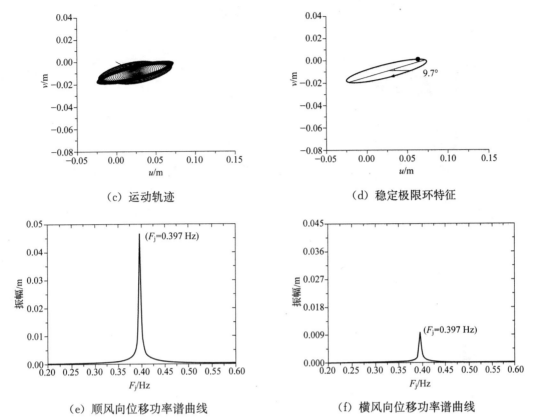

（c）运动轨迹　　　　　　　　　　　　（d）稳定极限环特征

（e）顺风向位移功率谱曲线　　　　　　（f）横风向位移功率谱曲线

图 5.5　平行钢丝吊索尾流索股位移时程、运动轨迹和功率谱分析结果（*X*＝5.5，*Y*＝1.2）（续图）

从图 5.5（c）（d）～图 5.10（c）（d）可以看出，稳定极限环运动的振动中心与计算初始位置不重合，但振动中心总是位于计算初始位置的右下侧，说明尾流索股受到的平均阻力方向均向右，平均升力方向均向下，这一规律与第 4 章节段模型测力风洞试验得到的平均气动力系数的结果一致。可以预见的是，在尾流中心线下方的空间位置点，振动中心位于计算初始位置的右上侧。另外，在 $X＝5.5$ 的横截面上，随着与尾流中心线距离的增大，稳定极限环长轴与尾流中心线的夹角逐渐增大，如 $Y＝1.2$、1.3、1.5、1.7、1.9、2.0 时，夹角分别为 $9.7°$、$12.6°$、$23.4°$、$38.8°$、$48.9°$、$54°$。

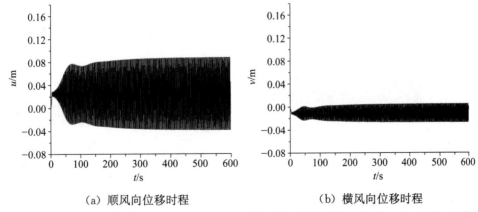

（a）顺风向位移时程　　　　　　　　　（b）横风向位移时程

图 5.6　平行钢丝吊索尾流索股位移时程、运动轨迹和功率谱分析结果（*X*＝5.5，*Y*＝1.3）

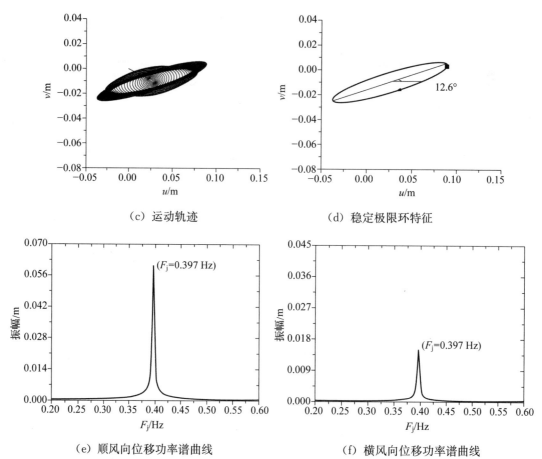

（c）运动轨迹   （d）稳定极限环特征

（e）顺风向位移功率谱曲线   （f）横风向位移功率谱曲线

图 5.6 平行钢丝吊索尾流索股位移时程、运动轨迹和功率谱分析结果（$X=5.5$，$Y=1.3$）（续图）

从图 5.5（e）（f）～图 5.10（e）（f）可以看出，$X=5.5$，$Y=1.2$、1.3、1.5、1.7、1.9、2.0 时尾流索股发生稳定振动时的顺风向和横风向主频相等，分别为 0.397 Hz、0.397 Hz、0.397 Hz、0.385 Hz、0.385 Hz、0.385 Hz。需要注意的是，本章基本计算参数中结构频率为 0.40 Hz，这说明尾流索股稳定振动的主频要小于结构固有频率，从数值计算的角度验证了第 3 章的试验结果。

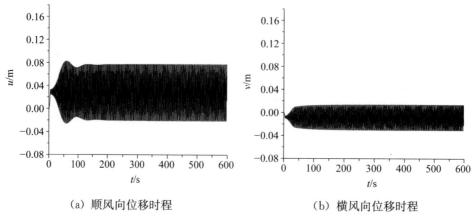

（a）顺风向位移时程   （b）横风向位移时程

图 5.7 平行钢丝吊索尾流索股位移时程、运动轨迹和功率谱分析结果（$X=5.5$，$Y=1.5$）

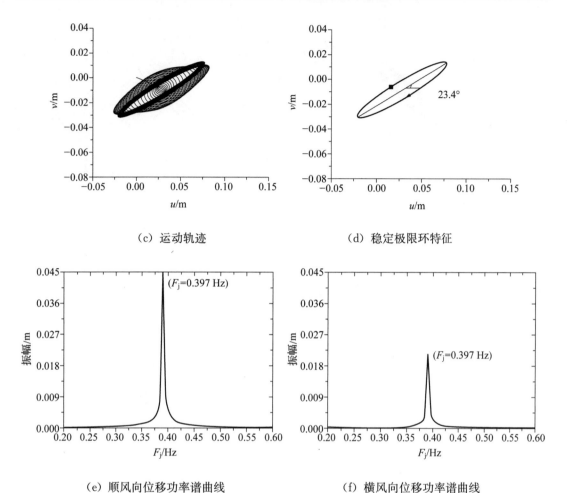

（c）运动轨迹　　　　　　　　　　　　　（d）稳定极限环特征

（e）顺风向位移功率谱曲线　　　　　　　（f）横风向位移功率谱曲线

图 5.7　平行钢丝吊索尾流索股位移时程、运动轨迹和功率谱分析结果（X=5.5，Y=1.5）（续图）

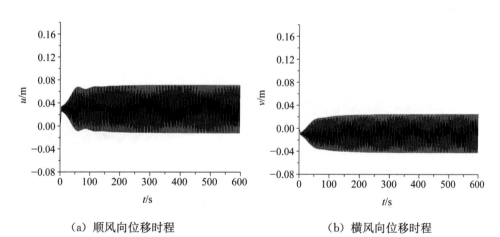

（a）顺风向位移时程　　　　　　　　　　（b）横风向位移时程

图 5.8　平行钢丝吊索尾流索股位移时程、运动轨迹和功率谱分析结果（X=5.5，Y=1.7）

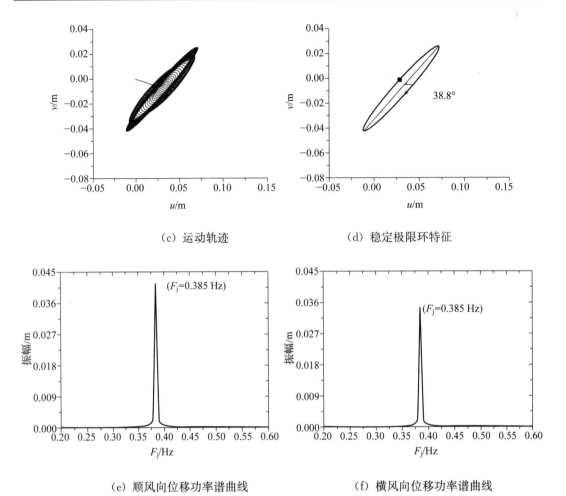

（c）运动轨迹 （d）稳定极限环特征

（e）顺风向位移功率谱曲线 （f）横风向位移功率谱曲线

图 5.8 平行钢丝吊索尾流索股位移时程、运动轨迹和功率谱分析结果（$X=5.5$，$Y=1.7$）（续图）

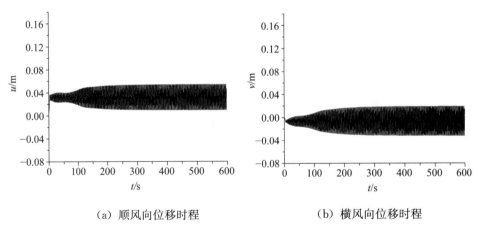

（a）顺风向位移时程 （b）横风向位移时程

图 5.9 平行钢丝吊索尾流索股位移时程、运动轨迹和功率谱分析结果（$X=5.5$，$Y=1.9$）

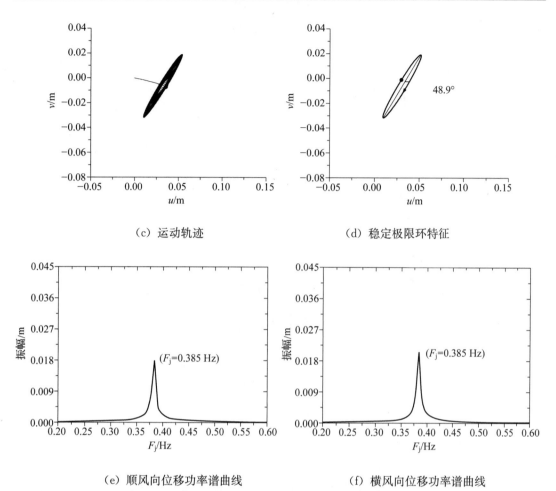

（c）运动轨迹　　　　　　　　　　　　（d）稳定极限环特征

（e）顺风向位移功率谱曲线　　　　　　　（f）横风向位移功率谱曲线

图 5.9　平行钢丝吊索尾流索股位移时程、运动轨迹和功率谱分析结果（$X=5.5$，$Y=1.9$）（续图）

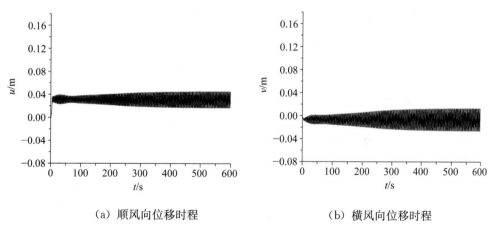

（a）顺风向位移时程　　　　　　　　　　（b）横风向位移时程

图 5.10　平行钢丝吊索尾流索股位移时程、运动轨迹和功率谱分析结果（$X=5.5$，$Y=2.0$）

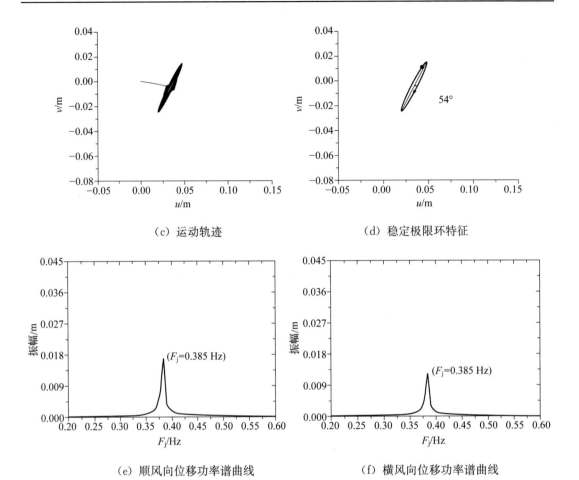

（c）运动轨迹　　　　　　　　　　　（d）稳定极限环特征

（e）顺风向位移功率谱曲线　　　　　（f）横风向位移功率谱曲线

图 5.10　平行钢丝吊索尾流索股位移时程、运动轨迹和功率谱分析结果（$X=5.5$，$Y=2.0$）（续图）

5.1.5　尾流致振机理的讨论

如前所述，$t=0$ 计算初始时刻尾流索股位于初始位置 O_1，在一定风速作用下，尾流索股绕椭圆形轨迹稳定地运动。值得注意的是，椭圆形轨迹的中心 O_2 与作用在尾流索股上的平均风荷载大小密切相关。假设在某时刻 t，尾流索股位于空间点 O_3 处，如图 5.11 所示。由于空气密度相比吊索而言非常小，尾流索股运动引起的气动质量可忽略不计。因此，可以假定作用在运动的尾流索股上的气动力由平均风荷载、气动刚度力和气动阻尼力组成。

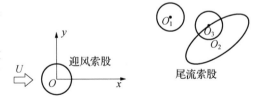

图 5.11　尾流索股运动轨迹示意图

平均风荷载为尾流索股在初始位置 O_1 处的准定常气动力，顺风向和横风向平均风荷载分别为 F_{mx} 和 F_{my}。气动刚度力则与 t 时刻尾流索股运动瞬间位置 O_3 偏离初始位置 O_1 的位移大小有关，也可表述成顺风向和横风向（F_{sx} 和 F_{sy}）：

$$F_{sx} = F_{mx}(O_3) - F_{mx}(O_1) \tag{5.36}$$

$$F_{sy} = F_{my}(O_3) - F_{my}(O_1) \tag{5.37}$$

式中，$F_{mx(y)}(O_1)$ 和 $F_{mx(y)}(O_3)$ 分别为尾流索股在 O_1 点和 O_3 点受到的顺风向和横风向平均气动力。

气动阻尼力（F_{dx} 和 F_{dy}）则可由下式得到：

$$F_{dx} = F_x - F_{mx} - F_{sx} \tag{5.38}$$

$$F_{dy} = F_y - F_{my} - F_{sy} \tag{5.39}$$

式中，F_x 和 F_y 为作用在尾流索股上的总气动力，可由公式（5.12）计算得到。

图 5.12～图 5.13 分别给出了两个典型工况下（$X=5.5$，$Y=1.3$、1.7）在一个稳定运动周期内作用在尾流索股上的平均风荷载、气动刚度力和气动阻尼力时程。从图 5.12 和图 5.13 中可以看出，尾流索股上平均风荷载占其总气动力的主要部分，且横风向的平均风荷载值为负，这说明作用在尾流索股上的横风向平均风荷载指向尾流中心线。气动阻尼力时程曲线接近正弦曲线，平均值接近于 0。但气动刚度力曲线更为复杂，且其平均值为非零值。总体上来说，气动刚度力峰值要比气动阻尼力峰值更大。

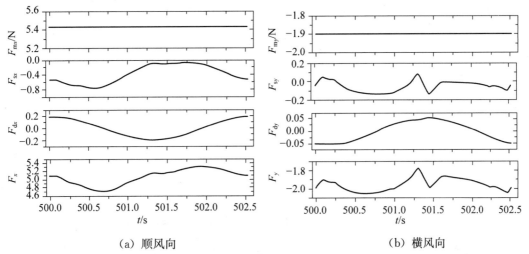

（a）顺风向　　　　　　　　　　　（b）横风向

图 5.12　尾流索股平均风荷载、气动刚度力和气动阻尼力（$X=5.5$，$Y=1.3$）

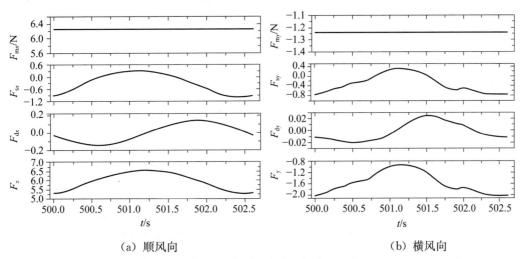

（a）顺风向　　　　　　　　　　　（b）横风向

图 5.13　尾流索股平均风荷载、气动刚度力和气动阻尼力（$X=5.5$，$Y=1.7$）

气动阻尼力和气动刚度力的功率（P_s 和 P_d）为：

$$\begin{cases} P_\mathrm{sx} = F_\mathrm{sx}\dot{u}, & P_\mathrm{sy} = F_\mathrm{sy}\dot{v}, & P_\mathrm{s} = P_\mathrm{sx} + P_\mathrm{sy} \\ P_\mathrm{dx} = F_\mathrm{dx}\dot{u}, & P_\mathrm{dy} = F_\mathrm{dy}\dot{v}, & P_\mathrm{d} = P_\mathrm{dx} + P_\mathrm{dy} \end{cases} \tag{5.40}$$

图 5.14～图 5.15 分别给出了两个典型工况下（$X=5.5$，$Y=1.3$、1.7）在一个稳定运动周期内作用在尾流索股上的气动刚度力和气动阻尼力的功率随时间的变化曲线。从图 5.14～图 5.15 中可以看出，在一个稳定运动周期内，气动刚度力的功率曲线在零坐标线以上的面积大于零坐标线以下的面积，这说明气动刚度力在一个周期内做正功，不断地向结构输入能量；而气动阻尼力的功率曲线在零坐标线以上的面积小于零坐标线以下的面积，说明气动阻尼力在一个周期内做负功，不断地消耗结构能量。因此，从做功的角度来看，气动刚度力是悬索桥吊索尾流索股发生大幅振动的关键原因。

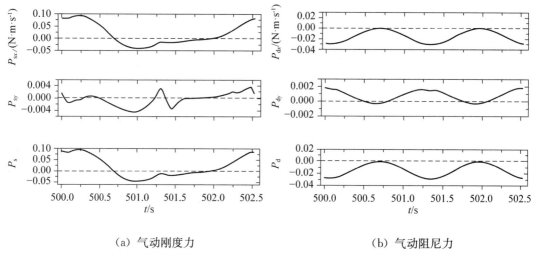

（a）气动刚度力　　　　　（b）气动阻尼力

图 5.14　气动刚度力和气动阻尼力的功率（$X=5.5$，$Y=1.3$）

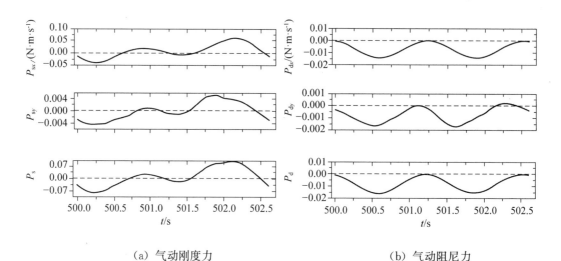

（a）气动刚度力　　　　　（b）气动阻尼力

图 5.15　气动刚度力和气动阻尼力的功率（$X=5.5$，$Y=1.7$）

第 3 章试验结果和本节的理论分析结果均表明，悬索桥吊索尾流索股发生大幅稳定振动时的频率略低于结构频率。众所周知，结构频率与刚度和质量有关，质量保持不变，则刚度有所减小。从图 5.13～图 5.14 可以看出，气动刚度力做正功，说明尾流索股在稳定的极限环运动过程中，出现了负的气动刚度，不断地从气流中获得能量，在与结构阻尼和气动阻尼消耗的能量相等的情况下，达到稳定的振动。

因此，气动负刚度是悬索桥吊索尾流致振的关键原因。

5.2　基于非定常方法的二维理论分析模型

5.2.1　运动微分方程的建立

除气动力表述方法不同外，基于非定常方法的二维理论分析模型的力学模型与图 5.1 类似。假定迎风索股固定不动，将尾流索股简化为两自由度振子，建立坐标系 xoy，坐标原点处于迎风索股中心处，x 和 y 轴方向分别为顺风向和横风向，尾流索股在 x、y 轴方向上相对于初始位置的位移分别为 $u(t)$ 和 $v(t)$，作用在尾流索股上的力包括弹性力（$k_x u$ 和 $k_y v$）、阻尼力（$c_x \dot{u}$ 和 $c_y \dot{v}$）、惯性力（$m_x \ddot{u}$ 和 $m_y \ddot{v}$）及气动力（体轴坐标系下为 F_x 和 F_y），如图 5.16 所示。

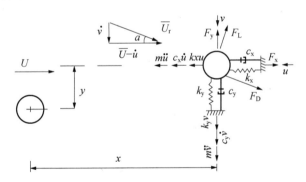

图 5.16　尾流索股两自由度振子力学模型示意图

尾流索股的运动方程可表示成：

$$\ddot{u} + 2\zeta_x \omega_x \dot{u} + \omega_x^2 u = \frac{1}{m_x} F_x \tag{5.41}$$

$$\ddot{v} + 2\zeta_y \omega_y \dot{v} + \omega_y^2 v = \frac{1}{m_y} F_y \tag{5.42}$$

基于非定常理论，尾流索股在体轴坐标系下的气动力 F_x、F_y 为：

$$F_x = \frac{1}{2}\rho \overline{U}_r^2 D(\overline{C}_D \cos\alpha + \overline{C}_L \sin\alpha) + \rho D^2 [\omega_x P_1^* \dot{u} + \omega_x^2 P_4^* u + \omega_y P_5^* \dot{v} + \omega_y^2 P_6^* v)\cos\alpha +$$

$$(\omega_y H_1^* \dot{v} + \omega_y^2 H_4^* v + \omega_x H_5^* \dot{u} + \omega_x^2 H_6^* u)\sin\alpha] \tag{5.43}$$

$$F_y = \frac{1}{2}\rho \overline{U}_r^2 D(-\overline{C}_D\cos\alpha + \overline{C}_L\sin\alpha) + \rho D^2\big[-(\omega_x P_1^* \dot{u} + \omega_x^2 P_4^* u + \omega_y P_5^* \dot{v} + \omega_y^2 P_6^* v)\sin\alpha$$

$$+ (\omega_y H_1^* \dot{v} + \omega_y^2 H_4^* v + \omega_x H_5^* \dot{u} + \omega_x^2 H_6^* u)\cos\alpha\big] \tag{5.44}$$

式中，$\overline{U}_r$ 为尾流相对尾流索股的局部相对风速；$\overline{C}_L$、$\overline{C}_D$ 分别为以局部风速 $\overline{U}$ 进行无量纲化的平均升力和阻力系数。

局部相对风速 $\overline{U}_r$ 可由下式确定：

$$\overline{U}_r = \sqrt{(\overline{U}-\dot{u})^2 + \dot{v}^2} \tag{5.45}$$

公式（5.43）～式（5.44）中的正弦和余弦函数，以及以局部风速无量纲化的平均气动力系数（$\overline{C}_L$ 和 $\overline{C}_D$）可进行如下转换：

$$\sin\alpha = \frac{\dot{v}}{\overline{U}_r} \tag{5.46}$$

$$\cos\alpha = \frac{\overline{U}-\dot{u}}{\overline{U}_r} \tag{5.47}$$

$$\overline{U}^2\overline{C}_L = U^2 C_L \tag{5.48}$$

$$\overline{U}^2\overline{C}_D = U^2 C_D \tag{5.49}$$

定义参数 b 如下：

$$b = (C_D/C_{D\infty})^{1/2} \tag{5.50}$$

式中，$C_{D\infty}$ 为尾流索股处在迎风索股尾流范围外的阻力系数，取 $C_{D\infty}=1.2$。

$$\overline{U} = (U^2 C_D/C_{D\infty})^{1/2} = Ub \tag{5.51}$$

将公式（5.45）～式（5.51）代入到公式（5.43）～式（5.44）中，可得：

$$F_x = \frac{1}{2}\rho D\frac{\sqrt{(bU-\dot{u})^2 + \dot{v}^2}}{b^2}\big[(bU-\dot{u})C_D + C_L\dot{v}\big] +$$

$$\frac{\rho D^2}{\sqrt{(bU-\dot{u})^2 + \dot{v}^2}}\big[(\omega_x P_1^* \dot{u} + \omega_x^2 P_4^* u + \omega_y P_5^* \dot{v} + \omega_y^2 P_6^* v)(bU-\dot{u}) + \tag{5.52}$$

$$(\omega_y H_1^* \dot{v} + \omega_y^2 H_4^* v + \omega_x H_5^* \dot{u} + \omega_x^2 H_6^* u)\dot{v}\big]$$

$$F_y = \frac{1}{2}\rho D\frac{\sqrt{(bU-\dot{u})^2 + \dot{v}^2}}{b^2}\big[(bU-\dot{u})C_L - C_D\dot{v}\big] +$$

$$\frac{\rho D^2}{\sqrt{(bU-\dot{u})^2 + \dot{v}^2}}\big[(\omega_y H_1^* \dot{v} + \omega_y^2 H_4^* v + \omega_x H_5^* \dot{u} + \omega_x^2 H_6^* u)(bU-\dot{u}) + \tag{5.53}$$

$$(\omega_x P_1^* \dot{v} + \omega_x^2 P_4^* v + \omega_y P_5^* \dot{u} + \omega_y^2 P_6^* u)\dot{v}\big]$$

式中，C_D 和 C_L 分别为以前方无干扰来流风速进行无量纲化的平均阻力和升力系数。气动导数识别方法与结果在第 4 章中介绍。

采用 Runge-Kutta 法数值求解方程（5.41）～方程（5.42），得到尾流索股响应。

5.2.2 计算参数的选取

为便于对比研究，非定常二维理论分析模型的数值计算所选取的参数与本章 5.1 小节准定常方法的参数一致，仍以西堠门大桥边跨 2 号吊索为工程背景，具体参数如表 5.2 所示。尾流索股的线密度 $M_x = M_y = 31$ kg/m；索股直径 $D = 0.088$ m；顺风向和横风向结构

频率 $f_x = f_y = 0.40$ Hz；结构阻尼比 $\zeta_x = \zeta_y = 0.1\%$；来流风速 $U = 10$ m/s；空气密度 $\rho = 1.225$ kg/m³。需要说明的是，由于仅在 10 m/s 风速下识别了全空间范围的气动导数，非定常二维理论分析模型的数值计算仅在 10 m/s 风速下进行。

表 5.2　非定常二维理论分析模型计算参数

参数	取值
线密度 $M/(\text{kg} \cdot \text{m}^{-1})$	31
直径 D/m	0.088
频率 $(f_x, f_y)/\text{Hz}$	0.40
阻尼 (ζ_x, ζ_y)	0.1%
风速 $U/(\text{m} \cdot \text{s}^{-1})$	10
空气密度 $\rho/(\text{kg} \cdot \text{m}^{-3})$	1.225

考虑到气动导数的识别范围以及实际桥梁双索股吊索间距，对 $5 \leqslant X \leqslant 7$，$0 \leqslant Y \leqslant 4$ 范围内初始平衡位置，步长 $\Delta X = 0.1$、$\Delta Y = 0.1$，共 861 个点位进行数值计算。同时，为评估非定常气动自激力的影响，分别采用非定常和准定常模型对尾流索股的振动响应进行了数值计算。

5.2.3　数值结果与分析

图 5.17（a）和（b）分别给出了基于非定常理论模型和准定常理论模型计算得到的尾流索股单边最大振幅（$A_{\max}/D$）空间分布情况。两种理论模型模拟得到的结果均显示，尾流索股在 $5.2 \leqslant X \leqslant 5.6$，$1.2 \leqslant Y \leqslant 2$ 区域发生了明显振动，其中，基于非定常理论模型计算得到的最大单边振幅约 $1.35D$，略大于准定常理论模型的最大单边振幅 $1.03D$。图 5.18 给出了基于两种不同理论模型计算得到的 $X = 5.2$、5.4 及 5.6 时单边振幅比较情况，从图 5.18 可以看出，相比较于非定常理论模型计算结果，准定常理论模型计算得到的单边振幅整体略微偏小。

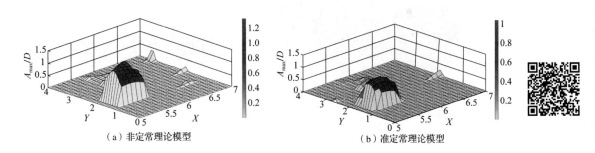

（a）非定常理论模型　　　　　　　　　（b）准定常理论模型

图 5.17　尾流索股单边最大振幅的空间分布规律

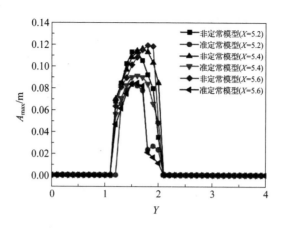

图 5.18　两种理论模型振幅对比

　　限于篇幅，选取了 $X=5.4$，$Y=1.4$、1.6 及 1.8 三个振幅较大的初始平衡位置进行尾流致振响应特性研究。图 5.19～图 5.21 分别给出了 $X=5.4$，$Y=1.4$、1.6 及 1.8 三个初始平衡位置处，基于非定常理论模型和准定常理论模型计算得到的尾流索股位移时程和运动轨迹。从图 5.19～图 5.21 可以看出，顺风向位移幅值大于横风向位移幅值。然而，随着 Y 增大，两个方向的位移幅值差有减小趋势。观察尾流索股的运动轨迹可以发现，尾流索股稳定运动时沿椭圆形轨迹、顺时针方向运动，该特性与输电线尾流驰振相类似。稳定极限环主轴方向随着 Y 值的变化而变化，如两种理论模型计算结果分别显示，$Y=1.4$、1.6 和 1.8 时长轴与尾流中心线的夹角分别为 $18.8°$、$29.1°$、$38.3°$ 和 $16.7°$、$29.1°$、$37.2°$。对比两种理论模型计算结果可发现，整体上两种理论方法计算得到的尾流致振特性较吻合，但在振幅方面，准定常理论模型计算结果略小于非定常理论模型计算结果。

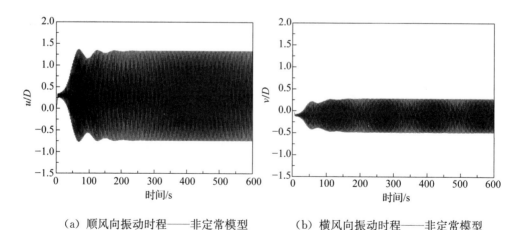

（a）顺风向振动时程——非定常模型　　　（b）横风向振动时程——非定常模型

图 5.19　尾流索股振动时程与轨迹（$X=5.4$，$Y=1.4$）

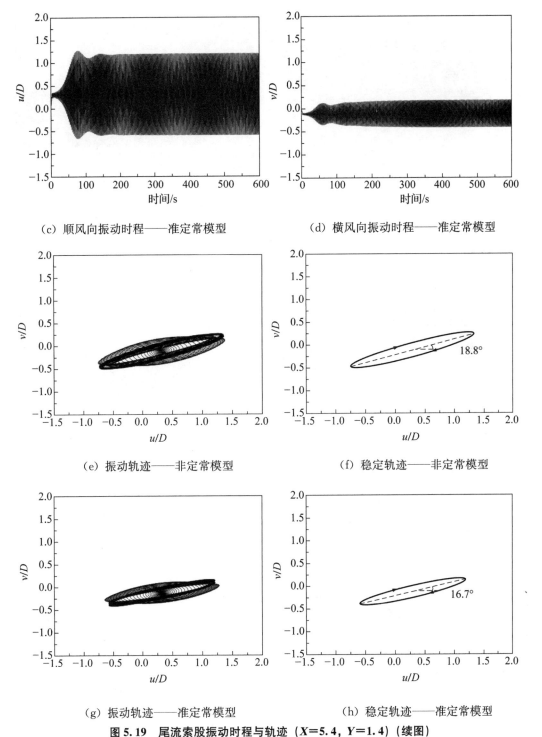

（c）顺风向振动时程——准定常模型　　　　（d）横风向振动时程——准定常模型

（e）振动轨迹——非定常模型　　　　　　　（f）稳定轨迹——非定常模型

（g）振动轨迹——准定常模型　　　　　　　（h）稳定轨迹——准定常模型

图 5.19　尾流索股振动时程与轨迹（$X=5.4$，$Y=1.4$）（续图）

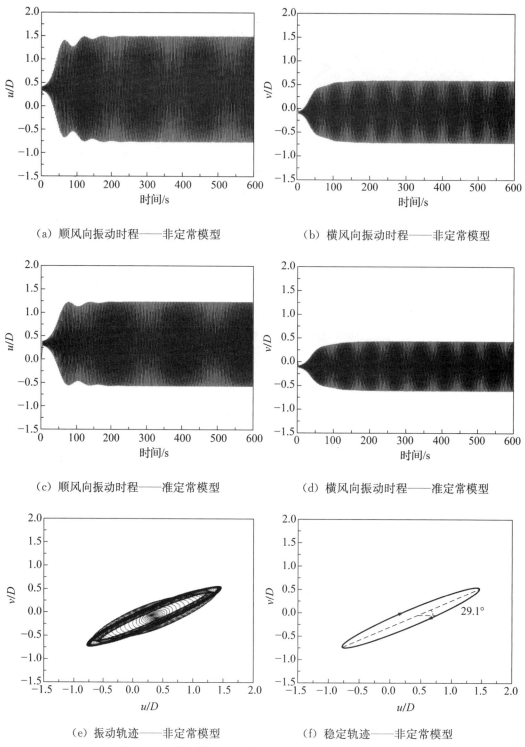

（a）顺风向振动时程——非定常模型　　　（b）横风向振动时程——非定常模型

（c）顺风向振动时程——准定常模型　　　（d）横风向振动时程——准定常模型

（e）振动轨迹——非定常模型　　　（f）稳定轨迹——非定常模型

图 5.20　尾流索股振动时程与轨迹（$X=5.4$，$Y=1.6$）

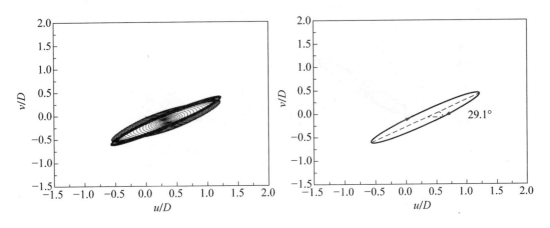

（g）振动轨迹——准定常模型　　　　　（h）稳定轨迹——准定常模型

图 5.20　尾流索股振动时程与轨迹（$X=5.4$，$Y=1.6$）（续图）

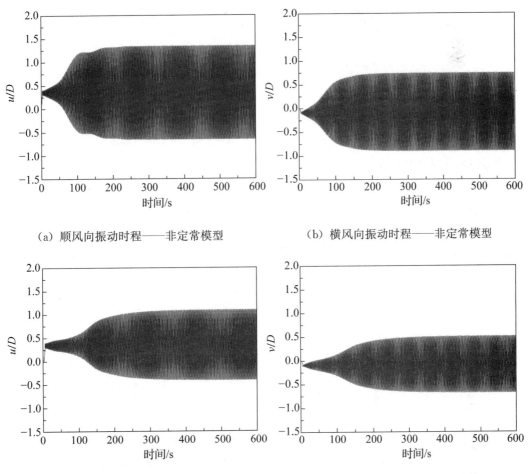

（a）顺风向振动时程——非定常模型　　　　（b）横风向振动时程——非定常模型

（c）顺风向振动时程——准定常模型　　　　（d）横风向振动时程——准定常模型

图 5.21　尾流索股振动时程与轨迹（$X=5.4$，$Y=1.8$）

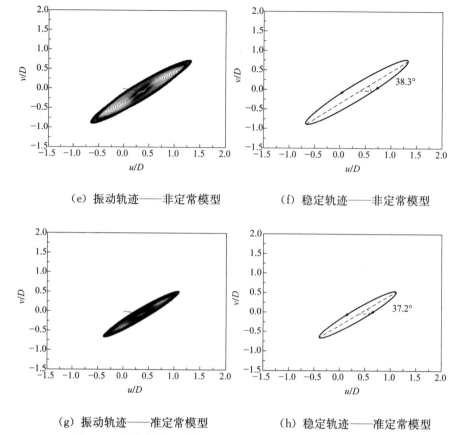

（e）振动轨迹——非定常模型　　　（f）稳定轨迹——非定常模型

（g）振动轨迹——准定常模型　　　（h）稳定轨迹——准定常模型

图 5.21　尾流索股振动时程与轨迹（X=5.4，Y=1.8）（续图）

图 5.22 分别给出了 X=5.4，Y=1.4、1.6 及 1.8 三个初始平衡位置处，基于非定常理论模型和准定常理论模型计算得到的尾流索股稳定振动频谱。从图 5.22 中可以看出，上述计算工况下两种理论模型计算得到的尾流索股稳定振动频率为 0.395 Hz 或 0.385 Hz，均略小于尾流索股固有频率 0.40 Hz。图 5.23 显示了基于两个理论模型计算得到的尾流索股振动频率的空间分布情况。从图 5.23 中可以看出，在尾流索股振动明显的工况中，振动频率均略小于固有频率。这表明负气动刚度可能是诱发吊索尾流致振的关键因素之一。

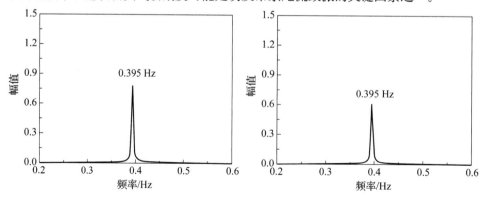

（a）非定常模型（X=5.4，Y=1.4）　　　（b）准定常模型（X=5.4，Y=1.4）

图 5.22　尾流索股振动频谱

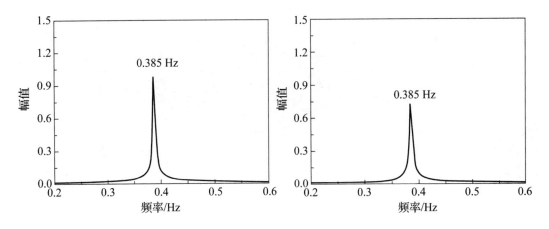

（c）非定常模型（$X=5.4$，$Y=1.6$）　　　　（d）准定常模型（$X=5.4$，$Y=1.6$）

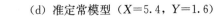

（e）非定常模型（$X=5.4$，$Y=1.8$）　　　　（f）准定常模型（$X=5.4$，$Y=1.8$）

图 5.22　尾流索股振动频谱（续图）

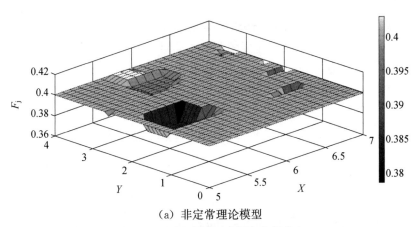

（a）非定常理论模型

图 5.23　尾流索股振动频率空间分布

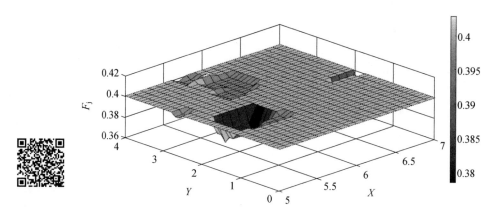

（b）准定常理论模型

图 5.23 尾流索股振动频率空间分布（续图）

由 5.1 节的计算结果可知，尾流索股发生尾流致振时的运动轨迹示意图如图 5.24 所示。其中，点 O_1 为尾流索股的初始位置，椭圆轨迹的中心点 O_2 为尾流索股的动平衡位置，点 O_3 为尾流索股在运动轨迹上任意时刻的位置。

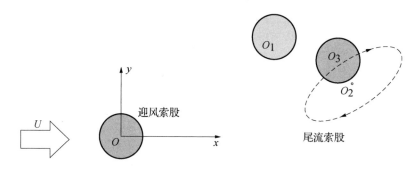

图 5.24 尾流索股运动轨迹示意图

空气密度与吊索密度相比很小，使得作用在索股上的气动质量力很小，因此可以忽略不计。以此尾流索股的气动力主要包括三个部分：与位移和速度均无关的定常气动力 F_m、与位移相关的气动刚度力 F_s 以及与速度相关的气动阻尼力 F_d。其中，定常气动力 F_m 为尾流索股在某位置处静止时所受到的气动力，气动刚度力 F_s 与气动阻尼力 F_d 分别可由公式（5.54）～式（5.55）计算得到[3]：

$$F_s(O_3) = F_m(O_3) - F_m(O_1) \tag{5.54}$$

$$F_d(O_3) = F_a(O_3) - F_m(O_1) - F_s(O_3) \tag{5.55}$$

式中，$F_m(O_1)$ 和 $F_m(O_3)$ 分别为尾流索股在点 O_1 和 O_3 位置处，静止时受到的定常气动力；$F_a(O_3)$ 为尾流索股在点 O_3 运动过程中所受到的总气动力。

图 5.25 和图 5.26 给出了 $X=5.4$，$Y=1.4$、1.6 及 1.8 三个初始平衡位置处，基于两种理论模型计算得到的尾流索股稳定振动时 5 个周期内的气动刚度力和气动阻尼力时程。从图 5.25 和图 5.26 中可以看出，基于准定常理论计算得到的气动刚度力和气动阻尼力比非定常理论结果要偏小，特别是气动阻尼力。并且，基于非定常理论模型计算得到的

气动阻尼力时程变化趋势更加复杂。整体上，基于两种理论方法计算得到的平均气动刚度力均比平均气动阻尼力大。

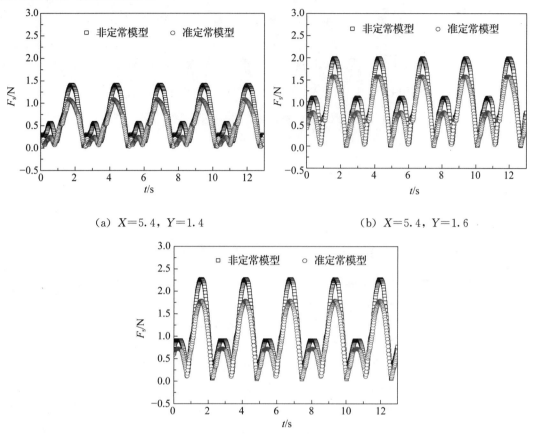

(a) $X=5.4$, $Y=1.4$ 　　　　　　　　(b) $X=5.4$, $Y=1.6$

(c) $X=5.4$, $Y=1.8$

图 5.25　尾流索股气动刚度力时程

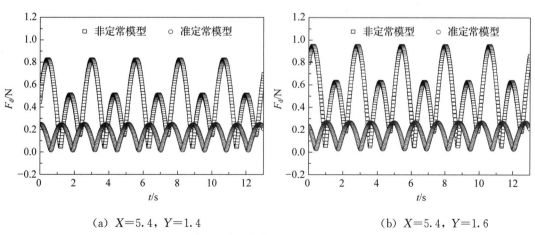

(a) $X=5.4$, $Y=1.4$ 　　　　　　　　(b) $X=5.4$, $Y=1.6$

图 5.26　尾流索股气动阻尼力时程

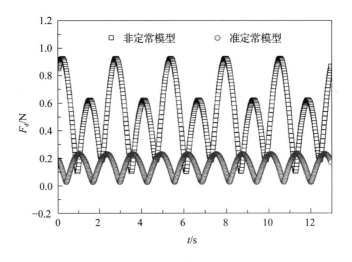

（c）$X=5.4$，$Y=1.8$

图 5.26　尾流索股气动阻尼力时程（续图）

在将气动力各组成部分准确分离的基础上，对气动力各组成部分做功情况进行分析，进而研究尾流索股的尾流致振机理。图 5.27 给出了 $X=5.4$，$Y=1.4$、1.6 及 1.8 三个初始平衡位置处，基于两种理论模型计算得到的尾流索股在一个稳定运动周期内的气动刚度力、气动阻尼力以及结构阻尼力的功率时程。对于结构阻尼力，基于两种理论方法得到的功率始终为负，表明在一个振动周期内，结构阻尼力对尾流索股做负功。对于气动刚度力，两种理论方法得到的结果都表明在一个振动周期内，气动刚度力的正功率时程围成的面积要大于负功率时程围成的面积，因此，在一个振动周期内，气动刚度力对尾流索股做正功。对于气动阻尼力，基于准定常理论方法得到的功率始终为负，基于非定常理论方法计算得到的功率不仅出现正值，也出现负值。但是，从整体来看，两种理论方法得到的气动阻尼力均在一个周期内对尾流索股做负功。综合上述分析，基于非定常理论模型和准定常理论模型计算得到的尾流致振机理是一致的，即尾流致振由气动负刚度驱动。

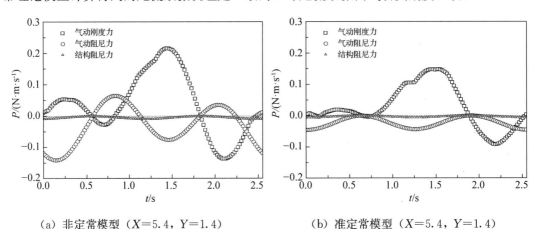

（a）非定常模型（$X=5.4$，$Y=1.4$）　　　　（b）准定常模型（$X=5.4$，$Y=1.4$）

图 5.27　气动刚度力、气动阻尼力及结构阻尼力做功时程

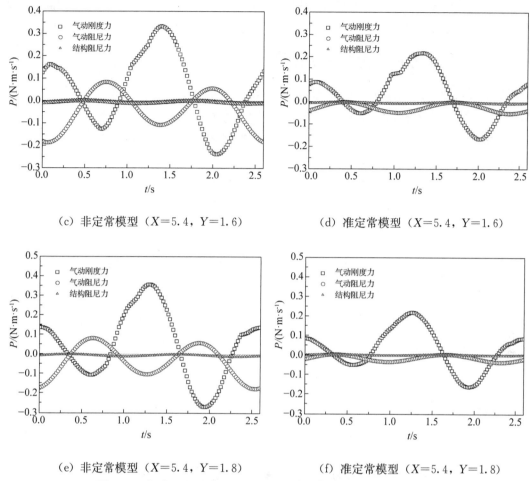

（c）非定常模型（$X=5.4$，$Y=1.6$）　　　　（d）准定常模型（$X=5.4$，$Y=1.6$）

（e）非定常模型（$X=5.4$，$Y=1.8$）　　　　（f）准定常模型（$X=5.4$，$Y=1.8$）

图 5.27　气动刚度力、气动阻尼力及结构阻尼力做功时程（续图）

5.3　三维连续拉索理论分析模型

在本章 5.1 和 5.2 节中，基于二维理论模型对悬索桥吊索尾流致振进行了理论分析，即将吊索简化成一个由弹簧和阻尼器连接的圆截面振子。二维理论模型可以模拟吊索的某一阶振型发生尾流致振时的响应规律。然而，实际的悬索桥吊索是一个三维连续体系，包含无穷多个自振频率。当吊索长度增加时，其固有频率随之减小，致使更多的固有频率可能在尾流致振中被激起。另外，在实际的悬索桥中，吊索的两端高差较大（西堠门大桥吊索最长达到 160 m），导致吊索截面上风速相差较大，不同高度截面荷载差异较大。已有的二维理论模型无法考虑这些因素的影响。

本节首先推导建立了吊索尾流致振三维连续弹性索理论模型，利用中心差分法，对吊索的运动微分方程同时进行空间和时间上的离散，得到数值计算差分格式。然后以西堠门大桥 2 号索结构参数为例，研究了吊索尾流致振响应特性。此外，分析了风速剖面、吊索表面粗糙度、吊索拉力考虑自重、阻尼比、迎风索股运动等对吊索尾流致振的影响。

5.3.1 运动偏微分方程的建立

基本假设如下：①忽略迎风索股振动影响；②准定常假设成立；③忽略吊索轴向振动的影响；④忽略吊索的抗弯、抗扭以及抗剪刚度；⑤吊索的变形本构关系服从胡克定律。

考虑双索股空间吊索，建立空间坐标系 $oxyz$，如图 5.28 所示，坐标原点位于主缆处的吊索顶端，x 轴平行于顺风方向，y 轴平行于横风方向，z 轴平行于吊索轴向方向。

尾流索股在 x 轴方向和 y 轴方向的运动微分方程可以分别表示为：

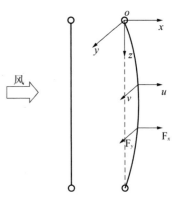

图 5.28 双索股吊索三维模型

$$\frac{\partial}{\partial z}\left[(T+\tau)\frac{\partial u}{\partial z}\right] + F_x(z,t) = M\frac{\partial^2 u}{\partial t^2} + c_1\frac{\partial u}{\partial t} \tag{5.56}$$

$$\frac{\partial}{\partial z}\left[(T+\tau)\frac{\partial v}{\partial z}\right] + F_y(z,t) = M\frac{\partial^2 v}{\partial t^2} + c_2\frac{\partial v}{\partial t} \tag{5.57}$$

式中，τ 是吊索振动过程中弹性变形产生的动张拉力；u 和 v 分别是拉索在 x 和 y 方向偏离静平衡位置的位移；$F_x(x,t)$ 和 $F_y(y,t)$ 分别是尾流索股 x 和 y 轴方向的单位长度气动力；M 为单位长度吊索质量；c_1、c_2 分别表示吊索 x 和 y 方向的单位长度线性阻尼系数；T 为静张拉力。

吊索的动态张力 τ 与吊索振动位移的关系如下所示：

$$\tau = EA\frac{\mathrm{d}\bar{z}^2 - \mathrm{d}z^2}{2\mathrm{d}z^2} \tag{5.58}$$

式中，E 为吊索材料的弹性模量；A 为吊索的截面积；$\mathrm{d}\bar{z}$ 和 $\mathrm{d}z$ 分别为吊索微元在变形后与变形前的长度。依据几何关系，有如下关系：

$$\mathrm{d}\bar{z}^2 = \mathrm{d}z^2 + \partial u^2 + \partial v^2 \tag{5.59}$$

将公式（5.59）代入（5.58）得：

$$\tau = EA\frac{\partial u^2 + \partial v^2}{2\mathrm{d}z^2} \tag{5.60}$$

将公式（5.60）代入方程（5.56）和（5.57）得：

$$T\frac{\partial^2 u}{\partial z^2} + \frac{EA}{2}\left[3\left(\frac{\partial u}{\partial z}\right)^2\frac{\partial^2 u}{\partial z^2} + 2\frac{\partial^2 v}{\partial z^2}\frac{\partial v}{\partial z}\frac{\partial u}{\partial z} + \left(\frac{\partial v}{\partial z}\right)^2\frac{\partial^2 u}{\partial z^2}\right] + F_x(z,t) = M\frac{\partial^2 u}{\partial t^2} + c_1\frac{\partial u}{\partial t}$$
$$\tag{5.61a}$$

$$T\frac{\partial^2 v}{\partial z^2} + \frac{EA}{2}\left[3\left(\frac{\partial v}{\partial z}\right)^2\frac{\partial^2 v}{\partial z^2} + 2\frac{\partial^2 u}{\partial z^2}\frac{\partial u}{\partial z}\frac{\partial v}{\partial z} + \left(\frac{\partial u}{\partial z}\right)^2\frac{\partial^2 v}{\partial z^2}\right] + F_y(z,t) = M\frac{\partial^2 v}{\partial t^2} + c_2\frac{\partial v}{\partial t}$$
$$\tag{5.61b}$$

根据准定常假设，作用在单位长度上的尾流索股气动力可表示为：

$$F_{x(y)}(x,t) = \frac{1}{2}\rho U^2 D C_{D(L)} \tag{5.62}$$

式中，ρ 为空气密度；U 为风速；D 为吊索直径；$C_{D(L)}$ 为尾流吊索平均阻（升）力系数。

5.3.2　运动偏微分方程的数值求解

采用有限差分法对尾流索股运动微分方程进行数值求解。同时对方程（5.61）在空间和时间上进行离散，将空间区域（0，L）分成 N 等份，如图 5.29 所示，时间区域（0，T）分成 M 等份。则 $h = L/N$、$\eta = T/M$ 分别为空间步长和时间步长。空间节点为 $j=0$，1，2，$\cdots$，N，时间节点为 $k=0$，1，2，$\cdots$，M。

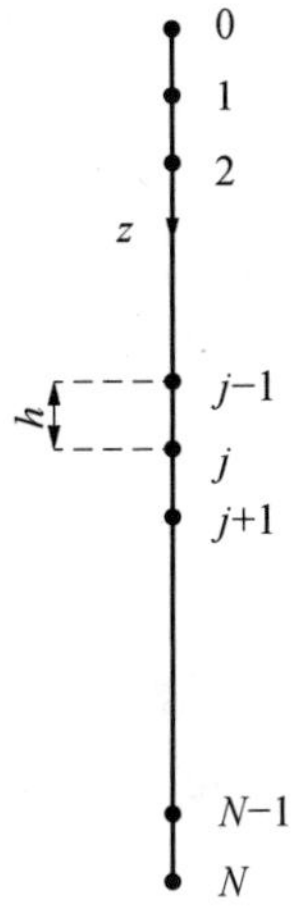

采用二阶中心差分代替方程（5.61）中的 $\dfrac{\partial^2 u}{\partial z^2}$、$\dfrac{\partial^2 v}{\partial z^2}$、

$\dfrac{\partial^2 u}{\partial t^2}$、$\dfrac{\partial^2 v}{\partial t^2}$、$\dfrac{\partial u}{\partial t}$、$\dfrac{\partial v}{\partial t}$，在（$j$，$k$）网格点处可表示为：

图 5.29　吊索空间离散

$$\frac{\partial^2 u}{\partial z^2}\Big|_j^k = \frac{1}{h^2}(u_{j-1}^k - 2u_j^k + u_{j+1}^k) + o(h^2) \tag{5.63a}$$

$$\frac{\partial^2 v}{\partial z^2}\Big|_j^k = \frac{1}{h^2}(v_{j-1}^k - 2v_j^k + v_{j+1}^k) + o(h^2) \tag{5.63b}$$

$$\frac{\partial u}{\partial z}\Big|_j^k = \frac{1}{2h}(u_{j+1}^k - u_{j-1}^k) + o(h^2) \tag{5.63c}$$

$$\frac{\partial v}{\partial z}\Big|_j^k = \frac{1}{2h}(v_{j+1}^k - v_{j-1}^k) + o(h^2) \tag{5.63d}$$

$$\frac{\partial^2 u}{\partial t^2}\Big|_j^k = \frac{1}{\eta^2}(u_j^{k-1} - 2u_j^k + u_j^{k+1}) + o(\tau^2) \tag{5.63e}$$

$$\frac{\partial^2 v}{\partial t^2}\Big|_j^k = \frac{1}{\eta^2}(v_j^{k-1} - 2v_j^k + v_j^{k+1}) + o(\tau^2) \tag{5.63f}$$

$$\frac{\partial u}{\partial t}\Big|_j^k = \frac{1}{2\eta}(u_j^{k+1} - u_j^{k-1}) + o(\tau^2) \tag{5.63g}$$

$$\frac{\partial v}{\partial t}\Big|_j^k = \frac{1}{2\eta}(v_j^{k+1} - v_j^{k-1}) + o(\tau^2) \tag{5.63h}$$

式中，u_j^k、v_j^k 表示在空间网格 j、时间网格 k 处的 u、v 值。

将式（5.63）代入方程（5.61）中整理得差分格式如下：

$$u_j^{k+1} = \frac{1}{(\frac{M}{\eta^2} + \frac{c_1}{2\eta})}\Big\{\frac{T}{h^2}(u_{j-1}^k - 2u_j^k + u_{j+1}^k) + \frac{EA}{2h^4}\Big[\frac{3}{4}(u_{j+1}^k - u_{j-1}^k)^2(u_{j-1}^k - 2u_j^k + u_{j+1}^k)$$

$$+ \frac{1}{2}(v_{j-1}^k - 2v_j^k + v_{j+1}^k)(u_{j+1}^k - u_{j-1}^k)(v_{j+1}^k - v_{j-1}^k) + \frac{1}{4}(v_{j+1}^k - v_{j-1}^k)^2(u_{j-1}^k - 2u_j^k + u_{j+1}^k)\Big]$$

$$+ (\frac{c_1}{2\eta} - \frac{M}{\eta^2})u_j^{k-1} + \frac{2M}{\eta^2}u_j^k + F_x(z_j, t_k)\Big\}$$

$$\tag{5.64a}$$

$$v_j^{k+1} = \frac{1}{(\frac{M}{\eta^2} + \frac{c_1}{2\eta})} \{ \frac{T}{h^2}(v_{j-1}^k - 2v_j^k + v_{j+1}^k) + \frac{EA}{2h^4}[\frac{3}{4}(v_{j+1}^k - v_{j-1}^k)^2(v_{j-1}^k - 2v_j^k + v_{j+1}^k)$$

$$+ \frac{1}{2}(u_{j-1}^k - 2u_j^k + u_{j+1}^k)(u_{j+1}^k - u_{j-1}^k)(v_{j+1}^k - v_{j-1}^k) + \frac{1}{4}(u_{j+1}^k - u_{j-1}^k)^2(v_{j-1}^k - 2v_j^k + v_{j+1}^k)]$$

$$+ (\frac{c_1}{2\eta} - \frac{M}{\eta^2})v_j^{k-1} + \frac{2M}{\eta^2}v_j^k + F_y(z_j, t_k)\}$$

(5.64b)

$(j=1, 2, 3, \cdots, N-1; k=1, 2, 3, 4, \cdots, M)$

吊索两端分别固定于主梁与主缆上，在整个计算过程中认为不发生任何振动，在计算开始时，整个吊索保持静止。边界条件和初始条件表示如下：

$$\begin{cases} u(0,t) = v(0,t) = 0 \qquad u(L,t) = v(L,t) = 0 \qquad t \in (0,T) \\ u(x,0) = v(x,0) = 0 \qquad \frac{\partial u(x,0)}{\partial t} = \frac{\partial v(x,0)}{\partial t} = 0 \quad x \in (0,L) \end{cases}$$

(5.65)

对初始条件和边界条件进行离散时，初始条件与边界条件离散方程的精度需要与式（5.64）的精度一致。对于边界条件 $u(0,t) = \varphi_1(t)$、$u(L,t) = \varphi_1'(t)$、$v(0,t) = \varphi_2(t)$、$v(L,t) = \varphi_2'(t)$ 和初始条件 $u(x,0) = \varphi_1(x)$、$v(x,0) = \varphi_2(x)$，离散形式可表示为：

$$u(0,t_k) = u_0^k = \varphi_1(t_k) \tag{5.66a}$$

$$v(0,t_k) = v_0^k = \varphi_2(t_k) \tag{5.66b}$$

$$u(l,t_k) = u_N^k = \varphi_1'(t_k) \tag{5.66d}$$

$$v(l,t_k) = v_N^k = \varphi_2'(t_k) \tag{5.66e}$$

$$u(x_j,0) = u_j^0 = \varphi_1(x_j) \tag{5.66g}$$

$$v(x_j,0) = v_j^0 = \varphi_2(x_j) \tag{5.66h}$$

对于初始条件 $\partial u(x,0)/\partial t = \varphi_1'(x)$、$\partial v(x,0)/\partial t = \varphi_2'(x)$，为保持精度一致，采用二阶差商：

$$(u_j^1 - u_j^{-1})/2\eta = \varphi_1'(x_j) \tag{5.67a}$$

$$(v_j^1 - v_j^{-1})/2\eta = \varphi_2'(x_j) \tag{5.67b}$$

但是存在 u_j^{-1}、v_j^{-1} 需消去。可令方程（5.64）中 $k=0$，与式（5.67）联立求解，即消去 u_j^{-1}、v_j^{-1}，得到 u_j^1、v_j^1：

$$u_j^1 = \frac{\eta^2}{2M} \{ \frac{T}{h^2}(u_{j-1}^0 - 2u_j^0 + u_{j+1}^0) + \frac{EA}{2h^4}[\frac{3}{4}(u_{j+1}^0 - u_{j-1}^0)^2(u_{j-1}^0 - 2u_j^0 + u_{j+1}^0)$$

$$+ \frac{1}{2}(v_{j-1}^0 - 2v_j^0 + v_{j+1}^0)(u_{j+1}^0 - u_{j-1}^0)(v_{j+1}^0 - v_{j-1}^0) + \frac{1}{4}(v_{j+1}^0 - v_{j-1}^0)^2(u_{j-1}^0 - 2u_j^0 + u_{j+1}^0)]$$

$$+ 2\eta\varphi_1'(x_j)(\frac{M}{\eta^2} - \frac{c_1}{2\eta}) + \frac{2M}{\eta^2}u_j^0 + F_x(z_j, t_0)\}$$

(5.68a)

$$v_j^1 = \frac{\eta^2}{2M} \{ \frac{T}{h^2}(v_{j-1}^0 - 2v_j^0 + v_{j+1}^0) + \frac{EA}{2h^4}[\frac{3}{4}(v_{j+1}^0 - v_{j-1}^0)^2(v_{j-1}^0 - 2v_j^0 + v_{j+1}^0)$$

$$+ \frac{1}{2}(u_{j-1}^0 - 2u_j^0 + u_{j+1}^0)(u_{j+1}^0 - u_{j-1}^0)(v_{j+1}^0 - v_{j-1}^0) + \frac{1}{4}(u_{j+1}^0 - u_{j-1}^0)^2(v_{j-1}^0 - 2v_j^0 + v_{j+1}^0)]$$

$$+ 2\eta\varphi_2'(x_j)(\frac{M}{\eta^2} - \frac{c_1}{2\eta}) + \frac{2M}{\eta^2}v_j^0 + F_y(z_j, t_0)\}$$

(5.68b)

$(j=1, 2, 3, \cdots, N-1)$

5.3.3　计算参数的选取

三维连续吊索理论分析模型数值计算的参数仍以西堠门大桥边跨 2 号吊索为工程背景。其中，吊索长度 $L=160$ m，恒载索力 $T=495.8$ kN，吊索线密度 $M=31$ kg/m，吊索直径 $D=0.088$ m，材料弹性模量 $E=2.1\times10^{11}$ N/m²，结构阻尼比（ζ_x，ζ_y）$=0.1\%$，详细计算参数如表 5.3 所示。

表 5.3　三维连续吊索理论模型的计算参数

参数	取值
吊索长度 L/m	160
恒载索力 T/kN	495.8
吊索线密度 $M/$（kg・m⁻¹）	31
吊索直径 D/m	0.088
弹性模量 $E/$（N・m⁻²）	2.1×10^{11}
结构阻尼比（ζ_x，ζ_y）	0.1%
风速 $U/$（m・s⁻¹）	10

5.3.4　数值结果及分析

本节首先针对外表光滑的平行钢丝吊索进行数值分析，考虑到尾流索股气动力试验数据范围，对 $X=[4，10]$、$Y=[0，4]$ 区域进行了数值计算，其中，顺风向和横风向计算步长均为 $\Delta X=0.25$，共 425 个计算点位。

图 5.30 分别给出了平行钢丝吊索尾流索股 1/2、1/3、1/4、1/5 及 1/6 索高处的单边最大振幅（A_{max}/D）空间分布情况。从图 5.30 中可以看出，索股发生大幅振动主要集中在 $0.25\leqslant Y\leqslant1.75$ 区域，相比较于二维理论模型的计算结果，发生振动的区域更加靠近尾流中心线。其中，最大振幅发生在 $X=5.75$、$Y=0.25$ 工况时，达到 1.69D。

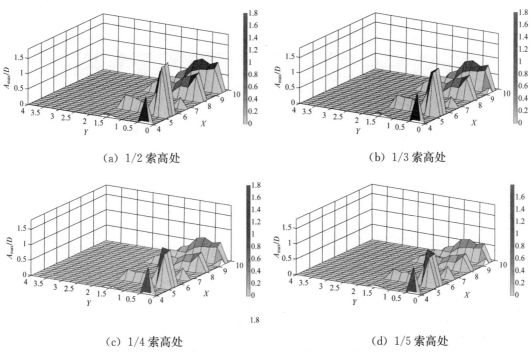

（a）1/2 索高处　　　　　　　　　　　　（b）1/3 索高处

（c）1/4 索高处　　　　　　　　　　　　（d）1/5 索高处

图 5.30　尾流索股单边最大振幅空间分布

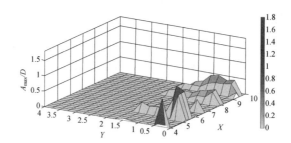

(e) 1/6 索高处

图 5.30　尾流索股单边最大振幅空间分布（续图）

图 5.31 给出了六个典型工况（$X=5.5$，$Y=0.25$ 和 1，$X=8$，$Y=0.25$ 和 1，$X=9.5$，$Y=0.25$ 和 1）中尾流索股 1/2 索高处的振动位移时程。从图 5.31 中可以看出，各工况起振速度较快，振动经历一段不稳定振动后，达到稳定状态，这和在西堠门大桥上观测到的吊索振动特性类似。但是，各工况从起振到稳定振动所需时间并不相同。顺风向振幅大于横风向振幅，在同一顺风向间距情况下，工况 $Y=0.25$ 的顺风向和横风向振幅均比工况 $Y=1$ 的振幅大。但是，在工况 $Y=1$ 中，顺风向和横风向振幅差值更大。图 5.32 给出了尾流索股 1/2 索高处振动稳定时的运动轨迹。从图 5.32 中可以看出，尾流索股稳定振动轨迹为椭圆轨迹，且振动方向均为顺时针方向，该特性与输电线的尾流驰振特性相吻合[2]。$Y=0.25$ 时，椭圆振动轨迹的主轴均为一、三象限方向；$Y=1$ 时，$X=9.5$ 工况主轴为一、三象限方向，$X=5.5$，$X=8$ 工况主轴为二、四象限方向。各工况的主轴方向与 Yagi 等[4] 的试验结果吻合较好。

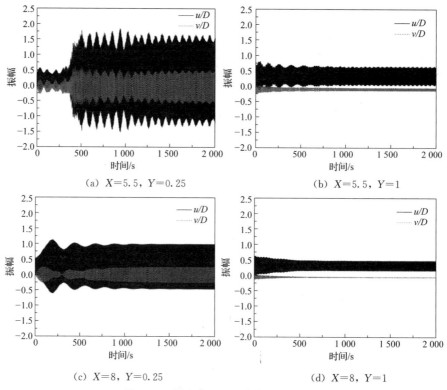

图 5.31　尾流索股 1/2 索高处振动时程

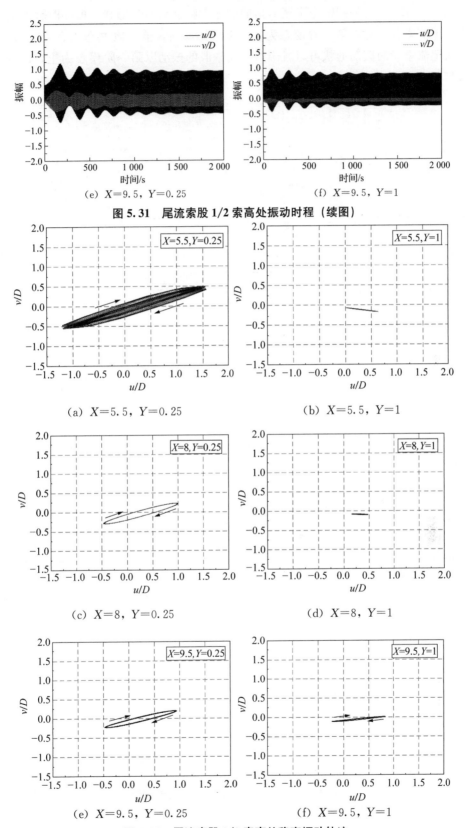

(e) $X=9.5$，$Y=0.25$　　　　　　　(f) $X=9.5$，$Y=1$

图 5.31　尾流索股 1/2 索高处振动时程（续图）

(a) $X=5.5$，$Y=0.25$　　　　　　　(b) $X=5.5$，$Y=1$

(c) $X=8$，$Y=0.25$　　　　　　　(d) $X=8$，$Y=1$

(e) $X=9.5$，$Y=0.25$　　　　　　　(f) $X=9.5$，$Y=1$

图 5.32　尾流索股 1/2 索高处稳定振动轨迹

　　图 5.33 和图 5.34 分别给出了尾流索股的振动频谱和振动形状。振动时程的谱分析结果表明，尾流索股振动以第一阶模态为主，多模态参与，前几阶模态均有可能参与振动。同样，从尾流索股的振动形状可以看出，尾流索股的振动以第一阶模态为主，部分工况多模态参与振动。

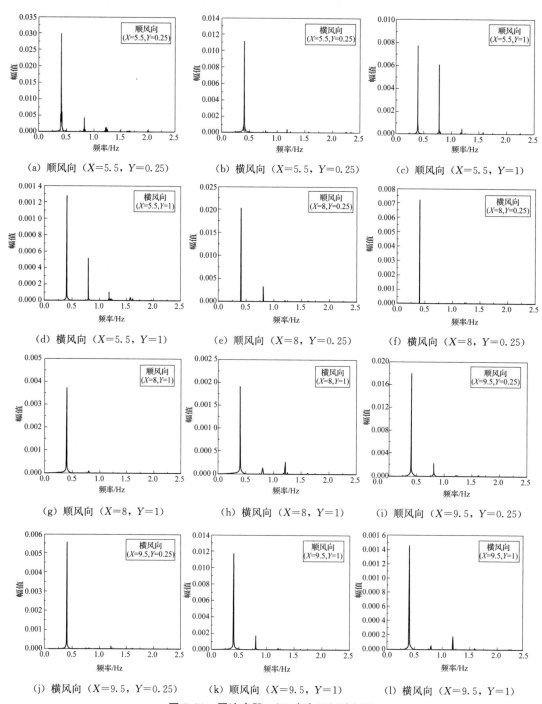

（a）顺风向（$X=5.5$，$Y=0.25$）　　（b）横风向（$X=5.5$，$Y=0.25$）　　（c）顺风向（$X=5.5$，$Y=1$）

（d）横风向（$X=5.5$，$Y=1$）　　（e）顺风向（$X=8$，$Y=0.25$）　　（f）横风向（$X=8$，$Y=0.25$）

（g）顺风向（$X=8$，$Y=1$）　　（h）横风向（$X=8$，$Y=1$）　　（i）顺风向（$X=9.5$，$Y=0.25$）

（j）横风向（$X=9.5$，$Y=0.25$）　　（k）顺风向（$X=9.5$，$Y=1$）　　（l）横风向（$X=9.5$，$Y=1$）

图 5.33　尾流索股 1/10 索高处振动频谱

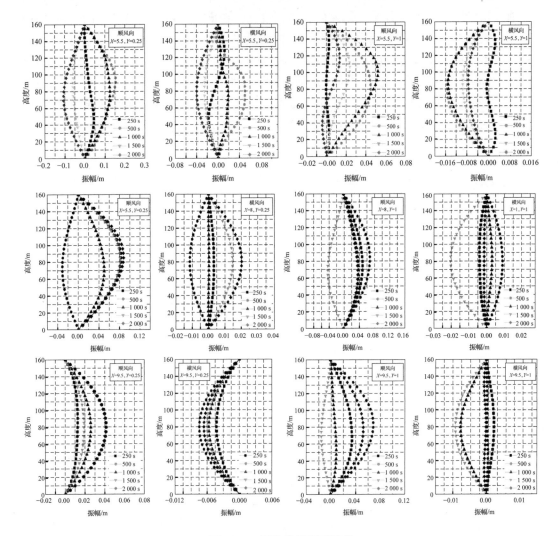

图 5.34　尾流索股振动形状

5.3.5　参数分析

5.3.5.1　平均风速剖面影响

前述研究未考虑风速随吊索高度变化的影响，即假定吊索各个截面上的风速是固定不变的。但是，实际桥梁中的吊索主缆端和梁端的高差较大，依据大气边界层理论，边界层内的风速与高度成对数律或指数律关系。因此，实际上吊索各截面处的来流风速并不相同，进而导致各截面上的气动力也并不相等。本节计算中采用我国规范使用的指数率作为平均风速剖面的分布规律：

$$\frac{U_Z}{U_{10}} = \left(\frac{Z}{10}\right)^{\alpha} \tag{5.69}$$

式中，U_Z 为高度 Z 处的风速，m/s；U_{10} 为参考高度 10 m 处的风速，m/s；α 为无量纲幂指数，其取值与地面粗糙度有关。

　　地面粗糙度选为 B 类，来流风速的参考高度选为桥面高度，参考高度处的来流风速用 U_d 表示。西堠门大桥吊索实测数据表明，当桥面风速达到 8 m/s 左右时，吊索易发生大幅振动，故本节研究中参考高度（桥面高度）风速选为 $U_d = 8$ m/s。

　　图 5.35 分别给出了考虑平均风速剖面时尾流索股 1/2 和 1/4 索高处的单边最大振幅（A_{max}/D）空间分布情况。从图 5.35 中可以看出，尾流索股发生大幅振动区域同样主要集中在 $0.25 \leqslant Y \leqslant 1.75$，与未考虑风速随高度变化的试验结果一致。其中，最大振幅同样发生在 $X = 5.75$、$Y = 0.25$ 工况时，达到 $1.66D$。

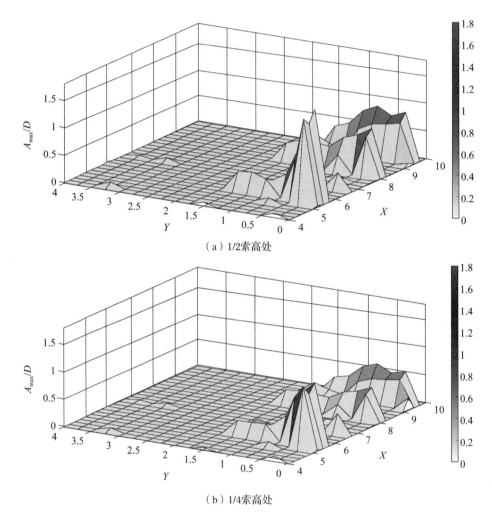

（a）1/2 索高处

（b）1/4 索高处

图 5.35　考虑平均风速剖面时尾流索股单边最大振幅空间分布

　　图 5.36 和图 5.37 分别给出了考虑平均风速剖面时四个典型工况（$X = 5.5$，$Y = 0.25$；$X = 5.5$，$Y = 1$；$X = 8$，$Y = 0.25$；$X = 9.5$，$Y = 0.25$）尾流索股 1/2 索高处振动位移时程和运动轨迹。从图 5.36 和图 5.37 中可以看出，各工况中顺风向振幅均大于横风向振幅，尾流索股稳定振动轨迹为椭圆轨迹，且振动方向均为顺时针方向，尾流索股的主要振动特性与未考虑风速随高度变化的试验结果基本一致。

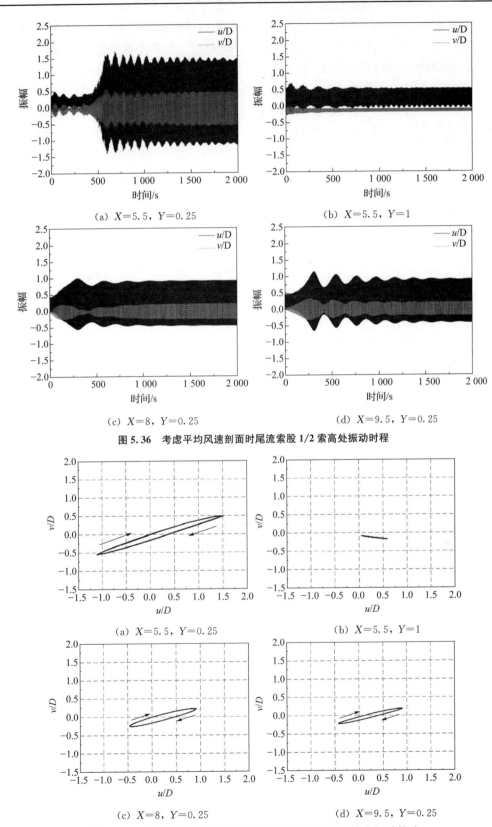

图 5.36　考虑平均风速剖面时尾流索股 1/2 索高处振动时程

图 5.37　考虑平均风速剖面时尾流索股 1/2 索高处稳定振动轨迹

图5.38和图5.39分别给出了尾流索股的振动频谱和振动形状。其中,振动频谱显示,尾流致振中出现了低阶模态耦合现象(前五阶模态),与未考虑风速随高度变化的试验结果相比,高阶模态振动更为明显。但是,第一阶模态振动明显强于其他模态,振动仍以第一阶模态为主。同样,从尾流索股的振动形状也可以看出,尾流索股的振动仍以第一阶模态为主。为尽可能模拟实际吊索尾流致振特性,后文所有数值计算中均考虑风速随高度变化。

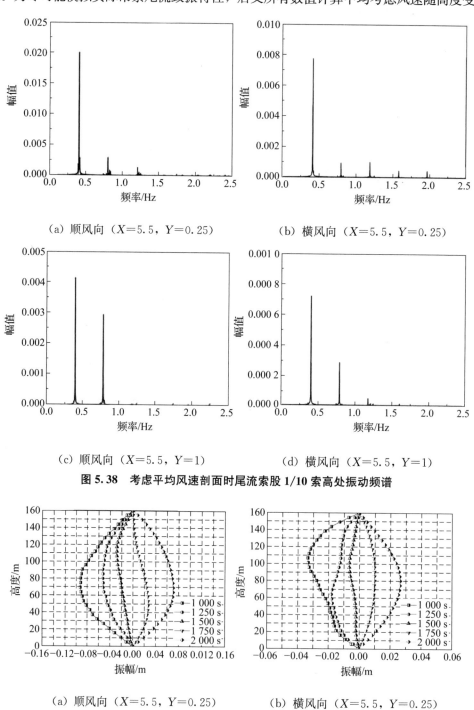

(a) 顺风向 ($X=5.5$,$Y=0.25$)　　(b) 横风向 ($X=5.5$,$Y=0.25$)

(c) 顺风向 ($X=5.5$,$Y=1$)　　(d) 横风向 ($X=5.5$,$Y=1$)

图5.38　考虑平均风速剖面时尾流索股 1/10 索高处振动频谱

(a) 顺风向 ($X=5.5$,$Y=0.25$)　　(b) 横风向 ($X=5.5$,$Y=0.25$)

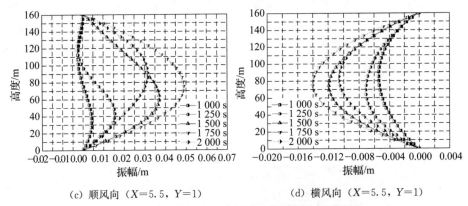

(c) 顺风向（$X=5.5$，$Y=1$)　　　　(d) 横风向（$X=5.5$，$Y=1$)

图 5.39　考虑平均风速剖面时尾流索股振动形状

5.3.5.2　吊索类型影响

外表光滑圆柱间的气动干扰特性并不能完全反映外表粗糙圆柱间的气动干扰特性。本小节针对外表粗糙的钢丝绳吊索气动稳定性进行了三维理论研究，并与平行钢丝吊索结果进行了比较分析。

图 5.40（a）和（b）分别给出了钢丝绳吊索尾流索股 1/2 和 1/4 索高处的单边最大振幅（A_{max}/D）空间分布情况。从图 5.40 中可以看出，尾流索股发生大幅振动区域集中在 $8.5 \leqslant X \leqslant 8.75$，$0 \leqslant Y \leqslant 1.75$，其中，最大振幅发生在 $X=8.75$、$Y=0.5$ 工况，达到 $1.07D$。相比较于外表光滑的平行钢丝吊索（图 5.35），钢丝绳吊索发生气动失稳的区域较小，这与对应的节段模型测振风洞试验结果相吻合。

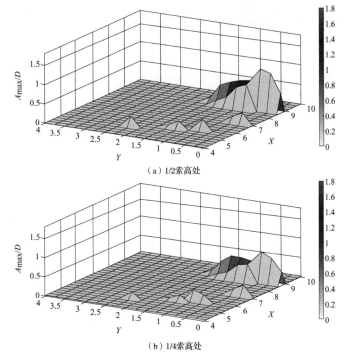

(a) 1/2 索高处

(b) 1/4 索高处

图 5.40　钢丝绳吊索尾流索股单边最大振幅空间分布

图 5.41 和图 5.42 分别给出了钢丝绳吊索四个典型工况（$X=8.5$，$Y=0.75$；$X=8.5$，$Y=1$；$X=8.75$，$Y=0.25$；$X=8.75$，$Y=0.5$）尾流索股 1/2 索高处振动的位移时程和运动轨迹。从图 5.41 和图 5.42 中可以看出，各工况中顺风向振幅均大于横风向振幅，尾流索股稳定振动轨迹为椭圆轨迹，且振动方向均为顺时针方向，上述振动特性与平行钢丝吊索振动特性一致。

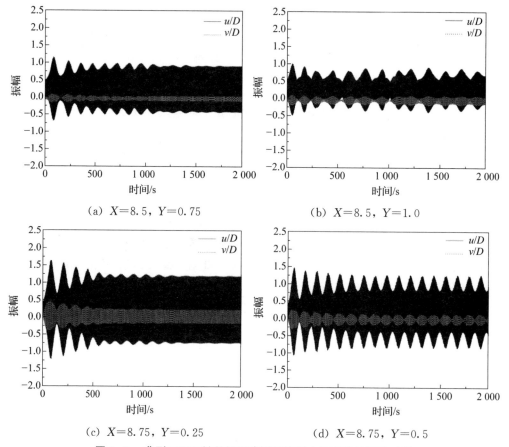

（a）$X=8.5$，$Y=0.75$ （b）$X=8.5$，$Y=1.0$

（c）$X=8.75$，$Y=0.25$ （d）$X=8.75$，$Y=0.5$

图 5.41　典型工况下钢丝绳吊索尾流索股 1/2 索高处振动时程

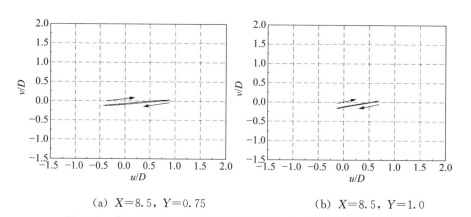

（a）$X=8.5$，$Y=0.75$ （b）$X=8.5$，$Y=1.0$

图 5.42　典型工况下钢丝绳吊索尾流索股 1/2 索高处稳定振动轨迹

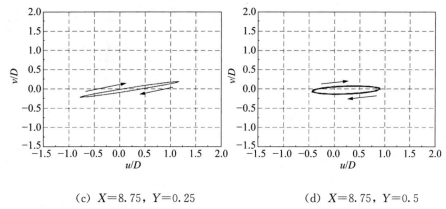

(c) $X=8.75$，$Y=0.25$ (d) $X=8.75$，$Y=0.5$

图 5.42 典型工况下钢丝绳吊索尾流索股 1/2 索高处稳定振动轨迹（续图）

图 5.43 和图 5.44 分别给出了典型工况（$X=8.5$，$Y=1.0$ 和 $X=8.75$，$Y=0.25$）下钢丝绳吊索尾流索股的振动频谱和振动形状。其中，在 $X=8.5$，$Y=1.0$ 工况中，尾流索股顺风向振动中出现了明显的高阶振动，但是，第一阶模态振动仍明显强于其他模态振动。在其他工况中，振动均以第一阶模态为主。尾流索股的振动形状同样表明，振动以第一阶模态为主，与平行钢丝吊索振动特性一致。

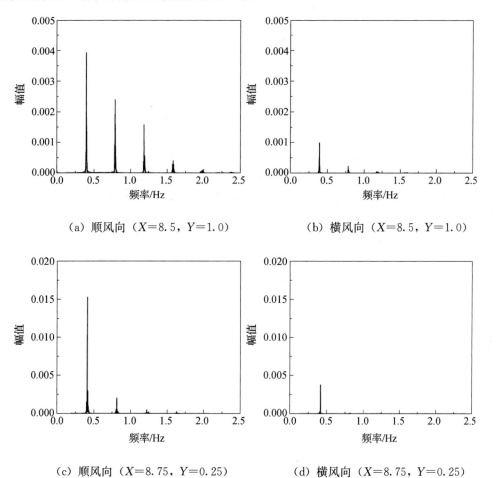

(a) 顺风向（$X=8.5$，$Y=1.0$）   (b) 横风向（$X=8.5$，$Y=1.0$）

(c) 顺风向（$X=8.75$，$Y=0.25$）   (d) 横风向（$X=8.75$，$Y=0.25$）

图 5.43 典型工况下钢丝绳吊索尾流索股 1/10 索高处振动频谱

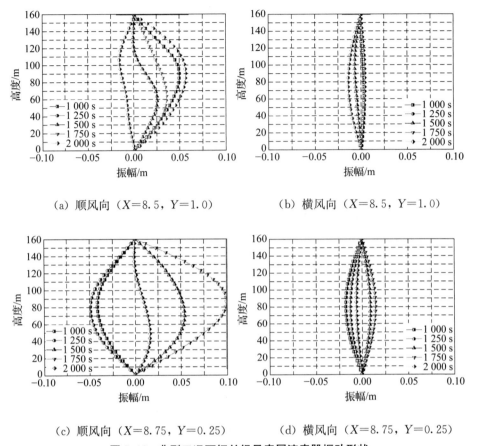

(a) 顺风向（$X=8.5$，$Y=1.0$）   (b) 横风向（$X=8.5$，$Y=1.0$）

(c) 顺风向（$X=8.75$，$Y=0.25$）   (d) 横风向（$X=8.75$，$Y=0.25$）

图5.44　典型工况下钢丝绳吊索尾流索股振动形状

5.3.5.3　自重影响

前述研究中，假定吊索的静张力 T 沿吊索高度方向恒定不变，忽略了吊索自重对静张力 T 的影响。实际桥梁吊索静张力 T 由初始张拉力 T_1，以及吊索自重沿索高度方向分布引起的静张力 T_2 两部分组成，如下式所示：

$$T = T_1 + T_2 = T_1 - Mgz \tag{5.70}$$

本节在吊索尾流致振数值计算中考虑了吊索自重对静张力 T 的影响，将公式（5.70）代入公式（5.56）和公式（5.57）中，可得尾流索股运动微分方程如下所示：

$$T\frac{\partial^2 u}{\partial z^2} - Mg\left(\frac{\partial u}{\partial z} + z\frac{\partial^2 u}{\partial z^2}\right) + \frac{EA}{2}\left[3\left(\frac{\partial u}{\partial z}\right)^2\frac{\partial^2 u}{\partial z^2} + 2\frac{\partial^2 v}{\partial z^2}\frac{\partial v}{\partial z}\frac{\partial u}{\partial z} + \left(\frac{\partial v}{\partial z}\right)^2\frac{\partial^2 u}{\partial z^2}\right] + F_x(z,t)$$

$$= M\frac{\partial^2 u}{\partial t^2} + c_1\frac{\partial u}{\partial t}$$

$$\tag{5.71a}$$

$$T\frac{\partial^2 v}{\partial z^2} - Mg\left(\frac{\partial v}{\partial z} + z\frac{\partial^2 v}{\partial z^2}\right) + \frac{EA}{2}\left[3\left(\frac{\partial v}{\partial z}\right)^2\frac{\partial^2 v}{\partial z^2} + 2\frac{\partial^2 u}{\partial z^2}\frac{\partial u}{\partial z}\frac{\partial v}{\partial z} + \left(\frac{\partial u}{\partial z}\right)^2\frac{\partial^2 v}{\partial z^2}\right] + F_y(z,t)$$

$$= M\frac{\partial^2 v}{\partial t^2} + c_2\frac{\partial v}{\partial t}$$

$$\tag{5.71b}$$

运动方程差分格式如下：

$$u_j^{k+1} = \frac{1}{(\frac{M}{\eta^2}+\frac{c_1}{2\eta})}\left\{\frac{T}{h^2}(u_{j-1}^k-2u_j^k+u_{j+1}^k)-Mg\left[\frac{1}{2h}(u_{j+1}^k-u_{j-1}^k)+\frac{z_j}{h^2}(u_{j-1}^k-2u_j^k+u_{j+1}^k)\right]\right.$$

$$+\frac{EA}{2h^4}\left[\frac{3}{4}(u_{j+1}^k-u_{j-1}^k)^2(u_{j-1}^k-2u_j^k+u_{j+1}^k)+\frac{1}{2}(v_{j-1}^k-2v_j^k+v_{j+1}^k)(u_{j+1}^k-u_{j-1}^k)(v_{j+1}^k-v_{j-1}^k)\right.$$

$$\left.+\frac{1}{4}(v_{j+1}^k-v_{j-1}^k)^2(u_{j-1}^k-2u_j^k+u_{j+1}^k)\right]+(\frac{c_1}{2\eta}-\frac{M}{\eta^2})u_j^{k-1}+\frac{2M}{\eta^2}u_j^k+F_x(z_j,t_k)\right\} \tag{5.72a}$$

$$v_j^{k+1} = \frac{1}{(\frac{M}{\eta^2}+\frac{c_1}{2\eta})}\left\{\frac{T}{h^2}(v_{j-1}^k-2v_j^k+v_{j+1}^k)-Mg\left[\frac{1}{2h}(v_{j+1}^k-v_{j-1}^k)+\frac{z_j}{h^2}(v_{j-1}^k-2v_j^k+v_{j+1}^k)\right]\right.$$

$$+\frac{EA}{2h^4}\left[\frac{3}{4}(v_{j+1}^k-v_{j-1}^k)^2(v_{j-1}^k-2v_j^k+v_{j+1}^k)+\frac{1}{2}(u_{j-1}^k-2u_j^k+u_{j+1}^k)(u_{j+1}^k-u_{j-1}^k)(v_{j+1}^k-v_{j-1}^k)\right.$$

$$\left.+\frac{1}{4}(u_{j+1}^k-u_{j-1}^k)^2(v_{j-1}^k-2v_j^k+v_{j+1}^k)\right]+(\frac{c_1}{2\eta}-\frac{M}{\eta^2})v_j^{k-1}+\frac{2M}{\eta^2}v_j^k+F_y(z_j,t_k)\right\} \tag{5.72b}$$

图 5.45 分别给出了考虑自重影响时尾流索股 1/2 和 1/4 索高处的单边最大振幅（$A_{\max}/D$）空间分布情况。从图 5.45 中可以看出，尾流索股发生大幅振动区域同样主要集中在 $0.25 \leqslant Y \leqslant 1.75$，与忽略吊索自重计算得到的结果一致。其中，最大振幅同样发生在 $X=5.75$、$Y=0.25$ 工况时，振幅为 $1.66D$。因此，吊索自重沿索高度方向分布引起的静张力 T_2 对尾流索股单边最大振幅空间分布影响较小，可忽略不计。

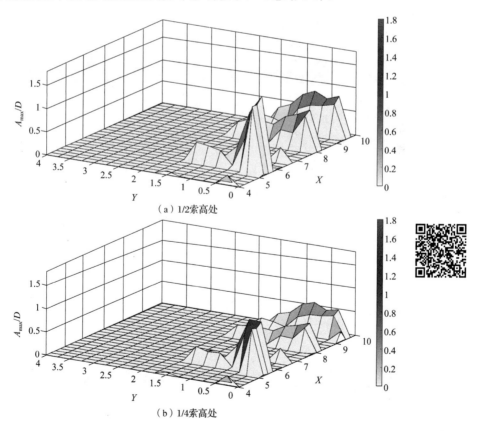

（a）1/2 索高处

（b）1/4 索高处

图 5.45　考虑自重影响时尾流索股单边最大振幅空间分布

图 5.46～图 5.51 分别给出了 $X=5.5$，$Y=0.25$ 和 $X=5.5$，$Y=1$ 工况下考虑吊索自重对张力 T 影响后的尾流索股尾流致振振动特性（振动时程、轨迹及频谱），同时给出了未考虑吊索自重的相应结果。从图 5.46～图 5.51 中可以看出，在吊索尾流致振理论分析中，索自重沿索高度方向分布引起的静张拉力 T_2 对尾流致振特性的影响同样较小，可忽略不计。

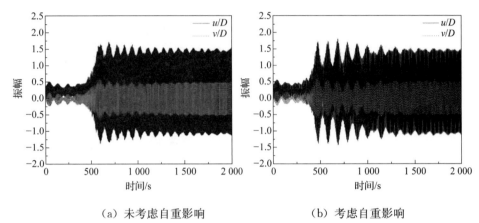

（a）未考虑自重影响   （b）考虑自重影响

图 5.46　考虑自重影响时尾流索股 1/2 索高处振动时程（$X=5.5$，$Y=0.25$）

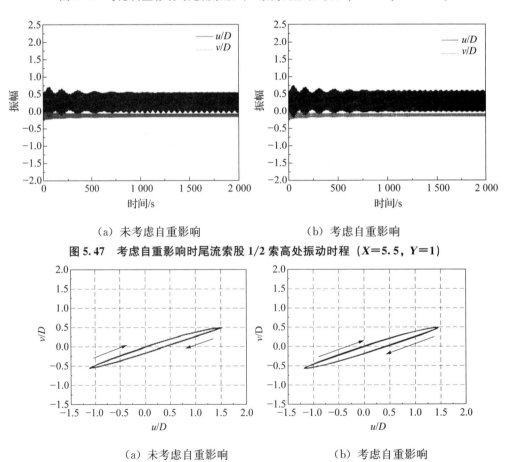

（a）未考虑自重影响   （b）考虑自重影响

图 5.47　考虑自重影响时尾流索股 1/2 索高处振动时程（$X=5.5$，$Y=1$）

（a）未考虑自重影响   （b）考虑自重影响

图 5.48　考虑自重影响时尾流索股 1/2 索高处稳定振动轨迹（$X=5.5$，$Y=0.25$）

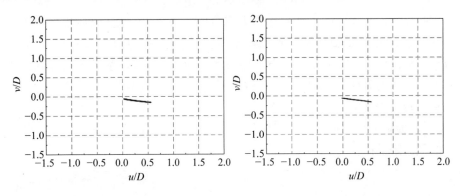

（a）未考虑自重影响　　　　　　（b）考虑自重影响

图 5.49　考虑自重影响时尾流索股 1/2 索高处稳定振动轨迹（*X*=5.5，*Y*=1）

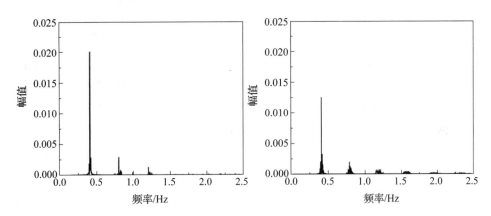

（a）未考虑自重影响　　　　　　（b）考虑自重影响

图 5.50　考虑自重影响时尾流索股 1/10 索高处振动频谱（*X*=5.5，*Y*=0.25）

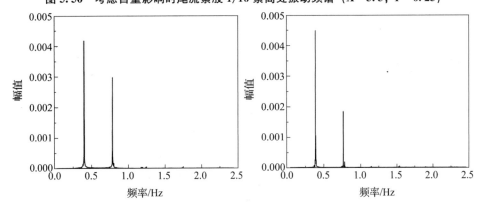

（a）未考虑自重影响　　　　　　（b）考虑自重影响

图 5.51　考虑自重影响时尾流索股 1/10 索高处振动频谱（*X*=5.5，*Y*=1）

5.3.5.4　结构阻尼比影响

选取 7 种大小的结构阻尼比，分别为 0.1%、0.5%、1%、1.5%、2%、2.5%、3%，阻尼系数取值对应于拉索第 1 阶模态。图 5.52 给出了四个典型工况（*X*=5.5，*Y*=0.25；

$X=5.5$，$Y=1.25$；$X=9.5$，$Y=0.25$ 以及 $X=9.5$，$Y=1$）尾流索股单边最大振幅与结构阻尼比的关系。从图 5.52 中可以看出，整体上随着结构阻尼比的增大，尾流索股的振幅呈现减小趋势。$Y=0.25$ 工况下，当结构阻尼比约为 1％时，基本可以抑制尾流索股的振动。然而，当两索股横风向间距（Y）较大时，要完全抑制住尾流吊索振动，需要的结构阻尼比相对较大，其中，$X=5.5$，$Y=1.25$ 和 $X=9.5$，$Y=1$ 工况所需结构阻尼比分别为 3％和 2％，远超出吊索自身内阻尼所能提供的阻尼比，且高于通常吊索加装阻尼器后所达能到的最大阻尼比。

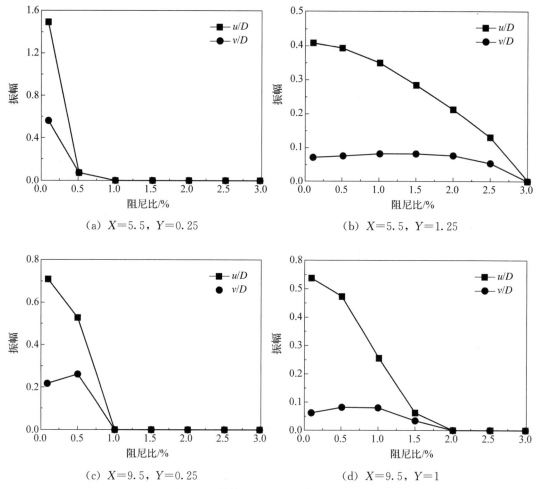

(a) $X=5.5$，$Y=0.25$

(b) $X=5.5$，$Y=1.25$

(c) $X=9.5$，$Y=0.25$

(d) $X=9.5$，$Y=1$

图 5.52　结构阻尼比对振动幅值的影响

图 5.53 给出结构阻尼比分别为 $\zeta=0.1\%$、0.5%、1%、1.5%、2%、2.5% 及 3% 时，$X=5.5$，$Y=1.25$ 工况中尾流索股跨中振动时程。从图 5.53 可以看出，随着阻尼比增大，尾流索股顺风向振幅减小趋势明显。当 ζ 在 $0.1\%\sim2.5\%$ 区间时，横风向振动幅值无明显变化，直到 $\zeta=3\%$，振幅减至为零。此外，阻尼比越大，两个方向达到稳定振动所需的时间越短。

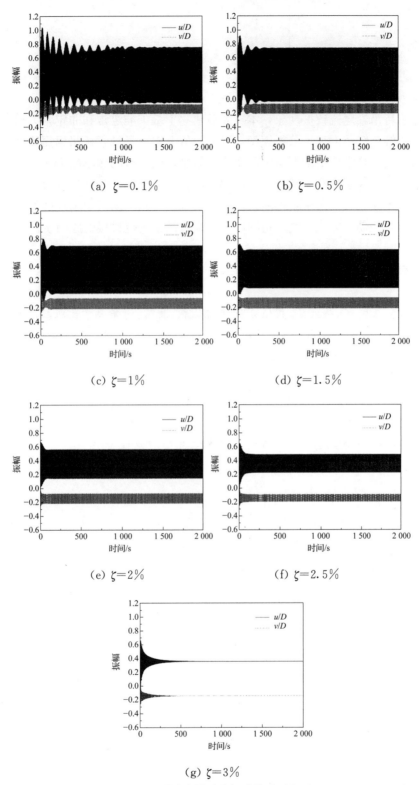

(a) ζ=0.1%

(b) ζ=0.5%

(c) ζ=1%

(d) ζ=1.5%

(e) ζ=2%

(f) ζ=2.5%

(g) ζ=3%

图 5.53　不同结构阻尼比下尾流索股跨中振动位移时程（X=5.5，Y=1.25）

5.4　本章小结

　　针对悬索桥吊索尾流致振现象，本章先后建立了基于准定常和非定常方法的二维理论分析模型、三维连续吊索理论分析模型，皆从数值上重现了悬索桥吊索尾流致振现象。数值模拟结果表明，悬索桥吊索尾流索股发生大幅稳定振动时的频率略低于结构频率，质量保持不变的情况下，刚度有所减小，说明尾流索股在稳定的极限环运动过程中，出现了负的气动刚度，不断地从气流中获得能量，在与结构阻尼和气动阻尼消耗的能量相等的情况下，达到稳定的振动。因此，气动负刚度是悬索桥吊索尾流致振的原因所在。

参考文献

［1］李庆扬,王能超,易大义. 数值分析［M］. 4 版. 北京:清华大学出版社,2001,348-350.

［2］HARDY C,VAN DYKE P. Field observations on wind-induced conductor motions［J］. Journal of Fluids and Structures,1995,9：43-60.

［3］肖春云. 大跨度柔性桥梁双索股尾流驰振机理研究［D］. 长沙:湖南大学,2016.

［4］YAGI T,ARIMA M,ARAKI S,et al. Investigation on Wake-induced Instabilities of Parallel Circular Cylinders Based on Unsteady Aerodynamic Forces［C］. 14th International Conference on Wind Engineering-Porto Alegre,Brazil,2015.

第 6 章

典型悬索桥多索股吊索尾流致振及其控制

为简化复杂问题，前述的悬索桥吊索尾流致振研究主要是以双索股吊索为例进行的。但是，随着悬索桥跨径的不断增大，吊索的索股数量也呈现增加的趋势，例如西堠门大桥靠近桥塔的吊索由四根索股组成，深中通道伶仃洋大桥靠近桥塔的吊索由六根索股组成。随着索股数量的增多，它们之间的气动干扰也变得更为复杂，虽然仍可采用第 3～5 章中的方法进行详细的参数研究，但多索股气动干扰研究的参数更多，试验和分析工况繁杂，也更难总结规律性结果。为此，本章选取西堠门大桥和伶仃洋大桥两座典型悬索桥多索股吊索进行案例研究，以期为类似悬索桥的吊索振动控制提供参考。

6.1　西堠门大桥四索股吊索尾流致振及控制

第 2 章 2.1.4 小节介绍了西堠门大桥 2 号吊索的现场实测结果，该吊索为四索股钢丝绳吊索，发生了明显的尾流致振。下面以该吊索为工程背景，进行了四索股吊索尾流致振的三维连续气弹模型风洞试验，并采用理论分析方法研究该吊索的响应情况。

6.1.1　风洞试验

6.1.1.1　试验概况

采用第 4 章的三维连续吊索气弹模型设计方法，制作了四根完全相同的三维连续索股气弹模型，以此来模拟悬索桥四索股吊索，模型参数与第 4 章双索股吊索试验完全相同。试验在湖南大学 HD-3 风洞中进行，模型在风洞中的安装照片如图 6.1 所示。

以西堠门大桥 2 号吊索为原型，其索股直径、长度和单位长度质量分别为 88 mm、160 m 和 31 kg/m，一阶频率为 0.40 Hz。四索股之间相对空间位置以及风攻角的定义如图 6.2 所示，其中，索股之间间距与西堠门大桥吊索索股间距一致，分别为 $6.8D$ 和 $3.4D$。α 为风攻角，通过风洞底端转盘转动进行调节，试验风攻角范围选定为 $0° \leqslant \alpha \leqslant 90°$，$\Delta\alpha = 10°$。试验风速范围 U 为 3～14 m/s，间隔 ΔU 为 1 m/s，对应雷诺数为 $0.44 \times 10^4 \sim 2.05 \times 10^4$，试验不考虑大气边界层效应，风场均为均匀流场。模型相似关系见第 3 章表 3.3，试验工况参数如表 6.1 所列。试验中模型索的响应分别用四个加速度计进行测量，分别对应上、下游索的顺、横风向响应，加速度计安装在距索底端 0.75 m 处，采样频率 1 000 Hz，采样时间 60 s。

图 6.1 模型安装在风洞试验段中的照片

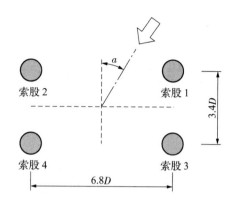

图 6.2 四索股相对空间位置以及风攻角定义

表 6.1 四索股吊索试验参数

参数	取值
风攻角	$0°≤α≤90°$，$\Delta α=10°$
风速 U	$U=3\sim14$ m/s，$\Delta U=1$ m/s
雷诺数（$\times10^4$）	$0.44\sim2.05$

6.1.1.2 吊索振动响应

图 6.3～图 6.12 分别给出四索股吊索模型在风攻角 $0°≤α≤90°$ 范围内振动振幅（A_{max}/D 和 A_{rms}/D）与折减风速 U_r 的变化关系。从图 6.3～图 6.12 中可以看出，当 $α=0°$（来流与短轴方向平行）时，四个索股均发生了明显振动，其中，处在 1 号和 2 号索股尾流中的 3 号和 4 号索股的临界风速 U 约为 3 m/s（$U_r=85$），之后随着风速的增大，3 号和 4 号索股振幅呈缓慢增大趋势，整体上 3 号索股和 4 号索股振幅变化趋势一致。此时迎风的 1 号索股和 2 号索股的临界风速 U 约为 7 m/s（$U_r=199$），当 $U≥8$ m/s（$U_r=227$）时，迎风的 1 号索股和 2 号索股振幅大于尾流中的 3 号索股和 4 号索股振幅，这与双索股 $P=3.5$、$α=0°$ 工况下的振动特性相类似。当 $α=10°$ 时，四根索股临界风速大致相同，U 约为 12 m/s（$U_r=341$），整体上各索股振幅相当。当 $α=20°\sim30°$ 时，来流风速大于临界风速后，处在来流下游位置处的 3 号索股和 4 号索股发生剧烈的大幅度振动，而上游 1 号索股和 2 号索股振动微弱。当 $U=7$ m/s（$U_r=199$）时，索股之间发生了撞索，随即终止了试验。当 $α=40°$，$U≥5$ m/s（$U_r=142$）时，处在来流下游位置处的 3 号索股发生剧烈的大幅度振动。当 $U=8$ m/s（$U_r=227$）时，索股之间发生了撞索，值得一提的是，风攻角 $α=90°$ 与上节现场实测数据 3 中吊索发生明显振动时的风攻角相同。当 $α=50°$，$U≥9$ m/s（$U_r=256$）时，3 号索股和 4 号索股发生剧烈的大幅度振动。不同的是，当 $U≥11$ m/s（$U_r=313$）时，3 号索股振幅随着风速的增大而增大，而 4 号索股振幅随风速的增大呈现减小趋势。当 $α=60°$ 时，观测到仅 4 号索

股在 $U \geqslant 12$ m/s（$U_r = 341$）时有较为明显的振动，最大振幅约为 D。当 $\alpha = 70° \sim 80°$ 时，未观测到索股的明显振动。当 $\alpha = 90°$（来流与长轴方向平行）时，观测到处在来流下游位置处的 2 号索股和 4 号索股在 $U \geqslant 7$ m/s（$U_r \geqslant 199$）时有较为明显的振动，未观测到处在来流上游位置处的 1 号索股和 3 号索股在试验风速内有明显振动，风攻角 $\alpha = 90°$ 与上节现场实测数据 1 和数据 2 中吊索发生明显振动时的风攻角相同。

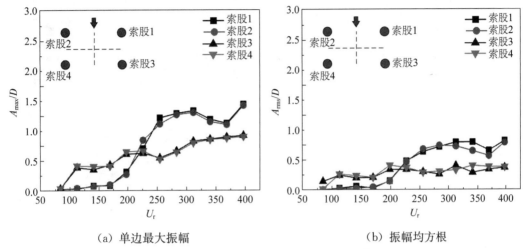

（a）单边最大振幅　　　　　　　　　（b）振幅均方根

图 6.3　索股振幅随风速变化关系（$\alpha = 0°$）

选取了 $\alpha = 20°$、$50°$ 及 $90°$ 三组典型工况，对其吊索的振动时程、轨迹及频率进行了分析研究。图 6.13 给出了 $\alpha = 20°$、$50°$ 及 $90°$ 工况吊索典型风速下（发生大幅振动）顺风向振动时程。从图 6.13 中可以看出，当 $\alpha = 20°$ 和 $50°$ 时，处于来流下游位置处的 3 号索股和 4 号索股振幅明显大于上游 1 号索股和 2 号索股，其中，$\alpha = 20°$ 工况中，4 号索股单边振幅达到 $2.6D$ 左右，整体上，3 号索股和 4 号索股振动表现为稳态振动。当 $\alpha = 90°$ 时，处于来流下游位置处的 2 号索股和 4 号索股振幅明显大于上游 1 号索股和 3 号索股，振动表现为非稳态振动。

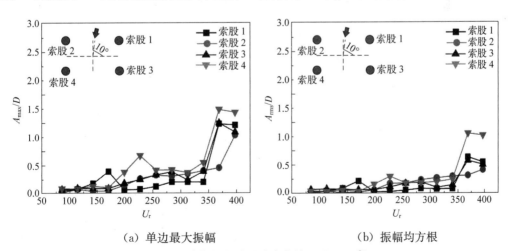

（a）单边最大振幅　　　　　　　　　（b）振幅均方根

图 6.4　索股振幅随风速变化关系（$\alpha = 10°$）

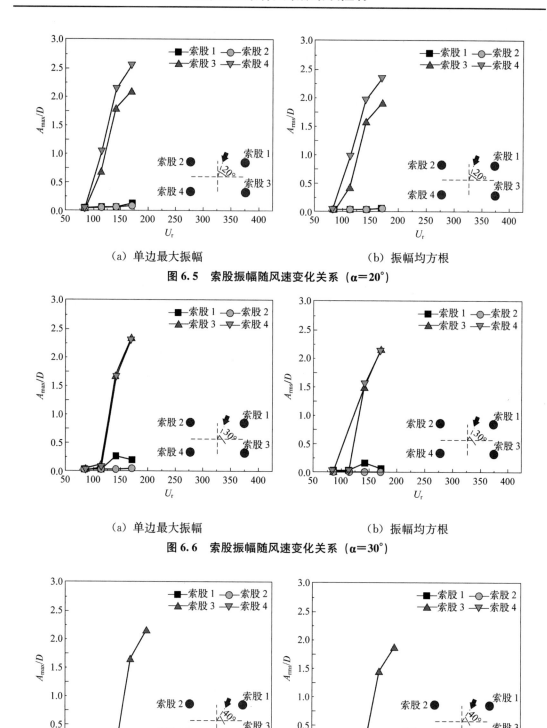

(a) 单边最大振幅　　　　　　　　　(b) 振幅均方根

图 6.5　索股振幅随风速变化关系（α＝20°）

(a) 单边最大振幅　　　　　　　　　(b) 振幅均方根

图 6.6　索股振幅随风速变化关系（α＝30°）

(a) 单边最大振幅　　　　　　　　　(b) 振幅均方根

图 6.7　索股振幅随风速变化关系（α＝40°）

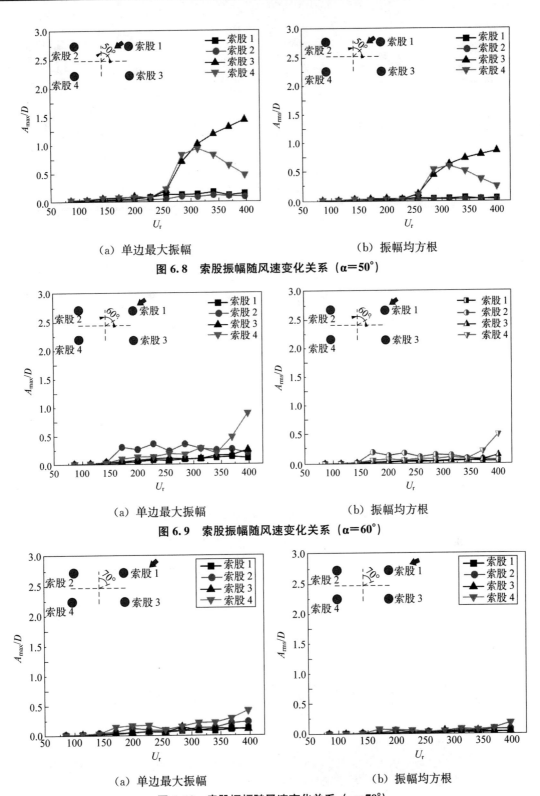

（a）单边最大振幅　　　　　　　　（b）振幅均方根

图 6.8　索股振幅随风速变化关系（α＝50°）

（a）单边最大振幅　　　　　　　　（b）振幅均方根

图 6.9　索股振幅随风速变化关系（α＝60°）

（a）单边最大振幅　　　　　　　　（b）振幅均方根

图 6.10　索股振幅随风速变化关系（α＝70°）

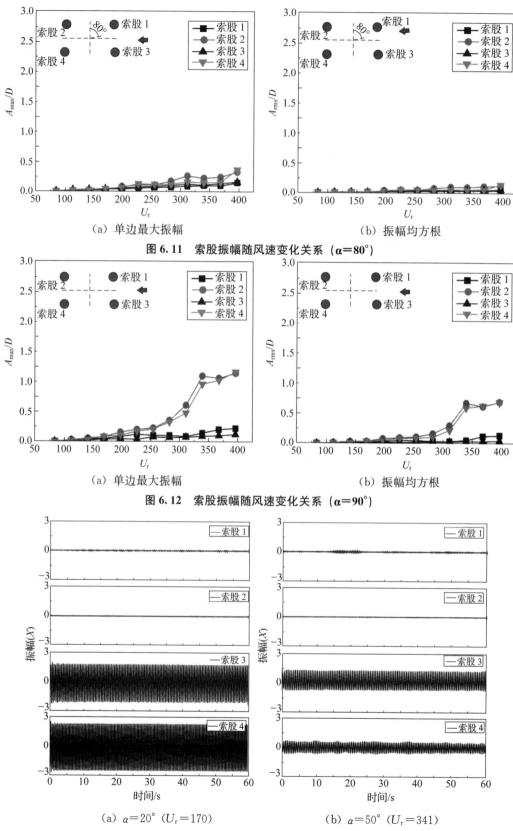

（a）单边最大振幅　　　　　（b）振幅均方根

图 6.11　索股振幅随风速变化关系（α＝80°）

（a）单边最大振幅　　　　　（b）振幅均方根

图 6.12　索股振幅随风速变化关系（α＝90°）

（a）α＝20°（U_r＝170）　　　　　（b）α＝50°（U_r＝341）

　图 6.13　典型工况下吊索顺风向振动时程

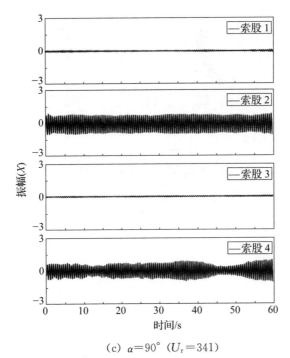

（c）$\alpha = 90°$（$U_r = 341$）

图 6.13　典型工况下吊索顺风向振动时程（续图）

图 6.14 给出了 $\alpha = 20°$、$50°$ 及 $90°$ 工况典型风速下吊索的振动轨迹。从图 6.14 中可以看出，当 $\alpha = 20°$ 时，位于来流下游处的 3 号索股和 4 号索股振动轨迹为近圆形，表明顺风向振幅与横风向振幅相当，且振动相位差约为 $\pi/2$，其中，3 号索股振动轨迹为顺时针轨迹，4 号索股为逆时针轨迹。当 $\alpha = 50°$ 时，位于来流下游处的 3 号索股和 4 号索股振动轨迹为扁平椭圆形，表明顺风向与横风向振动相位差较小，其中，3 号索股振动轨迹为逆时针轨迹，4 号索股为顺时针轨迹。当 $\alpha = 90°$ 时，位于来流下游处的 2 号索股和 4 号索股振动轨迹为近似竖向振动，表明此时振动主要以横风向振动为主。

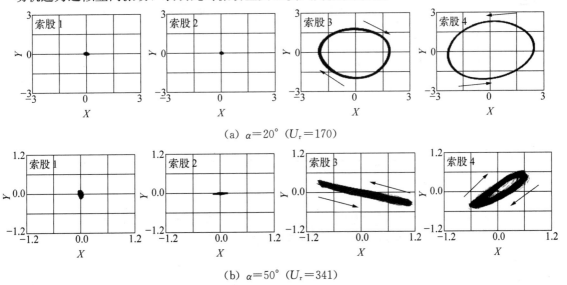

（a）$\alpha = 20°$（$U_r = 170$）

（b）$\alpha = 50°$（$U_r = 341$）

图 6.14　典型工况下吊索振动轨迹

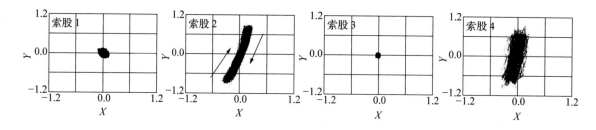

（c）$\alpha = 90°$（$U_r = 341$）

图 6.14　典型工况下吊索振动轨迹（续图）

图 6.15 给出了 $\alpha = 20°$、$50°$ 及 $90°$ 工况典型风速下吊索顺风向振动功率谱密度函数。从图 6.15 中可以看出，吊索振动主要以第一阶模态为主，与现场实测相比，并未观测到以高阶模态为主的吊索振动，这可能与试验中未考虑梯度风及湍流度因素有关。

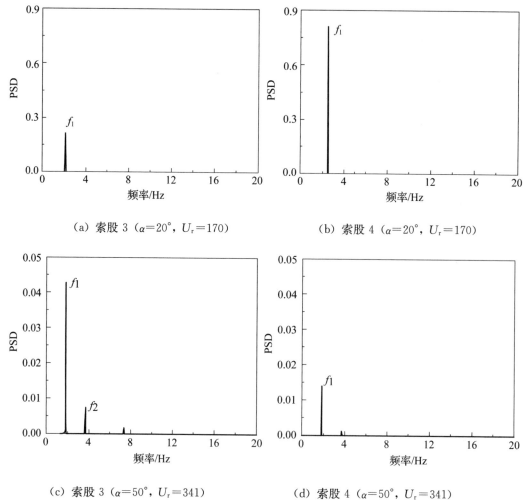

（a）索股 3（$\alpha = 20°$，$U_r = 170$）　　　　（b）索股 4（$\alpha = 20°$，$U_r = 170$）

（c）索股 3（$\alpha = 50°$，$U_r = 341$）　　　　（d）索股 4（$\alpha = 50°$，$U_r = 341$）

图 6.15　典型工况下吊索顺风向振动功率谱密度函数

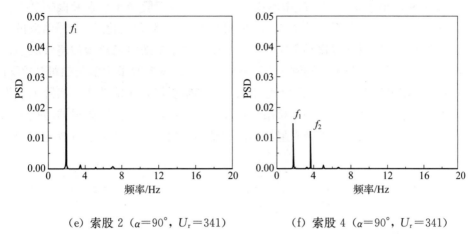

(e) 索股 2（α＝90°，U_r＝341）　　　　(f) 索股 4（α＝90°，U_r＝341）

图 6.15　典型工况下吊索顺风向振动功率谱密度函数（续图）

6.1.1.3　结构阻尼影响

调节了三个阻尼比，分别为 ζ＝0.19％，0.65％及 1.05％，图 6.16 给出了三种阻尼比对应的加速度衰减曲线。针对振动最为剧烈的 α＝20°工况，试验研究了阻尼比对吊索振动的影响。

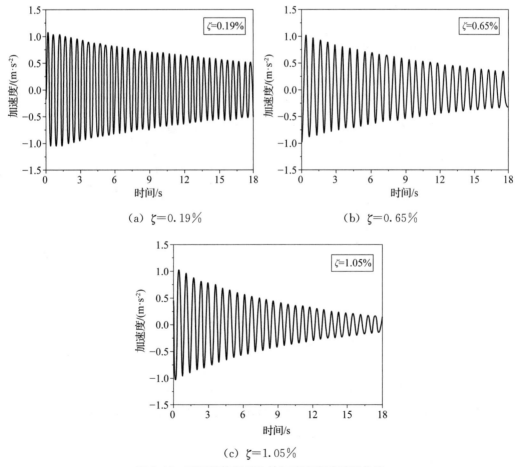

(a) ζ＝0.19％　　　　　　　　　(b) ζ＝0.65％

(c) ζ＝1.05％

图 6.16　不同结构阻尼比的加速度衰减时程曲线

图 6.17 分别给出了 $\alpha=20°$ 工况中不同阻尼比下 3 号索股和 4 号索股振幅最大值、均方根值与折减风速的变化关系。从图 6.17 中可以看出，三种阻尼比下，3 号索股的振幅曲线较接近，表明阻尼比对索股振动影响较小；4 号索股振幅随阻尼比增加略有减小，临界风速小幅度提高，但即使阻尼比达到 $\zeta=1.05\%$，4 号索股振幅最大值仍然可达 $2D$ 以上。故整体上来看，阻尼比对 3 号索股和 4 号索股振幅和临界风速影响较小。实际上，为控制西堠门大桥吊索振动，曾对西堠门大桥吊索加装了阻尼器，但在加装阻尼器后仍观测到了吊索大幅度振动，这表明通过加装阻尼器提高索结构阻尼的方法并不能有效地抑制住西堠门大桥吊索的振动。

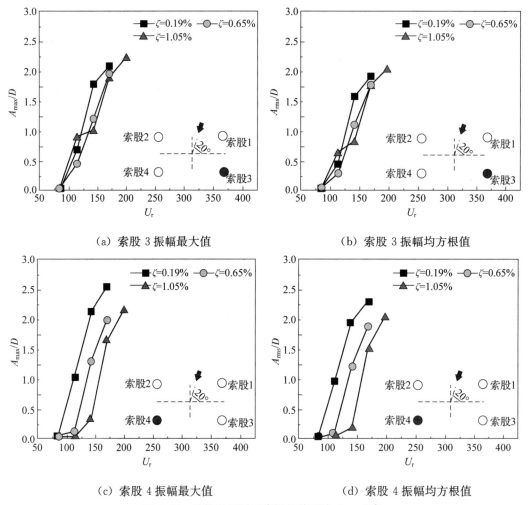

（a）索股 3 振幅最大值　　　　　　　（b）索股 3 振幅均方根值

（c）索股 4 振幅最大值　　　　　　　（d）索股 4 振幅均方根值

图 6.17　结构阻尼对吊索振幅的影响（$\alpha=20°$）

6.1.1.4　分隔架影响

采用高密度聚苯乙烯泡沫，设计制作了四索股吊索刚性分隔架。加工后的成品分隔架质量约为 $67\ \mathrm{g}$，相对于模型索的质量可忽略不计，图 6.18 为加装分隔架后的四索股吊索模型照片。同样，试验针对振动最为剧烈的 $\alpha=20°$ 工况，研究了分隔架对吊索振动的影响。

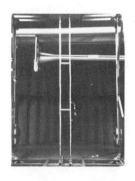

(a) 跨中加装单个分隔架　(b) 等分加装两个分隔架

图 6.18　加装分隔架后四索股吊索模型照片

图 6.19 给出了 $\alpha = 20°$ 工况中加装不同数量分隔架吊索模型振幅最大值、均方根值与折减风速的变化关系。从图 6.19 中可以看出，当吊索在跨中加装单个分隔架后，相比较于光索，振幅明显减小，临界风速显著增大。其中，振幅最大值从 $2.5D$ 降低至 $1.0D$，临界风速 U_r 从 114 增大至 341。当吊索等分加装两个分隔架后，在试验风速范围内未观测到吊索的明显振动，表明吊索振动得到了有效控制，再次验证了刚性分隔架对吊索尾流致振控制的有效性。实际上，也正是通过在索股间加装刚性分隔架（如图 6.20 所示），最终才有效地控制了西堠门大桥吊索的振动。

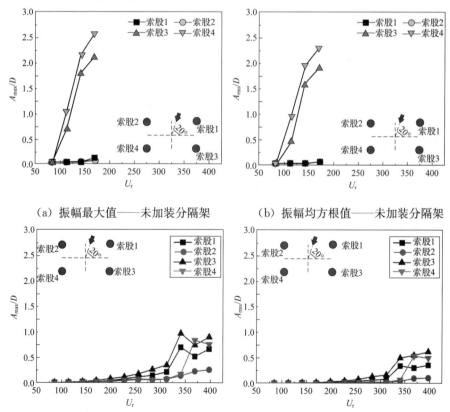

(a) 振幅最大值——未加装分隔架　(b) 振幅均方根值——未加装分隔架

(c) 振幅最大值——跨中加装单个分隔架　(d) 振幅均方根值——跨中加装单个分隔架

图 6.19　分隔架对吊索振幅的影响（$\alpha = 20°$）

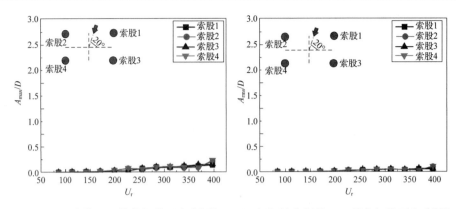

（e）振幅最大值——等分加装两个分隔架　　（f）振幅均方根值——等分加装两个分隔架

图 6.19　分隔架对吊索振幅的影响（α＝20°）（续图）

（a）　　　　　　　　　　　　　（b）

图 6.20　西堠门大桥吊索加装分隔架照片[1]

6.1.2　理论分析

在第 4 章 4.2 节中，对西堠门大桥四索股吊索的尾流索股进行了测力试验，6.1.1 小节的风洞试验结果表明，当风攻角 α＝40°时，四根索股中仅有一根［3 号索股，见图 4.9（b）］发生大幅振动，剩余三根振幅微小，可忽略不计，如图 6.7 所示。为此，以 4.2 节测量得到的 3 号索股平均气动力系数为基础，采用 5.3 节建立的三维连续吊索尾流致振理论分析模型，对两类吊索在风攻角 α＝40°情况下的尾流致振进行理论分析。

本节数值计算仍以西堠门大桥 2 号吊索为工程背景。其中，吊索长度 $L＝160$ m；恒载索力 $T＝495.8$ kN；吊索线密度 $M＝31$ kg/m；吊索直径 $D＝0.088$ m；材料弹性模量 $E＝2.1×10^{11}$ N/m²；结构阻尼比（ζ_x，ζ_y）＝0.1％；均匀流场，计算风速 $U＝3\sim13$ m/s。详细计算参数如表 6.2 所示。

表 6.2　西堠门大桥四索股吊索数值计算参数

参数	取值
吊索长度 L/m	160
恒载索力 T/kN	495.8
吊索密度 M/（kg·m^{-1}）	31
直径 D/m	0.088
弹性模量 E/（N·m^2）	2.1×10^{11}
结构阻尼比（ζ_x，ζ_y）	0.1%
风速 U/（m·s^{-1}）	3～13

图 6.21 分别给出 $\alpha = 40°$ 风攻角下两类吊索 3 号索股振动振幅（A_{max}/D）与折减风速（$U_r = U/fD$）的变化关系，其中，图 6.21（a）为 1/10 索高处振幅，约为西堠门大桥吊索现场加速度实测高度；图 6.21（b）为 11/30 索高处振幅，约为西堠门大桥吊索风洞试验加速度测量高度；图 6.21（c）为 1/2 索高处振幅。从图 6.21 中可以看出，平行钢丝吊索在风速 $U_r = 114$ 时发生明显振动，随着风速增大，振幅快速增大，需要说明的是，在 $U = 7$ m/s（$U_r = 199$）时，索股振幅超出了气动力测定范围，故数值计算仅计算至 $U = 6$ m/s（$U_r = 170$）。相比较于 6.1.1 小节的风洞试验结果，理论计算的平行钢丝吊索临界风速略偏小，这可能与两者的雷诺数不同有关。相比较于平行钢丝吊索振幅的发散性变化特点，钢丝绳吊索振动存在明显的风速区间（$U_r = 227 \sim 341$），类似于涡激振动，该振动特性文献[2]曾有过类似报道，并将此类振动称为尾流致涡激振动。通过对比 2.1.4 小节现场实测数据发现，风攻角 $\alpha = 40°$ 情况下的吊索发生振动时对应的实测风速约为 10 m/s（$U_r = 284$），此风速正处于理论计算得到的发生振动风速区间内，这进一步表明尾流干扰引发的尾流致振是西堠门大桥吊索振动的原因之一。

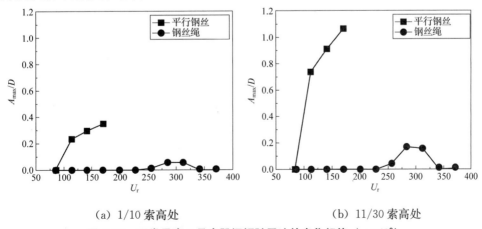

（a）1/10 索高处　　　　　　　　　　（b）11/30 索高处

图 6.21　两类吊索 3 号索股振幅随风速的变化规律（$\alpha = 40°$）

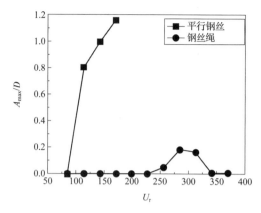

（c）1/2 索高处

图 6.21　两类吊索 3 号索股振幅随风速的变化规律（α＝40°）（续图）

图 6.22～图 6.24 分别给出了两类吊索 3 号索股 1/10 索高处典型风速下的振动位移时程、轨迹以及其功率谱密度函数。从图 6.22 的振动位移时程可以看出，两类吊索均表现为稳态振动，且 X 方向振幅均大于 Y 方向振幅。两类吊索振动轨迹均为椭圆形轨迹，如图 6.23 所示。吊索振动的功率谱密度函数表明，两类吊索的振动均表现为以第一阶模态为主、前几阶模态参与的特性，这与 2.1 节现场实测风攻角 α＝40°情况下的吊索振动特性相吻合。

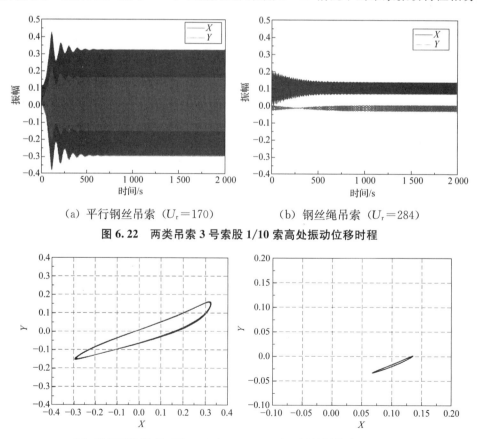

（a）平行钢丝吊索（U_r＝170）　　　（b）钢丝绳吊索（U_r＝284）

图 6.22　两类吊索 3 号索股 1/10 索高处振动位移时程

（a）平行钢丝吊索（U_r＝170）　　　（b）钢丝绳吊索（U_r＝284）

图 6.23　两类吊索 3 号索股 1/10 索高处振动轨迹

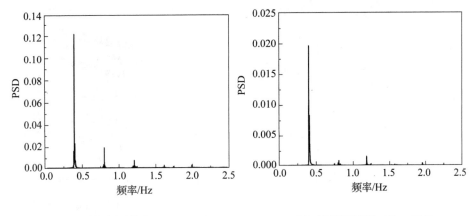

（a）平行钢丝吊索（$U_r=170$）　　　（b）钢丝绳吊索（$U_r=284$）

图6.24　两类吊索3号索股1/10索高处顺风方向振动功率谱密度函数

6.2　伶仃洋大桥六索股吊索尾流致振及控制

6.2.1　吊索基本构造

深中通道伶仃洋大桥的主跨1 666 m，最长吊杆约为180 m，立面布置如图6.25所示。伶仃洋大桥吊索为骑跨式，包括三种类型：加强吊索、限位吊索和普通吊索，如图6.26所示。其中，加强吊索位于桥塔附近，包括每个索面桥塔附近的四根最长吊索，由6根直径88 mm的钢丝绳索股组成；限位吊索位于主梁梁端，由3根直径为203 mm的平行钢丝索股组成；普通吊索由4根直径68 mm的钢丝绳索股组成。桥塔两侧的吊索长度大、频率低、阻尼小，最容易发生风致振动，六索股加强吊索是本研究的重点关注对象。

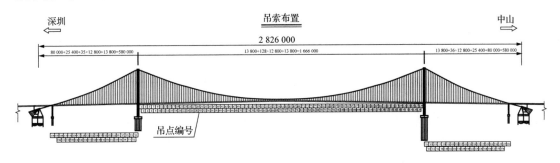

图6.25　伶仃洋大桥吊索立面图（单位：mm）

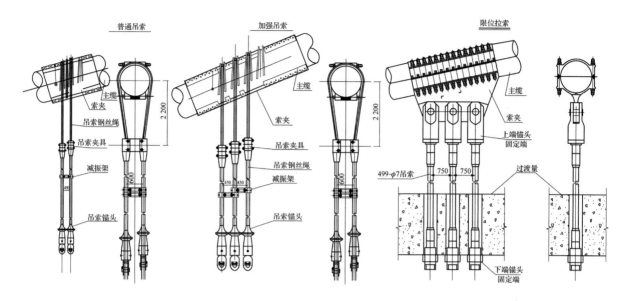

图 6.26　伶仃洋大桥吊索类型及构造示意图（单位：mm）

6.2.2　试验概况

选取 2 号加强吊索（6 索股吊索）为研究对象，进行三维气弹模型测振风洞试验，模型与原型吊索的相似关系如表 6.3 所示。

表 6.3　伶仃洋大桥 6 索股吊索模型与原型相似关系

参数	原型	模型	缩尺比
直径 D/m	0.088	0.01	$\lambda_D = 1/8.8$
长度 L/m	173.7	4	$\lambda_L = 1/43.425$
顺桥向索股中心间距/m	0.45	0.051 14	$\lambda_D = 1/8.8$
横桥向索股中心间距/m	0.6	0.068 18	$\lambda_D = 1/8.8$
密度 M/（kg·m^{-1}）	35.2	0.454 5	$\lambda_M = \lambda_D^2 = 1/66.44$
风速比	—	—	$\lambda_U = 1/1$
一阶频率 f/Hz	0.266	2.341	$\lambda_f = \lambda_U/\lambda_D = 8.8/1$

除了针对伶仃洋大桥采用的钢丝绳（WR）吊索设计制作了气弹模型，同时还针对外表光滑的平行钢丝（PWS）吊索设计制作了气弹模型，以便研究比较两类吊索的气动稳定性。PWS 吊索的索股模型由配重块和钢丝两部分组成，其中，钢丝直径 1.5 mm，配重块材料为铜，机加工而成，外径 10 mm、长 50 mm，根据质量配重要求内部挖空，由单个圆柱组成并通过螺丝固定在钢丝上，相邻配重块的间隙 2 mm，配重块也起到外衣的作用，如图 6.27（a）所示。WR 吊索模型在 PWS 吊索模型的基础上增加了外衣，如图 6.27（b）所示，外衣用来模拟钢丝绳索股的粗糙外形，由轻质 ABS 材料 3D 打印而成，外衣与配重块之间通过胶水连接。

试验在湖南大学 HD-2 风洞低速段进行，该试验段截面高 4.4 m、宽 5.5 m，最大风速 15 m/s。试验中利用模型索两端锚固点在支架上下四个槽的滑动来调整中心间距 P，调整后采用螺栓锁死。风攻角 α 通过风洞底部和顶部的转盘进行调节。吊索模型安装在风洞中的照片如图 6.28 所示。

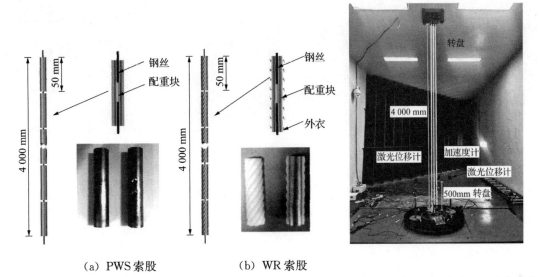

(a) PWS 索股　　　　(b) WR 索股

图 6.27　吊索模型结构示意图　　　　**图 6.28　吊索模型安装在风洞中的照片**

索股相对空间位置如图 6.29 所示。其中，$P_顺 = 5.11D$ 为顺桥向两根索中心间距，$P_横 = 6.82D$ 为横桥向两根索中心间距。以横桥向方向为风攻角 0° 方向，由于对称性只需测量风攻角在 0°~90° 范围内的吊索振动响应。吊索全风攻角试验参数如表 6.4 所示。

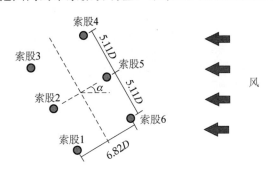

图 6.29　吊索相对空间位置示意图

表 6.4　吊索全风攻角试验参数

参数	取值
风攻角	$0° \leqslant \alpha \leqslant 90°$，$\Delta\alpha = 15°$
风速 U	$U = 3 \sim 11$ m/s，$\Delta U = 0.5$ m/s

针对吊索典型振动工况，开展吊索减振试验，减振措施主要包括分隔架、分隔架＋

TMD、分隔架＋辅助索、分隔架＋增大结构阻尼等，如图 6.30 所示。

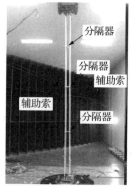

（a）分隔器　　　（b）分隔器＋TMD　　（c）分隔器＋辅助索　　（d）分隔器＋增大阻尼

图 6.30　吊索减振试验照片

试验中采用加速度计和激光位移计分别测量吊索模型振动响应，其中，考虑到六索股吊索的索股净间距较小，中间两索股的顺桥向响应采用激光位移计采集，其余索股响应均采用加速度计采集，加速度计和激光位移计安装在吊索模型 0.5 m 高度处，如图 6.30 所示，采样频率 1 000 Hz，采样时间 30 s。试验前通过人工激励方法，测得吊索模型初始阻尼比 $\zeta=0.112\%$，如图 6.31 所示。

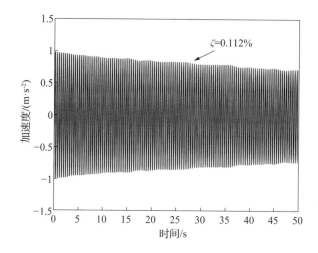

图 6.31　吊索模型初始阻尼比

6.2.3　试验结果及讨论

6.2.3.1　全风攻角下吊索响应

图 6.32～图 6.38 给出六索股 PWS 吊索模型在风攻角 $0°\leqslant\alpha\leqslant90°$ 范围内振动振幅均方根（A_{rms}/D）与折减风速（$U_r=U/fD$）的变化关系。从图 6.32～图 6.38 中可以看出，在所有工况中，索股的振幅均随折减风速的增加总体呈现上升趋势。其中，在 $\alpha=0°$、75°和 90°工况中，吊索索股发生了大幅度振动，振动振幅均方根（A_{rms}/D）最大分别可达

$0.7D$、$1.2D$ 和 $1.0D$。尤其在 $\alpha=75°$ 工况中，吊索振动的临界风速仅为 $U_r=256$（$U=6\ \text{m/s}$），索股碰撞风速也仅为 $U_r=342$（$U=8\ \text{m/s}$），均远低于桥梁设计风速。需要说明的是，为了保护吊索模型，在风洞试验中，吊索索股发生碰撞后，风速不再继续增大。

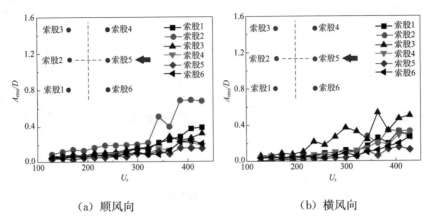

（a）顺风向　　　　　　（b）横风向

图 6.32　六索股 PWS 吊索振幅均方根随风速变化规律（$\alpha=0°$）

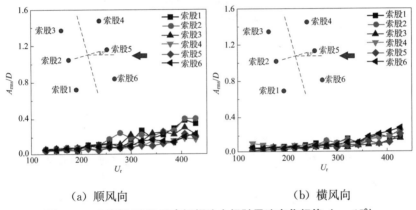

（a）顺风向　　　　　　（b）横风向

图 6.33　六索股 PWS 吊索振幅均方根随风速变化规律（$\alpha=15°$）

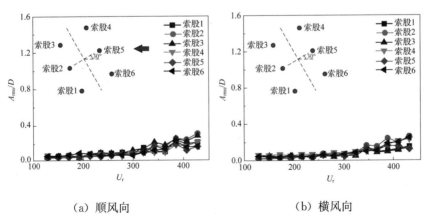

（a）顺风向　　　　　　（b）横风向

图 6.34　六索股 PWS 吊索振幅均方根随风速变化规律（$\alpha=30°$）

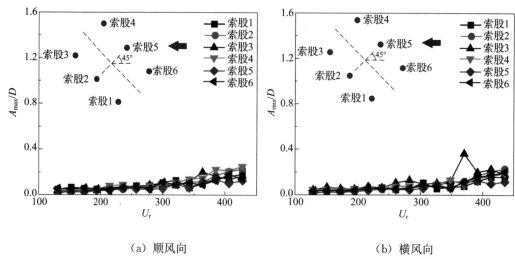

（a）顺风向   （b）横风向

图 6.35 六索股 PWS 吊索振幅均方根随风速变化规律（$\alpha=45°$）

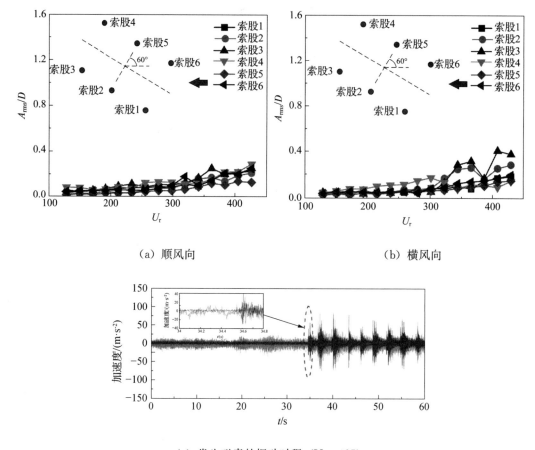

（a）顺风向   （b）横风向

（c）发生碰索的振动时程（$U_r=427$）

图 6.36 六索股 PWS 吊索振幅均方根随风速变化规律及索股碰索时程（$\alpha=60°$）

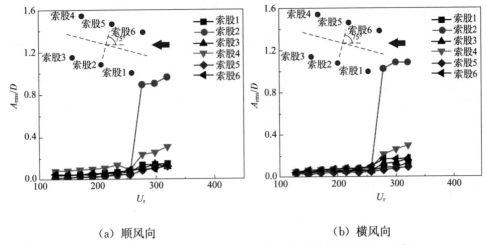

（a）顺风向   （b）横风向

图6.37 六索股PWS吊索振幅均方根随风速变化规律（$\alpha=75°$）

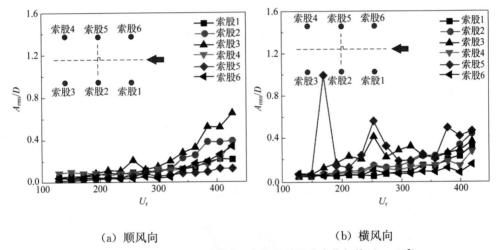

（a）顺风向   （b）横风向

图6.38 六索股PWS吊索振幅均方根随风速变化规律（$\alpha=90°$）

图6.39给出了$\alpha=75°$、$U_r=235$工况下六索股PWS吊索的振动位移时程、轨迹及其脉动位移时程的功率谱密度函数。从图6.39（a）和（b）中可以看出，位于6根索股中间的索股2的振幅明显大于其他索，其单边最大振幅达到$2.0D$左右，振动表现为稳态振动。索股2的振动轨迹呈"8"字形，如图6.39（c）所示。索股2的振动以低模态为主，其中顺风向振动以第二阶模态为主，横风向振动以第一阶模态为主，如图6.39（d）和（e）所示。上述吊索响应特征同样与尾流激振的主要特征相吻合。

图6.40～图6.46给出六索股WR吊索模型在风攻角$0°\leqslant\alpha\leqslant90°$范围内振动振幅（$A_{rms}/D$）与折减风速（$U_r=U/fD$）的变化关系。从图6.40～图6.46中可以看出，吊索在$\alpha=15°$、$30°$、$60°$、$75°$及$90°$时均发生了较大幅度振动，其中当$\alpha=75°$时，试验起振临界风速更是低至3 m/s。此外，在$\alpha=15°$、$60°$及$75°$时观测到了索股间碰索，对应碰索时的风速U_r分别为363（$U=8.5$ m/s）、214（$U=5$ m/s）及171（$U=4$ m/s）。

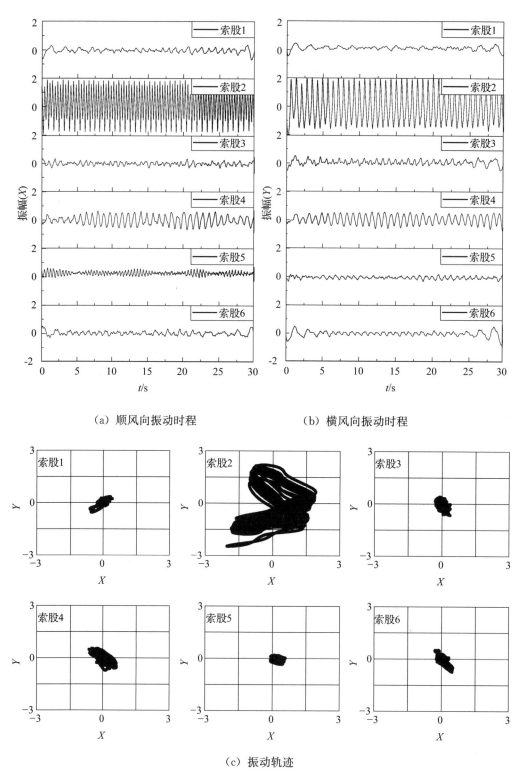

（a）顺风向振动时程　　　　　　（b）横风向振动时程

（c）振动轨迹

图 6.39　六索股 PWS 吊索典型工况振动特性（$\alpha=75°$，$U_r=235$）

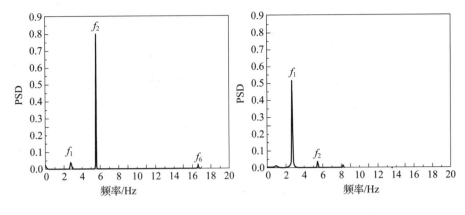

（d）顺风向振动 PSD　　　　　　（e）横风向振动 PSD

图 6.39　六索股 PWS 吊索典型工况振动特性（α＝75°，U_r＝235）（续图）

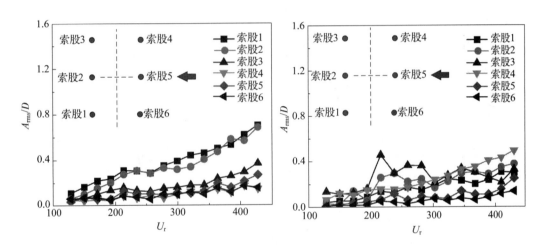

（a）顺风向　　　　　　　　　　（b）横风向

图 6.40　六索股 WR 吊索振幅均方根随风速变化规律（α＝0°）

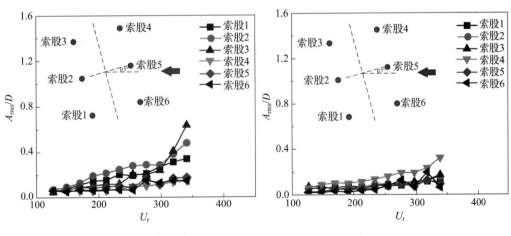

（a）顺风向　　　　　　　　　　（b）横风向

图 6.41　六索股 WR 吊索振幅随均方根风速变化规律及索股碰索时程（α＝15°）

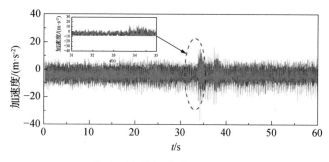

（c）发生碰索的振动时程（$U_r=363$）

图. 41　六索股 WR 吊索振幅随均方根风速变化规律及索股碰索时程（$\alpha=15°$）（续图）

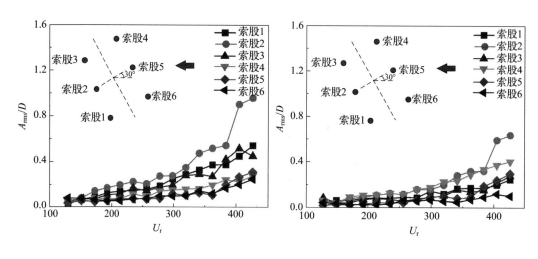

（a）顺风向　　　　　　　　　　　（b）横风向

图 6.42　六索股 WR 吊索振幅均方根随风速变化规律（$\alpha=30°$）

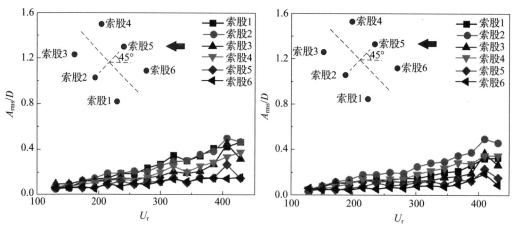

（a）顺风向　　　　　　　　　　　（b）横风向

图 6.43　六索股 WR 吊索振幅均方根随风速变化规律（$\alpha=45°$）

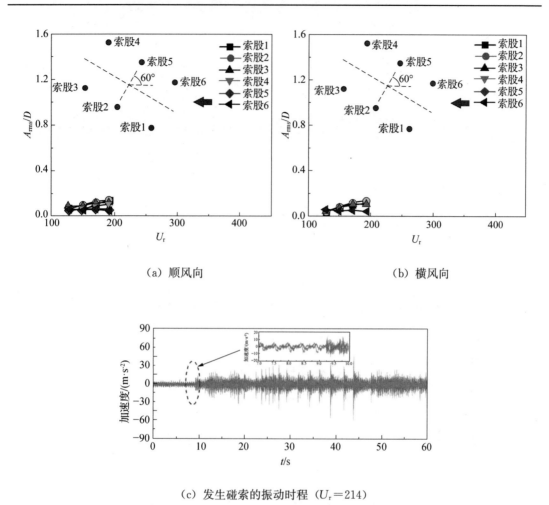

（a）顺风向　　　　　　　　　　　　　　　　（b）横风向

（c）发生碰索的振动时程（$U_r = 214$）

图6.44　六索股 WR 吊索振幅均方根随风速变化规律及索股碰索时程（$\alpha = 60°$）

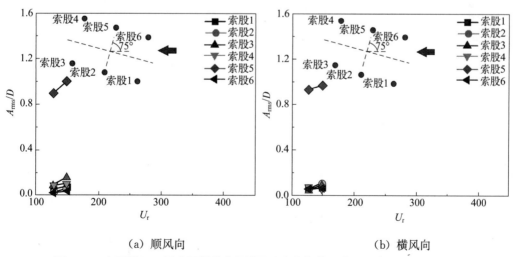

（a）顺风向　　　　　　　　　　　　　　　　（b）横风向

图 6.45　六索股 WR 吊索振幅均方根随风速变化规律及索股碰索时程（$\alpha = 75°$）

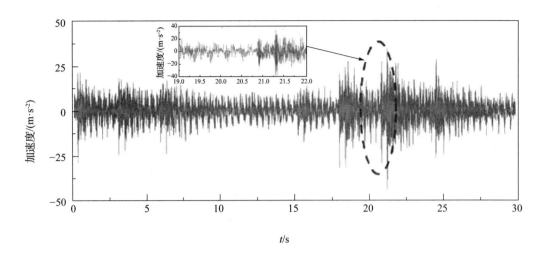

（c）发生碰索的振动时程（U_r＝171）

图 6.45　六索股 WR 吊索振幅均方根随风速变化规律及索股碰索时程（α＝75°）（续图）

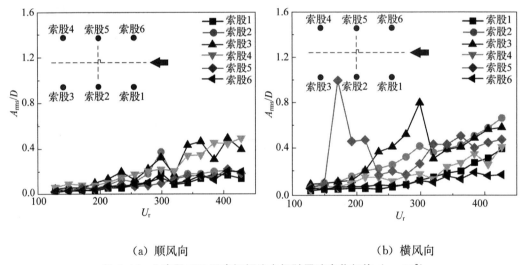

（a）顺风向　　　　　　　　　　　（b）横风向

图 6.46　六索股 WR 吊索振幅均方根随风速变化规律（α＝90°）

　　图 6.47 给出了 α＝75°、U_r＝150 工况时，六索股 WR 吊索的振动位移时程、轨迹及其脉动位移时程的功率谱密度函数。从图 6.47（a）（b）中可以看出，位于六索股中间位置处的 5 号索股振幅明显大于其他索股，其中，5 号索股单边振幅最大达到 1.5D 左右，且振动表现为稳态振动。从图 6.47（c）中可以看出，位于来流下游处发生大幅振动的 5 号索股的振动轨迹近似为"8"字形。从图 6.47（d）（e）中可以看出，吊索顺风向振动主要以第二阶模态为主，而横风向振动主要以第一阶模态为主。

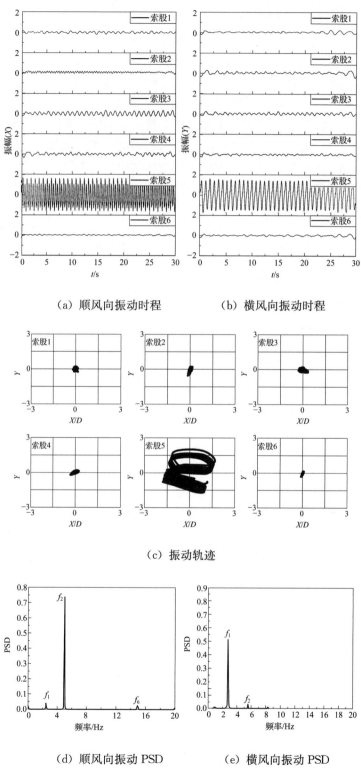

（a）顺风向振动时程　　　　　（b）横风向振动时程

（c）振动轨迹

（d）顺风向振动 PSD　　　　　（e）横风向振动 PSD

图 6.47　六索股吊索典型工况振动特性（$\alpha=75°$、$U_r=150$）

6.2.3.2　抑振措施的效果

（1）分隔架

图 6.48 给出了 $\alpha=75°$工况六索股 PWS 吊索加装不同数量分隔架后吊索振幅均方根随折减风速的变化关系。从图 6.48 中可以看出，当吊索跨中安装单个分隔架时，起振临界风速 U_r 由 278 增大到 342，碰撞临界风速 U_r 由 342 增大到 406。当均匀安装 3 个分隔架时，在试验风速范围内未观察到索股碰撞，最大振幅为 0.7D。图 6.49 为 PWS 吊索等分安装 3 个分隔架、试验最大风速 $U_r=427$ 时的索股振动时程。从图 6.49 中可以看出，吊索 6 根索股的振动几乎没有相位差，表明吊索发生的可能是整体振动。这说明虽然在低风速条件下，分隔架能较好地抑制吊索索股之间的相对运动，但在高风速条件下，分隔架对吊索的整体振动似乎没有明显影响。

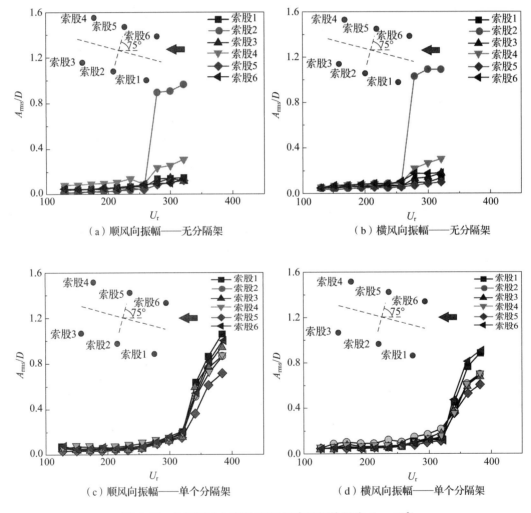

图 6.48　分隔器对六索股 PWS 吊索振幅的影响（$\alpha=75°$）

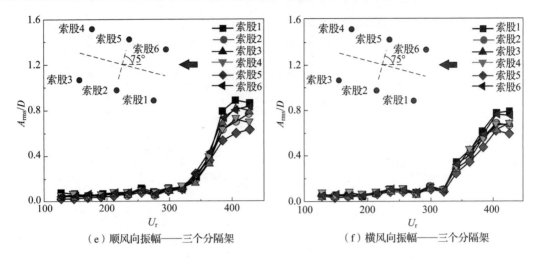

（e）顺风向振幅——三个分隔架　　　　　　　（f）横风向振幅——三个分隔架

图 6.48　分隔器对六索股 PWS 吊索振幅的影响（α＝75°）（续图）

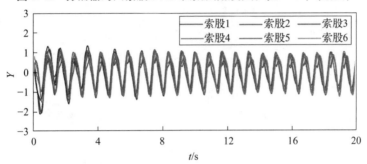

图 6.49　PWS 吊索等分安装 3 个分隔架、风速 U_r＝427 时的索股振动时程

图 6.50 给出了 α＝75°工况六索股 WR 吊索加装不同数量分隔架后吊索振幅均方根随折减风速的变化关系。从图 6.50 中可以看出，当吊索在跨中加装单个分隔架后，相比较于未减振时，振幅明显减小，临界风速显著增大。其中，振幅最大值从 1.0D 降低至 0.5D，临界风速 U_r 从 128 增大至 214。当吊索等分加装 3 个分隔架后，在试验风速范围内未观察到索股碰撞，但在高风速下索股的振幅仍然较大，最大振幅可达 0.7D。与 PWS 吊索相似，WR 吊索在高风速下的振动表现为整体的同步振动，如图 6.51 所示。这再次表明，分隔架对高风速下的吊索整体振动影响较小。

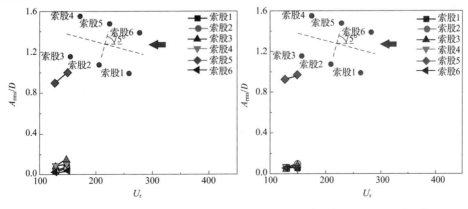

（a）顺风向振幅——无分隔架　　　　　　　（b）横风向振幅——无分隔架

图 6.50　分隔架对六索股 WR 吊索振幅均方根的影响（α＝75°）

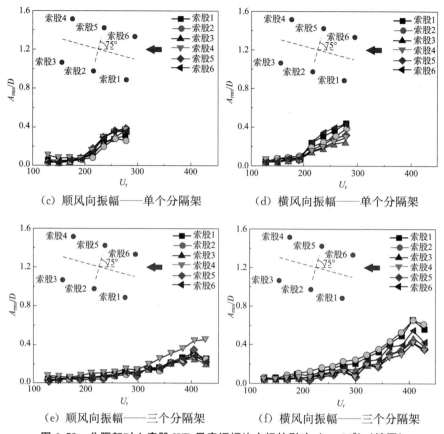

图 6.50　分隔架对六索股 **WR** 吊索振幅均方根的影响（$\alpha=75°$）（续图）

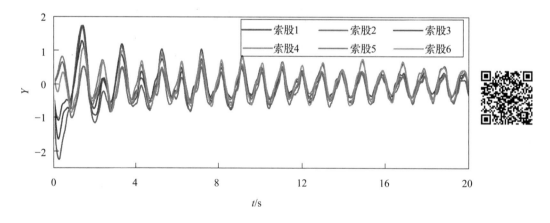

图 6.51　WR 吊索等分安装 3 个分隔架、风速 $U_r=427$ 时的索股振动时程

（2）分隔架＋TMD

根据悬索桥多索股吊索结构特点，设计制作了吊索三维气弹模型减振试验用微型电涡流 TMD，该 TMD 主要由质量块（钕铁硼磁铁＋背铁）、导体板、防风外壳组成 TMD 固定在分隔架上，如图 6.52 所示。

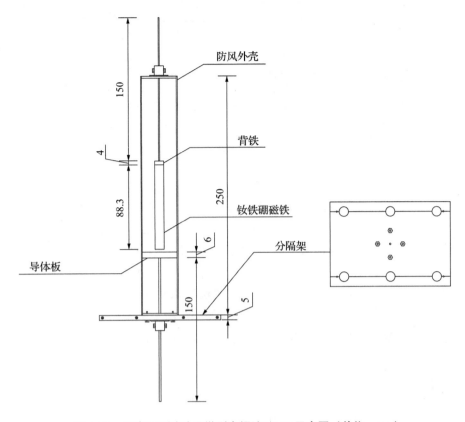

图 6.52　吊索风洞试验用微型电涡流 TMD 示意图（单位：mm）

根据相关研究结果，TMD 质量比选定为 $\mu = 1\%$，依据 Den Hartog 优化理论，计算得到 TMD 最优阻尼比为：

$$\zeta_{opt} = \sqrt{\frac{3\mu}{8(1+\mu)}} = 6.1\% \qquad (6.1)$$

根据吊索发生大幅振动时的振动特性，拟通过设计 3 个独立的 TMD，分别控制吊索模型的前三阶模态振动。试验前对每个 TMD 进行动力特性标定（图 6.53），确保满足设计要求。其中，TMD 阻尼标定结果如图 6.54 所示。

图 6.53　TMD 动力特性标定照片

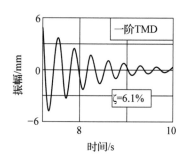 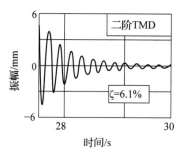 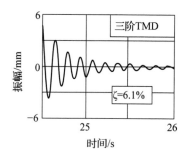

图 6.54　TMD 阻尼标定结果

图 6.55 给出了 $\alpha=75°$ 工况六索股 WR 吊索等分加装 3 个分隔架＋TMD 后吊索振幅均方根随折减风速的变化关系。从图 6.55 中可以看出，当吊索等分加装 3 个分隔架＋TMD 后，振幅明显减小，振幅均方根值从 $1.0D$ 降低至 $0.6D$，且试验风速内没有观测到明显的起振临界风速。但是，同样整体上等分加装 3 个分隔架＋TMD 的减振效果与只等分加装 3 个分隔架的减振效果相当，造成此现象的原因可能有以下两点：①TMD 防风外壳较大，对吊索稳定性产生一定的负面影响；②在模型设计中，由于未模拟吊索长度，通过缩小吊索模型张力来满足频率等相似关系，致使模型张力过小，不同试验风速下，在静风荷载的作用下，模型张力变化率较大，导致吊索模型频率变化过大，TMD 难以准确调谐。

（3）分隔架＋辅助索

图 6.56 给出了 $\alpha=75°$ 工况六索股 PWS 吊索等分加装 3 个分隔架＋跨中辅助索后吊索振幅均方根随折减风速的变化关系。从图 6.56 中可以看出，当吊索等分加装 3 个分隔架＋跨中辅助索后，索股振幅随着风速的增大呈现出缓慢增大的趋势，且不存在明显的临界风速，振幅最大值降低至 $0.4D$，在试验风速范围内未观察到索股发生碰撞。这表明，分隔架＋辅助索的联合措施对减小吊索振动具有较显著的效果。

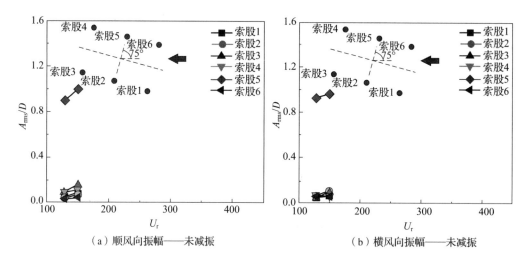

图6.55　等分加装三个分隔架＋TMD 对六索股 WR 吊索振幅均方根的影响（$\alpha=75°$）

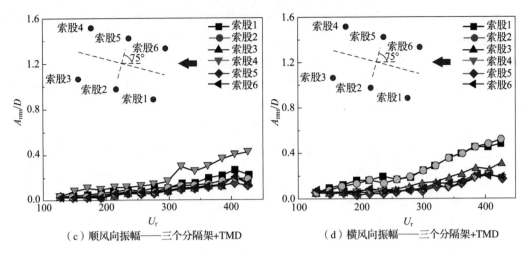

（c）顺风向振幅——三个分隔架+TMD　　　　（d）横风向振幅——三个分隔架+TMD

图 6.55　等分加装三个分隔架＋TMD 对六索股 WR 吊索振幅均方根的影响（α＝75°）（续图）

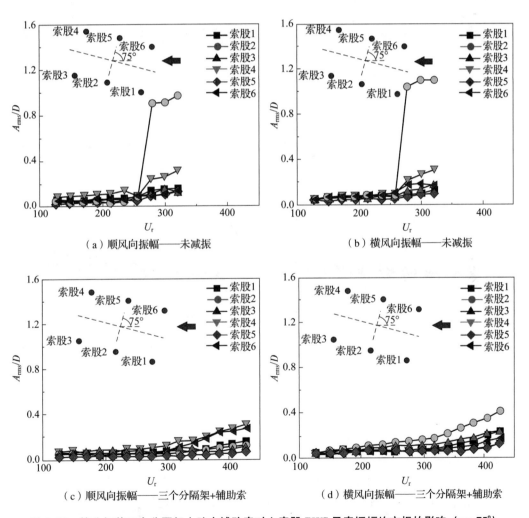

（a）顺风向振幅——未减振　　　　　　　（b）横风向振幅——未减振

（c）顺风向振幅——三个分隔架+辅助索　　　（d）横风向振幅——三个分隔架+辅助索

图 6.56　等分加装三个分隔架＋跨中辅助索对六索股 PWS 吊索振幅均方根的影响（α＝75°）

图 6.57 给出了 $\alpha=75°$ 工况六索股 WR 吊索等分加装 3 个分隔架＋跨中辅助索后吊索振幅均方根随折减风速的变化关系。从图 6.57 中可以看出，当吊索等分加装 3 个分隔架＋跨中辅助索后，相比较于未减振时，振幅明显减小，振幅均方根值从 $1.0D$ 降低至 $0.5D$，且试验风速内没有观测到明显的起振临界风速。再次表明在试验风速范围内，分隔架联合辅助索的措施可以很好地控制吊索的振动。

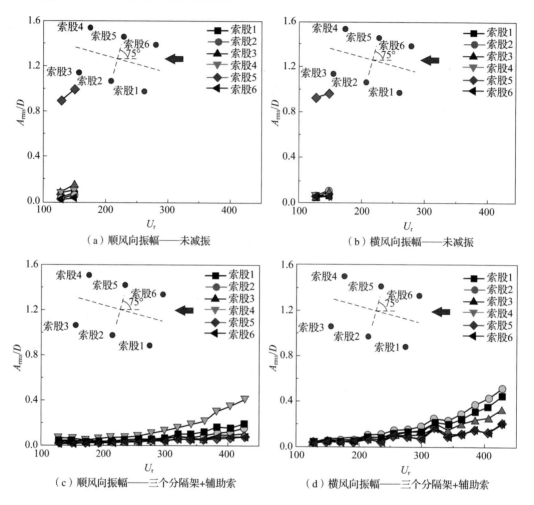

图 6.57　等分加装三个分隔器＋跨中辅助索对六索股 WR 吊索振幅的影响 （$\alpha=75°$）

（4）分隔架＋增大结构阻尼

等分加装 3 个分隔架的吊索模型的结构阻尼比 $\zeta=0.142\%$，如图 6.58（a）所示。为了研究结构阻尼对吊索振动的影响，通过在吊索模型相邻外衣之间的间隙上粘贴胶带来调整吊索模型的阻尼比，试验中以此方法能够得到的吊索模型的最大结构阻尼比 $\zeta=0.318\%$，如图 6.58（b）所示。需要说明的是，由于胶带不能很好地与 WR 吊索模型的粗糙外表相黏合，因此，粘贴胶带方法仅针对 PWS 吊索进行使用。

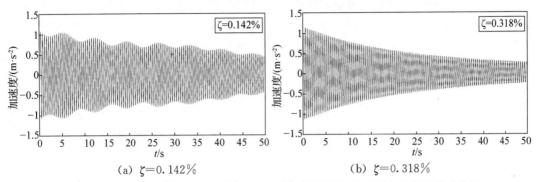

(a) $\zeta = 0.142\%$ 　　　　　(b) $\zeta = 0.318\%$

图 6.58　结构阻尼比为 $\zeta = 0.142\%$ 和 0.318% 时的索股加速度的自由振动衰减曲线

图 6.59 给出了 $\alpha = 75°$ 时，两种不同结构阻尼比下的 PWS 六索股吊索振幅均方根随折减风速的变化情况。从图 6.59 可以看出，当结构阻尼比从 0.142% 增大到 0.318% 时，振动临界风速从 $U_r = 278$ 增大到 $U_r = 427$。当 $\zeta = 0.318\%$ 时，在试验风速范围内未观察到吊索索股碰撞，但索股振幅仍高达 $0.8D$。这表明要完全抑制吊索振动，可能需要更大的结构阻尼。

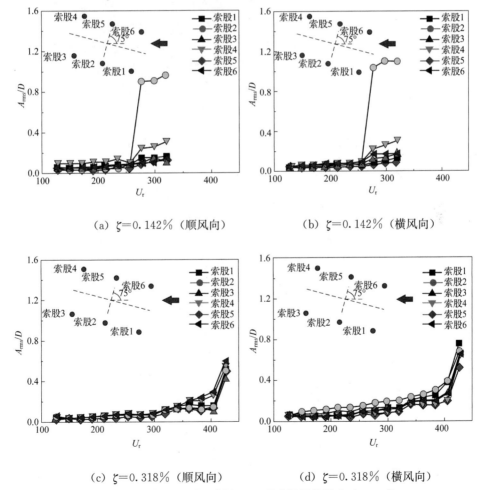

(a) $\zeta = 0.142\%$ （顺风向）　　　　　(b) $\zeta = 0.142\%$ （横风向）

(c) $\zeta = 0.318\%$ （顺风向）　　　　　(d) $\zeta = 0.318\%$ （横风向）

图 6.59　结构阻尼对六索股 PWS 吊索振幅的影响（$\alpha = 75°$）

　　针对试验中粘贴胶带方法很难大幅度提高吊索模型阻尼的问题，根据悬索桥多索股吊索结构特点，设计制作了用于试验吊索模型的电涡流阻尼器，以此来提高吊索模型阻尼。该阻尼器主要由固定分隔器、背铁、永磁体、导体板（铜板）、钢板组成，如图 6.60（a）所示。安装阻尼器后的吊索照片如图 6.60（b）所示。试验时将 4 个加速度计安装在阻尼器的固定分隔架上，如图 6.61 所示。

　　试验中将阻尼器安装在距离吊索底端 0.5 m 处（吊索模型 1/8 高处），通过调整永磁体和导体板之间的间隙，共将吊索模型阻尼比增大到四个不同水平：$\zeta = 0.847\%$、1.033%、1.213% 及 1.509%，如图 6.62 所示。

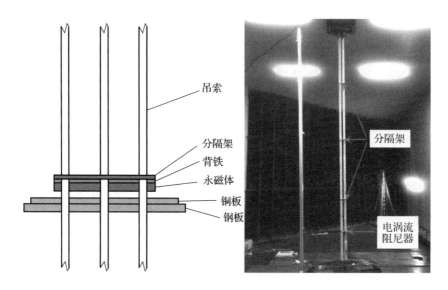

（a）阻尼器结构示意图　　　　　（b）安装阻尼器的吊索照片

图 6.60　吊索模型电涡流阻尼器结构示意图

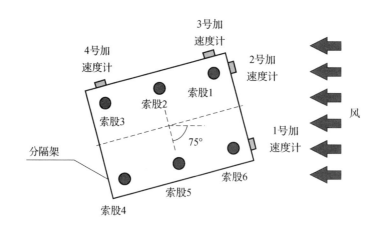

图 6.61　加速度计布置示意图

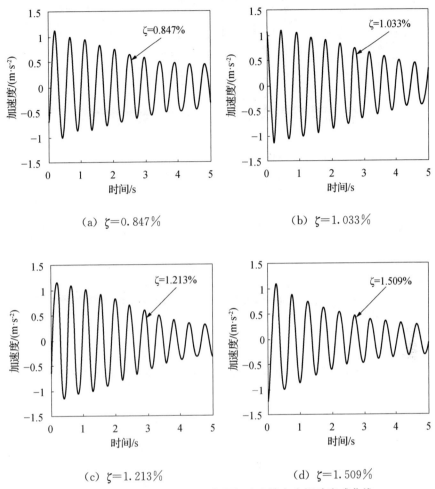

(a) ζ=0.847%　　　　　　　　(b) ζ=1.033%

(c) ζ=1.213%　　　　　　　　(d) ζ=1.509%

图 6.62　不同结构阻尼比下索股加速度的自由振动衰减曲线

　　图 6.63 给出了 α=75°工况六索股 WR 吊索等分加装 3 个分隔架＋增大结构阻尼比后吊索振幅均方根随折减风速的变化关系。从图 6.63 中可以看出，当阻尼比 ζ 大于 1.033％时，吊索振动可得到有效抑制，最大振幅均方根值随阻尼比增大从 0.8D 降至 0.1D，且试验风速内没有观测到明显的起振临界风速。图 6.64 给出六索股 WR 吊索整体扭转振幅随阻尼比的变化情况，从图 6.64 中可以看出，随着模型阻尼比增大，其整体扭转振动呈现减小趋势，当阻尼比 ζ 大于 1％时，扭转最大角位移从 0.09 rad 降至 0.03 rad。综合上述分析，在试验风速范围内，等分加装 3 个分隔架并将吊索结构阻尼比增大至 ζ=1.2％以上，可有效地控制吊索振动。

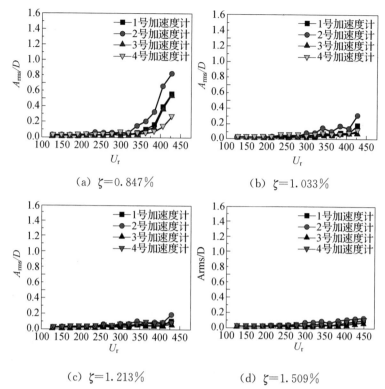

图 6.63　等分加装 3 个分隔架＋增大结构阻尼比对六索股 WR 吊索振幅均方根的影响 (α＝75°)

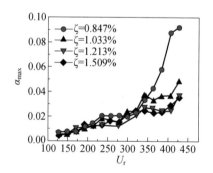

图 6.64　等分加装 3 个分隔架＋增大结构阻尼比对六索股 WR 吊索整体扭转振动的影响 (α＝75°)

6.3　本章小结

　　本章分别以西堠门大桥的四索股吊索、深中通道伶仃洋大桥的六索股吊索为工程背景，进行了四、六索股吊索气弹模型风洞试验，重现了尾流致振现象，并对多种措施的抑振效果进行了研究。结果表明，分隔架可有效减小索股之间的相对运动，对尾流索股的尾流致振（吊索相对振动）有很好的抑制作用。但安装分隔架后，吊索还会发生整体振动，在此基础上增设辅助索或增大结构阻尼比均可对吊索整体振动进行抑制。在实际应用中，通过在索端安装阻尼器来增大结构阻尼比，当结构阻尼比增大到 1% 左右时，即可有很好的减振效果。

参考文献

[1]HUA X G,CHEN Z Q,LEI X,et al. Monitoring and control of wind-induced vibrations of hanger ropes of a suspension bridge[J]. Smart Structures and Systems,2018,23 (6)：125-141.

[2]杜晓庆,蒋本建,代钦,等. 大跨度缆索承重桥并列索尾流激振研究[J]. 振动工程学报,2016(5):842-850.

第7章

拱桥 H 形刚性吊杆大攻角扭转颤振现象及机械抑振措施

　　H 形吊杆制作、安装和维护均比较方便，已在大跨径拱桥特别是钢桁架拱桥中得到较多的应用。例如，广东佛山的东平大桥就采用了 H 形吊杆，跨中处最长吊杆 40.8 m，长细比高达 342。相比圆形截面的柔性吊杆（钢丝绳或平行钢丝吊杆），H 形截面刚性吊杆的空气动力学性能较差，更容易出现各种形式的风致振动，危及桥梁安全。20 世纪 80 年代前，国外就发生过多次拱桥 H 形刚性吊杆的风振事件[1]。我国 20 世纪 90 年代建成的九江长江大桥，合龙不久后其 H 形刚性吊杆就出现了涡激振动，由于处置及时，加上九江地区常遇风速较低，该桥吊杆风振没有造成明显的结构损坏[2]~[4]。2006 年 8 月 6 日，受台风"派比安"影响，接近竣工的广东佛山东平大桥上的 20 根 H 形吊杆在约为 25 m/s 的风速下发生了强烈的扭转振动，杆中振幅高达 35°以上，并且在大风中持续振动 20 h 不止，最后导致 13 根长吊杆上下端翼板普遍破坏，最严重的几乎断裂。以上拱桥吊杆风振事件从侧面反映出工程界对于 H 形刚性吊杆风振问题的认识还不足。

　　针对此类杆件的风振问题，已有较多的学者开展了研究工作。Wardlaw[5] 研究了 I 型截面的风振特性并提出了一些有针对性的减振措施。Chi 等[6] 通过风洞试验研究了 3 种典型 H 形截面（截面长宽比分别为 1∶1，3∶4，1∶2），指出其 Strouhal 数为 0.125～0.134。Chi 与 Vossoughi[7] 采用基于风洞试验数据的改进 Hartlen-Currie 模型预测了 H 形杆件的涡振响应。Maher 与 Wittig[8] 对 Commodore Barry 桥 H 形杆件的风振现象进行了调查研究，确认是大幅的弯曲及扭转涡激振动。该桥后来在发生风振的 H 形杆件上加装了 TMD 减振。

　　Kubo 等[9] 以日本 Langer 桥的 H 形杆件为对象，通过风洞试验研究了杆件分别处于均匀流与紊流下的气动特性，指出均匀流中此类结构表现出涡激振动与驰振，但在紊流场中仅表现出驰振特性，紊流对 H 形结构涡激共振有抑制作用。Rusheweyh[10][11] 提出了一种杆件涡振振幅计算理论，并与多个杆件的实测涡振幅值进行了对比，据称吻合较好，现已写入欧洲规范。Matsumoto 等[12][13] 研究了宽高比为 2～15，类似于旧塔科马桥的 H 形截面扭转颤振失稳机理，但仅考虑了主梁水平布置的 0°攻角特性，没有考虑直立安装吊杆的大攻角情形。因此，上述研究成果都不能很好地解释广东佛山东平大桥吊杆振动现象。

　　风攻角是影响结构空气动力学性能的一个重要参数。在大气边界层中，风对水平放置构件的最大风攻角一般低于 ±5°，如桥梁主梁。但是直立杆件的情况完全不同，气流的风攻角正好是直立杆件的风攻角，可能的风攻角范围是 0°～360°。因此，对于常见的具有两根对称轴的杆件截面，抗风研究的风攻角范围应是两根对称轴之间的 0°～90°区间，对于

· 180 ·

正方形截面,也要研究 $0°\sim45°$ 的风攻角区间,这就是直立杆件独有的大攻角风致振动特征。在针对此类杆件风振问题开展的研究中,人们仍将研究重点放在杆件沿强轴和弱轴的涡振和驰振特性上,不但忽略了涡振和驰振存在更不利的其他风攻角范围,而且没有认识到直立杆件存在大攻角下扭转颤振失稳的危险。为此,本章采用节段模型测振、颤振导数识别和气弹模型测振三种风洞试验手段,研究了大攻角高风速下 H 形刚性吊杆发生扭转颤振时的本质特征,并结合气弹模型风洞试验探讨了辅助索这一减振措施的适用性。

7.1　节段模型测振风洞试验

7.1.1　相似准则与试验设备

7.1.1.1　相似准则

风洞试验气弹模型设计中,除满足几何外形的相似外,还应满足以下 5 个无量纲参数的一致性:

①弹性参数(Cauchy 数):是结构物理性力与气动惯性力的比值,反映的是结构的刚度;

②惯性参数(密度比):是结构惯性力与气动惯性力的比值;

③重力参数(Froude 数):是结构重力与气动惯性力的比值,反映结构物在地心引力作用下,其重力对结构物绕流运动的影响;

④黏性参数(Reynolds 数):是气动弹性力与空气黏性力的比值;

⑤阻尼参数(对数衰减率):是一个周期内耗散能力与振动总能量的比值。

对于弹性悬挂二元刚性节段模型风洞试验,一般要满足弹性参数、惯性参数及阻尼参数一致的要求。常压下的大气边界层风洞,黏性参数的一致性很难满足;对于具有尖锐棱缘的 H 形钝体截面,由于流动分离点几乎固定不变,可默认雷诺数相似不会给试验结果带来明显误差。

7.1.1.2　风洞设备

H 形吊杆节段模型测振风洞试验在湖南大学风工程试验研究中心 HD-2 边界层风洞的高速试验段进行,具体参数见本书 3.1.1.1 节介绍。

7.1.1.3　弹性悬挂装置

吊杆节段模型固定在具有竖向和扭转两自由度的弹簧支架系统上,通过弹簧端部的 8个力传感器转换后获得振动位移信号。为了减小试验中支架系统及弹簧等构件对模型试验结果的影响,在位于风洞中的支架系统外加装了一套流线型整流罩,如图 7.1 所示,图7.2 为 H 形吊杆节段模型安装在风洞试验段中的照片。

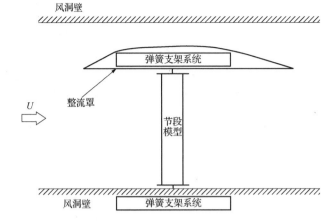

图 7.1 弹性悬挂系统示意图

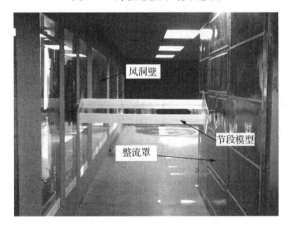

图 7.2 风洞中的 H 形吊杆节段模型

7.1.1.4 强迫振动装置

湖南大学 HD-2 风洞的三自由度耦合强迫振动装置跨风洞内外安装于高速试验段[14]，整个驱动装置可以通过升降电机上、下运动，装置在风洞内部的部分由专门设计的整流罩所包围，如图 7.3 所示。

（a）风洞外部照片

（b）风洞内部照片

图 7.3 三自由度耦合振动试验装置[14]

三自由度耦合强迫振动装置由运动控制系统、机械驱动系统和信号测量系统三部分构成，其具体性能参数见表 7.1，工作原理图如图 7.4 所示。该装置主要特点有：

①通过伺服电机和数字驱动器实现了完全数控的强迫振动系统；

②通过机械正弦机构实现了三个自由度方向上无理论误差的正弦运动；

③可以驱动模型在风场中作竖向、横向和扭转三个方向的单自由度运动，以及三者两两结合的耦合运动和三自由度耦合运动；

④通过数字编码器的反馈信号实现了模型运动位移信号的测量。

表 7.1　强迫振动装置性能参数[14]

节段模型长度：1 550 mm	振动频率：0.1～3 Hz
攻角调节范围：±15°	攻角调节分辨率：1°
竖向振幅：±4 mm、±8 mm、±12 mm、±16 mm、±20 mm	
横向振幅：±4 mm、±8 mm、±12 mm、±16 mm、±20 mm	
扭转振幅：±1°、±2°、±3°、±4°、±5°	

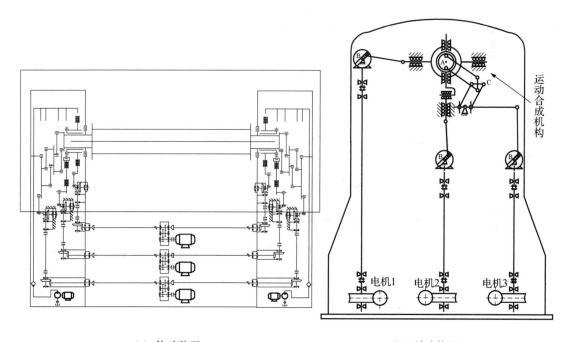

（a）传动装置　　　　　　　　　　（b）驱动装置
图 7.4　三自由度强迫振动系统工作原理[14]

本章采用频域识别法来得到 H 形吊杆的气动导数。通过三自由度强迫振动装置驱动节段模型做竖向和扭转稳态简谐振动，即有：

$$h = h_0 e^{i(\omega_h t + \varphi_h)}, \quad \alpha = \alpha_0 e^{i(\omega_\alpha t + \varphi_\alpha)} \tag{7.1}$$

式中，h_0 和 α_0 分别为竖向和扭转运动振幅；ω_h 和 ω_α 分别为竖向和扭转振动圆频率；φ_h 和 φ_α

分别为竖向和扭转振动初始相位。

由式（7.1）可得：

$$\dot{h} = i\omega_h h, \quad \dot{\alpha} = i\omega_\alpha \alpha \tag{7.2}$$

代入下式（7.3）中，可得式（7.4）：

$$L = \rho U^2 B \left[K_h H_1^* \frac{\dot{h}}{U} + K_\alpha H_2^* \frac{B\dot{\alpha}}{U} + K_\alpha^2 H_3^* \alpha + K_h^2 H_4^* \frac{h}{B} \right]$$

$$M = \rho U^2 B^2 \left[K_h A_1^* \frac{\dot{h}}{U} + K_\alpha A_2^* \frac{B\dot{\alpha}}{U} + K_\alpha^2 A_3^* \alpha + K_h^2 A_4^* \frac{h}{B} \right] \tag{7.3}$$

$$L = \rho U^2 B \left[K_h^2 H_1^* \frac{h}{B} i + K_\alpha^2 H_2^* \alpha i + K_\alpha^2 H_3^* \alpha + K_h^2 H_4^* \frac{h}{B} \right]$$

$$M = \rho U^2 B^2 \left[K_h^2 A_1^* \frac{h}{B} i + K_\alpha^2 A_2^* \alpha i + K_\alpha^2 A_3^* \alpha + K_h^2 A_4^* \frac{h}{B} \right] \tag{7.4}$$

式中，B 为梁宽；U 为来流风速；$K_i = \omega_i B / U$（$i = h$，α）为与各向运动相关的折算频率；H_i^* 和 A_i^*（$i = 1$，2，3，4）分别为与各气动力相关的颤振导数。

对式（7.4）应用傅立叶变换，将其实部和虚部分开并整理可得：

$$\mathrm{Re}[L(f_h, f_\alpha)] = \rho U^2 B [K_\alpha^{\,2} H_3^* \alpha_0 + K_h^{\,2} H_4^* \frac{h_0}{B}]$$

$$\mathrm{Im}[L(f_h, f_\alpha)] = \rho U^2 B [K_h^{\,2} H_1^* \frac{h_0}{B} + K_\alpha^{\,2} H_2^* \alpha_0]$$

$$\mathrm{Re}[M(f_h, f_\alpha)] = \rho U^2 B^2 [K_\alpha^{\,2} A_3^* \alpha_0 + K_h^{\,2} A_4^* \frac{h_0}{B}] \tag{7.5}$$

$$\mathrm{Im}[M(f_h, f_\alpha)] = \rho U^2 B^2 [K_h^{\,2} A_1^* \frac{h_0}{B} + K_\alpha^{\,2} A_2^* \alpha_0]$$

上式中 f_h 和 f_α 分别为竖向和扭转振动的频率，$f_i = \omega_i / 2\pi$（$i = h$，α）。

根据式（7.5），利用单自由度或两自由度强迫振动试验，可识别结构的气动导数。

7.1.2 节段模型与试验参数

H 形吊杆原型的计算长度 40.212 m，横桥向（腹板方向）宽度 1.2 m，翼板高度 0.5 m，腹板厚度 10 mm，翼板厚度 18 mm，图 7.5 为 H 形吊杆原型构造示意图。H 形截面高宽比 $H/B = 0.5/1.2 = 0.416$，腹板开孔率为 27%（腹板开孔率定义为开孔总面积与开孔前的腹板面积之比）。

节段模型几何缩尺比为 1：4，模拟了实际吊杆 2 个腹板孔洞，5.6 m 长的区段。模型由有机玻璃制作，长 1.4 m，宽 0.3 m，高 0.125 m。为了确保试验中的二维流动特征，在模型两端设置矩形端板。为描述方便，将节段模型命名为 A-3，图 7.6 为 H 形吊杆模型尺寸。

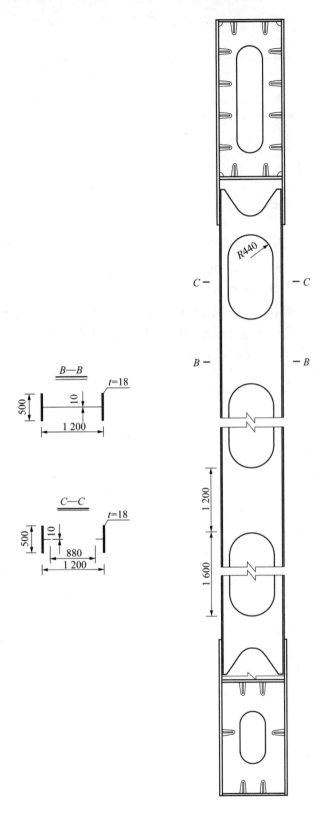

图 7.5　H 形吊杆原型构造示意图（单位：mm）

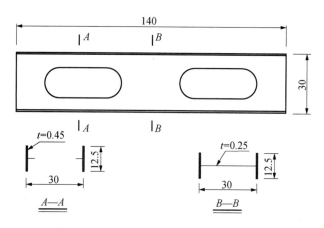

图 7.6 H形吊杆模型（A-3）尺寸（单位：cm）

采用有限元软件 ANSYS 中的板壳单元建立原型吊杆的有限元模型并分析了其固有频率特性，分析中吊杆张力取用原型吊杆成桥状态的设计值。计算得到的原型吊杆动力特性和风洞试验中按相似律换算后的节段模型试验参数见表 7.2。对于细长 H 形吊杆来说，两个对称轴方向的弯曲模态以及扭转模态都有可能对风致振动产生贡献，也就是说，在风洞试验中，这三个振动固有频率要严格相似，考虑到实际振动中弱轴弯曲振动与扭转振动更易出现，同时顾及节段模型试验装置的局限性，在进行节段模型设计中，弱轴弯曲频率比与扭转频率比相似同时得到模拟，而放宽了强轴弯曲频率比的相似。

表 7.2 H形吊杆原型与节段模型参数

参数	原型	相似比	节段模型 A-3
长/m	40.212	—	1.400
翼板高 H/m	0.5	1：4	0.125
腹板宽 B/m	1.2	1：4	0.3
线密度/（kg·m^{-1}）	211.6	1：4^2	13.2
质量惯矩/（kg·m^2·m^{-1}）	63.06	1：4^4	0.25
弱轴弯频率/Hz	2.001	1.025：1	2.051
强轴弯频率/Hz	5.936	0.346：1	2.051
扭转频率/Hz	2.251	1.041：1	2.344
阻尼比	0.002	1：1	0.003 3（弯）
			0.001 7（扭）
风速比	—	1：3.902（弱轴弯）	—
		1：11.561（强轴弯）	
		1：3.842（扭转）	

由于直立 H 形吊杆的截面具有两根对称轴，风洞试验 H 形节段模型的风攻角试验范围为 0°～90°，并以 5°步长研究了吊杆模型的气动性能变化。风攻角定义如图 7.7 所示，来流垂直于吊杆翼板时（即横桥向）定义为 0°风攻角，来流垂直于吊杆腹板时（即顺桥向）定义为 90°风攻角。

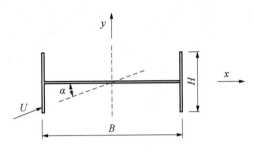

图 7.7　H 形吊杆风攻角定义

7.1.3　风振试验结果

在试验中，模型 A-3 在 15°、20°和 25°风攻角下均出现了明显的扭转振动失稳现象，图 7.8 给出了这三个风攻角下扭转幅值随实桥风速的变化曲线。由图 7.8 中可见，H 形吊杆节段模型的扭转振幅随风速增大而增大，但在风速恒定后，又保持等幅扭转振动。图 7.8 和图 7.9 表现出的 H 形吊杆风振形态及其对应的风速和风向，与广东佛山东平大桥 H 形吊杆于 2006 年 8 月受台风"派比安"影响发生强烈风振时的状态基本一致。

结构风致扭转振动从发生机理上可分为扭转涡激共振和分离流扭转颤振两种类型。涡激共振是一种带有自激性质的风致限幅振动，在结构尾流中的漩涡脱落频率与结构自振频率接近时发生，且会有明显的共振"锁定"风速区间。分离流扭转颤振是具有钝体截面的结构都可能发生的单自由度扭转颤振。

后文将进一步论证 H 形吊杆在 15°、20°和 25°风攻角发生的扭转振动并非扭转涡激共振而是扭转颤振现象。

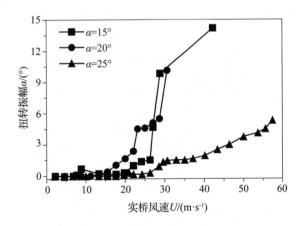

图 7.8　模型 A-3 扭转幅值随实桥风速变化曲线

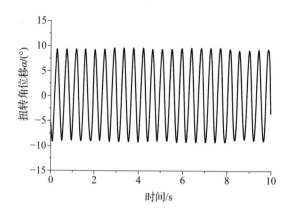

图7.9 扭转振动时程曲线 ($\alpha=20°$，$U=30.7$ m/s)

7.1.4 H形截面 Strouhal 数

在气流作用下，结构背风面涡脱频率与来流平均风速的关系为：

$$S_t = \frac{fD}{U} \tag{7.6}$$

式中，S_t 为 Strouhal 数，与结构截面形状有关；f 为旋涡脱落频率；D 为截面特征长度；U 为来流平均风速。

本文通过强迫振动装置上的五分量天平，测得 H 形吊杆节段模型固定不动时的气动力脉动时程，通过 FFT 变换得到气动力时程的卓越频率来计算结构的 Strouhal 数。图7.10 为安装于强迫振动装置上的 H 形吊杆节段模型，图 7.11 为 H 形吊杆 0°风攻角下的气动升力时程及其功率谱曲线（$U=10.3$ m/s）。由图 7.11 可以看出，H 形断面的气动升力系数（宽度 B 为特征长度）时程曲线具有明显的谐波特性，且频谱曲线中卓越频率极为明显，其规律性的漩涡脱落频率值为 9.668 Hz，频率 16.543 Hz 为节段模型的自振频率。基于式（7.6）可计算得到 H 形吊杆截面翼板迎风时的 Strouhal 数为 0.117。对于本研究 H 形吊杆，若出现扭转涡振，其对应的实桥起振风速约为 9.6 m/s，远低于该桥吊杆扭转风振病害发生时的实际风速。因此，不能将这次风振病害归结为扭转涡激共振。

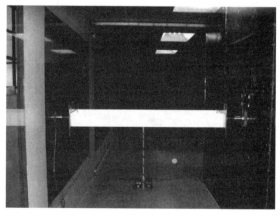

图 7.10 H形吊杆节段模型测力风洞试验

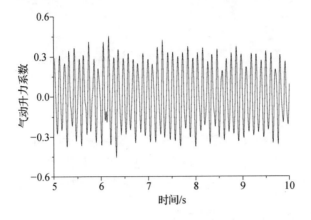

（a）气动升力脉动时程

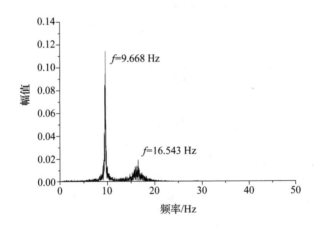

（b）气动升力功率谱曲线

图7.11　H 形断面气动升力特性（$\alpha=0^{\circ}$，$U=10.3$ m/s）

7.1.5　颤振导数特性

纯扭转形态的分离流颤振理论指出[15][16]，当颤振导数 A_2^* 大于零时，结构有可能进入动力不稳定的颤振状态。按这一理论，采用强迫振动装置，在风洞内驱动模型做单自由度扭转振动，识别了模型 A-3 在 0°、15°、20°和 25°时 4 个风攻角下的颤振导数曲线，如图 7.12 所示。由图 7.12 中可以看出，风攻角为 15°、20°和 25°的三条曲线都逐渐由负变正，证明了在大攻角高风速下发生扭转颤振是 H 形杆件的本质特征。

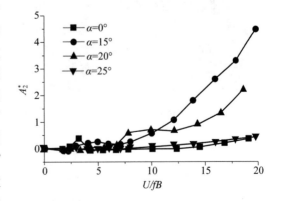

图 7.12　模型 A-3 颤振导数 A_2^*

7.2 气弹模型测振风洞试验

考虑到 7.1 节 H 形吊杆节段模型中仅模拟了实际吊杆两个孔洞，这与某桥吊杆沿高度方向均匀分布有 14 个孔洞存在一定差距，为进一步验证上述 H 形吊杆大攻角扭转颤振理论的正确性，风洞试验中又针对模型 A-3 的吊杆原型制作了气弹试验模型。

7.2.1 相似准则与试验设备

气弹模型风洞试验中，除满足几何外形的相似外，还应满足 7.1.1.1 的 5 个无量纲参数的一致性。考虑到重力对直立吊杆气动性能的影响轻微，气弹模型试验中放宽了 Froude 数的相似。

H 形吊杆气弹模型风洞试验同样在湖南大学风工程试验研究中心 HD-2 边界层风洞的高速试验段进行。

7.2.2 气弹模型与试验参数

考虑到湖南大学风工程试验研究中心 HD-2 高速试验段的尺寸，吊杆气弹模型采用 1∶16 的缩尺比。气弹模型由 3 片 0.5 mm 厚的镀锌薄铁皮焊接制作，腹板的长圆孔采用数控精确雕刻，腹板开孔率为 27%。试验中将模型两端分别固定于风洞底部与顶部，如图 7.13（a）所示，图 7.13（b）为气弹模型局部。

（a）试验中的气弹模型

（b）气弹模型局部

图 7.13　H 形吊杆气弹模型

气弹模型试验中风攻角定义与节段模型攻角定义一致，如图 7.7 所示。表 7.3 为气弹模型试验中主要的试验参数，在气弹模型 1/4 高度和 1/2 高度处分别布置了 3 个加速度传感器，记录吊杆的振动信号。试验仅在均匀流中进行，主要针对 15°、20°、25°等风攻角进行测试。

表 7.3　H 形吊杆原型与模型参数

参数	原型	相似比	气弹模型
长/m	40.212	1∶16	2.513
翼板高 H/m	0.5	1∶16	0.0312
腹板宽 B/m	1.2	1∶16	0.075
线密度/（kg·m^{-1}）	211.6	1∶16^2	0.852
质量惯性矩/（kg·m^2·m^{-1}）	63.06	1∶16^4	9.76×10^{-4}
弱轴弯频率/Hz	2.001	7.125∶1	14.258
强轴弯频率/Hz	5.936	7.074∶1	41.992
扭转频率/Hz	2.251	7.635∶1	17.188
阻尼比	0.002	1∶1	0.008（弱轴弯）
			0.007（强轴弯）
			0.005（扭转）
风速比	—	1∶2.246（弱轴弯）	—
		1∶2.262（强轴弯）	
		1∶2.096（扭转）	

7.2.3　试验结果

当风攻角为 15°，对应实桥风速达到 29 m/s 时，吊杆突然出现大幅扭转振动，表现出明显的颤振特征，吊杆中部的加速度响应如图 7.14 所示，加速度振幅达到 0.6g。当风攻角为 20°时，H 形吊杆气弹模型也出现了剧烈的等幅扭转振动现象。由于试验吊杆的扭转阻尼比 0.5% 大于节段模型试验阻尼比，故气弹模型颤振临界风速较节段模型试验值偏高。尽管如此，气弹模型试验得到的结果也足可验证 H 形吊杆存在颤振失稳的问题。

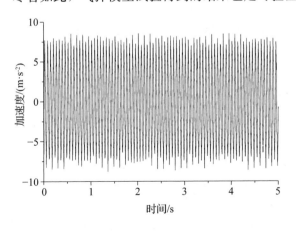

图 7.14　H 形吊杆气弹模型跨中扭转振动时程

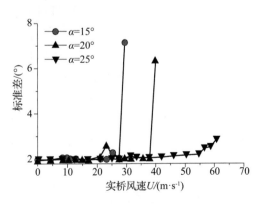

图 7.15　H 形吊杆气弹模型跨中扭转角标准差

7.3　与其他研究的比较

Commodore Barry 桥的 H 形截面杆件发生了严重风振事故，Maher 和 Wittig[8] 采用节段模型试验方法对该桥 H 形截面构件的风致稳定性进行了细致的研究，其中试验风攻角区间为 0°～90°，步长 10°，考虑了大攻角效应，但试验中并未发现细长 H 形截面构件的扭转颤振现象。Commodore Barry 桥的 H 形截面杆件的翼板高 $H=910$ mm，腹板宽 $B=710$ mm，高宽比 $H/B=1.28$。由后文第 8 章表 8.6 可见，这一高宽比下颤振区间很小，一般为 75°～80°，风速接近 50 m/s。可是，Maher 和 Wittig[8] 的研究试验中以 10° 为步长，风速换算至实桥后低于 50 m/s，因此他俩的研究"错过"了细长 H 形杆件的扭转颤振失稳。

Ruscheweyh[11] 在细长杆件风致振动方面做了较大的贡献。他提出了一种涡振振幅计算理论，同时在驰振临界风速估算方面也做了一定的工作。另外，他提出了一个类似于弯曲驰振风速估算公式的"扭转驰振"计算公式。需要指出的是，根据现在的风振理论，由自激力引起扭转失稳称为颤振，Ruscheweyh 将基于准定常理论的驰振临界风速计算方法拓展至由非定常自激力引起的颤振失稳的临界风速估算中，这一公式的合理性是有待商榷的。

Matsumoto 等[12] 基于 0° 风攻角下 H 形截面的气动性能试验研究指出，在高宽比 $H/B>0.3$ 后，H 形截面不会存在颤振问题。与之相吻合，试验中高宽比 $H/B=0.416$ 的 H 形杆件在 0° 风攻角确实没有出现颤振失稳，但扭转颤振问题却在较低风速下出现于杆件大攻角迎风状态中[17]。

7.4　减振措施

对于已发现有或预计可能有风振病害的吊杆或类似构件，一般通过附加外部设备减振。安装水平抗风索是当前常用的一种方法。

以 7.2 节中广东佛山东平大桥 H 形吊杆气弹模型为对象研究抗风索的可行性。设置抗风索后，吊杆原型的频率得到较大程度的提高，如表 7.4 所示。风洞试验中用两根钢丝分别固定在 H 形吊杆气弹模型两侧的翼板处并与图 7.12（a）的两根立柱连接，如图 7.16 所示。风洞试验中着重模拟了钢丝的拉伸刚度特征，放松了抗风索质量及气动力的模拟。

表 7.4　H 形吊杆安装抗风索后前后频率变化

	安装后	安装前	提高系数
竖弯频率/Hz	3.423	2.001	1.711
扭转频率/Hz	4.276	2.251	1.904

对发生颤振的 15°和 20°风攻角进行了抗风索效果试验，图 7.17 为设置抗风索后吊杆扭转角随风速的变化。试验表明，设置抗风索后，吊杆在试验风速区间没有出现涡激共振与颤振现象。佛山东平大桥在发现吊杆扭转风振问题后，采取了水平抗风索减振措施，实桥经受多年来的多次大风考验，证实水平抗风索确实能起到同时抑制吊杆各类风致振动的效果。

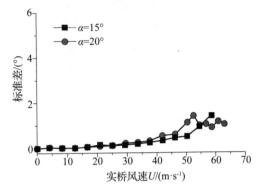

图 7.16　设抗风索 H 形吊杆气弹模型　　图 7.17　设置抗风索后 H 形吊杆 4 分点处扭转角标准差

7.5　本章小结

本章以台风中发生扭转振动的广东佛山东平大桥 H 形吊杆为研究对象，通过节段模型和气弹模型风洞试验揭示了 H 形吊杆大攻角下扭转振动的本质，并进一步探讨了相应的抑振措施。研究结果表明：H 形吊杆在大攻角下存在发生扭转颤振失稳的现实可能；水平辅助索可以有效抑制 H 形吊杆的风致振动。

参考文献

[1]ULSTRUP C C. Aerodynamic lessons learned from individual bridge members[J].
In：Annals of the New York Academy of Sciences. New York,1980,265-281.

[2]余岭,顾金钧,汪政兴,等. 大型桥梁吊杆涡振试验研究[J]. 机械强度,1996,18(4)：16-20.

[3]顾金钧,赵煜澄,邵克华. 九江长江大桥应用新型 TMD 抑制吊杆涡振[J]. 土木工程学报,1994,27(3)：3-13.

[4]余岭. 九江长江大桥三大拱吊杆风致振动试验研究[J]. 长江科学院院报,1995,12(3)：53-60.

[5]WARDLAW R L. Wind effects on bridges[J]. Journal of Wind Engineering and Industrial Aerodynamics,1990,33：301-312.

［6］CHI M,NEAL E,DENNIS JR B G. Determination of Strouhal Characteristics and power Spectrum for Elastically Restrained H-Shape Sections［J］. In：Federal Highway Administration,Washington,D. C. 1977,1-85.

［7］CHI M,VOSSOUGHI J. Response of slender structural members in self-excited oscillation［J］. Journal of Sound and Vibration,1985,101(1)：75-83.

［8］MAHER FJ,WITTIG L E. Aerodynamic Response of Long H-Sections［J］. Journal of the Structural Division,ASCE,1980,106：183-198.

［9］KUBO Y,SAKURAI K,AZUMA S. Aerodynamic characteristics of H-shaped section cylinder in laminar and turbulent flows［J］. Memoirs of the Kyushu Institute of Technology,Engineering,1980,10：1-14.

［10］RUSCHEWEYH H. Practical Experiences with wind-induced vibrations［J］. Journal of Wind Engineering and Industrial Aerodynamics,1990,33(1-2)：211-218.

［11］RUSCHEWEYH H. Vortex-excited vibrations and galloping of slender elements ［J］. Journal of Wind Engineering and Industrial Aerodynamics,1996,65(1-3)：347-352.

［12］MATSUMOTO M,SHIRATO H,HIRAI S. Torsional flutter mechanism of 2-D H-shaped cylinders and effect of flow turbulence［J］. Journal of Wind Engineering and Industrial Aerodynamics,1992,41-44：687-698.

［13］MATSUMOTO M SHIRATO H MIZUNO K,et al. Flutter characteristics of H-shaped cylinders with various side-ratios and comparisons with characteristics of rectangular cylinders［J］. Journal of Wind Engineering and Industrial Aerodynamics,2008,96：963-970.

［14］牛华伟. 气动导数识别的三自由度强迫振动法及颤振机理研究［D］. 长沙：湖南大学,2007.

［15］陈政清. 桥梁风工程［J］. 北京：人民交通出版社,2005,1-333.

［16］SIMIU E,SCANLAN R H. Wind Effects on Structures：Fundamentals and Applications to Design［M］. 3rd edition. New York：John Wiley & Sons,1996；1-323.

［17］陈政清,刘慕广,刘光栋,等. H形吊杆的大攻角风致振动和抗风设计［J］. 土木工程学报,2010,43(2)：1-11.

第8章

拱桥 H 形吊杆的风致振动及设计方法

H 形吊杆空气动力学性能差，容易产生风致振动问题，但与柔性吊杆相比，H 形吊杆的抗疲劳能力强，制造、安装、维护都很方便，并且能增加横桥向刚度，在近年来我国建立的大跨度拱桥特别是铁路桥中得到大量应用。从空气动力学的角度来看，格构式的吊杆性能最好，著名的澳大利亚悉尼港湾桥采用的就是这种吊杆。对于 H 形吊杆，开孔等措施可以在一定程度上改善气动性能，有必要系统建立 H 形吊杆的抗风理论和抗风设计方法。

本章采用 H 形吊杆节段模型试验方法，研究了腹板开孔、翼板开孔及高宽比等截面参数对其颤振、驰振、涡激共振等气动性能的影响；以此为基础，提出了 H 形吊杆的抗风设计建议，并编制了设计表格。

8.1 截面参数对 H 形吊杆气动性能的影响

8.1.1 相似准则与试验设备

本章节段模型试验同样满足 7.1.1 节中弹性参数、惯性参数及阻尼参数的一致性，并确保几何外形的相似。

风洞试验设备及弹性悬挂装置与第 7 章中的相似，风攻角定义也与第 7 章中一致（详见图 7.7）。试验中仍以 5°步长测定各 H 形吊杆节段模型在 0°~90°风攻角下的气动特性。

8.1.2 节段模型与试验参数

8.1.2.1 腹板开孔

参考节段模型 A-3（第 7 章）的原型吊杆参数，设计并制作了另外 3 种不同腹板开孔的 H 形吊杆，腹板开孔率分别为 0%、14% 与 38%，相应的节段模型仍采用 1:4 缩尺比，依次命名为 A-1、A-2 与 A-4，图 8.1 为腹板开孔的变化形式。表 8.1 中给出了以上三种不同腹板开孔吊杆模态频率和质量等试验参数，模型 A-3 相关参数见表 7.2。由表 8.1 可知，随着腹板开孔率的增大，弱轴弯曲和扭转频率变化不明显，而当腹板开孔率达到 38%时（模型 A-4），强轴弯曲频率出现了明显的降低。图 8.2 为试验中的节段模型。

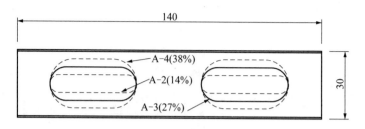

图 8.1　H 形吊杆模型腹板开孔形式（单位：cm）

表 8.1　H 形吊杆原型与节段模型参数

参数		节段模型 A-1		节段模型 A-2		节段模型 A-4	
		原型	模型	原型	模型	原型	模型
腹板开孔率/%		0	0	14	14	38	38
翼板开孔率/%		0	0	0	0	0	0
截面高宽比 H/B		0.416	0.416	0.416	0.416	0.416	0.416
线密度/（kg·m^{-1}）		235.6	14.7 (1:4^2)	223.3	14.0 (1:4^2)	202.7	12.7 (1:4^2)
质量惯矩/（kg·m^2·m^{-1}）		63.99	0.25 (1:4^4)	63.8	0.25 (1:4^4)	61.5	0.24 (1:4^4)
弱轴弯频率/Hz		1.901	2.344	1.952	1.953	2.042	2.539
强轴弯频率/Hz		6.057	2.344	6.112	1.953	5.469	2.539
扭转频率/Hz		2.175	2.734	2.173	2.148	2.409	3.027
阻尼比	弯	0.002	0.003 9	0.002	0.003 6	0.002	0.004 9
	扭		0.001 5		0.001 6		0.001 7
风速比	弱轴弯	—	1:3.24	—	1:4.00	—	1:3.22
	强轴弯		1:10.34		1:12.52		1:8.62
	扭转		1:3.18		1:4.05		1:3.18

图 8.2　试验中的 H 形吊杆节段模型

8.1.2.2　翼板开孔

以腹板不开孔（开孔率 0%），截面高宽比 $H/B=0.5/1.2=0.416$ 的模型 A-1 为原型，采用 1∶4 的缩尺比分别制作了另外三种不同翼板开孔大小的 H 形模型，进一步研究翼板开孔对 H 形吊杆气动性能的影响。翼板开孔形式如图 8.3 所示，翼板为矩形孔，开孔率（孔面积与翼板原面积之比）分别为 11%、20.1% 与 28.6%，将这三个翼板开孔模型依次命名为模型 B-2、B-3 与 B-4，结合前文中的模型 A-1 共同分析翼板开孔产生的影响。表 8.2 中给出了以上三种不同翼板开孔吊杆模态频率和质量等试验参数，模型 A-1 相关参数见表 8.1。由表中可见，随着翼板开孔率的增大，弱轴弯和扭转频率变化并不明显，但强轴弯频率逐渐降低。试验中采用的弹性悬挂装置有所改进，竖弯阻尼比明显降低，均在 0.002 以内。图 8.4 为试验中的节段模型。

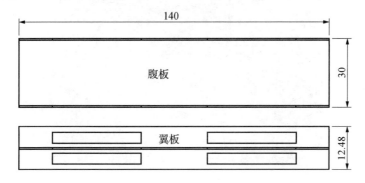

图 8.3　H 形吊杆模型翼板开孔形式（单位：cm）

表 8.2　H 形吊杆原型与节段模型参数

参数		节段模型 B-2		节段模型 B-3		节段模型 B-4	
		原型	模型	原型	模型	原型	模型
腹板开孔率/%		0	0	0	0	0	0
翼板开孔率/%		11	11	20.1	20.1	28.6	28.6
截面高宽比 H/B		0.416	0.416	0.416	0.416	0.416	0.416
线密度/（kg·m^{-1}）		219.7	13.7（1∶4^2）	206.4	12.9（1∶4^2）	194.1	12.1（1∶4^2）
质量惯性矩/（kg·m^2·m^{-1}）		58.1	0.23（1∶4^4）	53.2	0.21（1∶4^4）	48.6	0.19（1∶4^4）
弱轴弯频率/Hz		1.891	2.441	1.888	2.539	1.849	2.539
强轴弯频率/Hz		5.943	2.441	5.786	2.539	5.580	2.539
扭转频率/Hz		2.160	2.832	2.132	2.930	2.033	2.734
阻尼比	弯	0.002	0.001 3	0.002	0.001 6	0.002	0.001 9
	扭		0.001 4		0.001 4		0.001 5

参数		节段模型 B-2		节段模型 B-3		节段模型 B-4	
		原型	模型	原型	模型	原型	模型
风速比	弱轴弯		1：3.10		1：2.97		1：2.91
	强轴弯	—	1：9.74	—	1：9.12	—	1：8.79
	扭转		1：3.05		1：2.91		1：2.97

图 8.4　试验中的 H 形吊杆节段模型

8.1.2.3　截面高宽比变化

同样以腹板不开孔（开孔率 0%），截面高宽比 $H/B=0.5/1.2=0.416$ 的模型 A-1 为原型，分别制作了另外三种不同截面高宽比的 H 形模型，进一步研究高宽比对 H 形吊杆气动性能的影响。各吊杆腹板与翼板均不开孔，各吊杆原型的截面宽度 B 均为 1.2 m 且保持不变，仅通过调整截面翼板高度 H 实现高宽比变化，高宽比 H/B 分别为 0.625、1.0 及 1.333，将这三种高宽比模型依次命名为模型 C-2、C-3 与 C-4，结合前文中的模型 A-1 相关结论共同分析不同的高宽比产生的影响。表 8.3 中给出了以上三种不同高宽比吊杆模态频率和质量等试验参数，模型 A-1 相关参数见表 8.1，试验中竖弯阻尼比均控制在 0.002 以内。图 8.5 为试验中的节段模型。

表 8.3　H 形吊杆原型与节段模型参数

参数	节段模型 C-2		节段模型 C-3		节段模型 C-4	
	原型	模型	原型	模型	原型	模型
腹板开孔率/%	0	0	0	0	0	0
翼板开孔率/%	0	0	0	0	0	0
截面高宽比 H/B	0.625	0.625	1.0	1.0	1.333	1.333
线密度/（kg·m^{-1}）	307.9	19.2 (1：4^2)	444.6	12.3 (1：6^2)	559.8	15.5 (1：6^2)

参数		节段模型 C-2		节段模型 C-3		节段模型 C-4	
		原型	模型	原型	模型	原型	模型
质量惯性矩/ (kg・m²・m⁻¹)		94.9	0.37 (1∶4⁴)	149.4	0.12 (1∶6⁴)	182.8	0.14 (1∶6⁴)
弱轴弯频率/Hz		2.462	2.832	3.766	5.664	5.094	5.078
强轴弯频率/Hz		6.174	2.832	6.198	5，664	6.108	5.078
扭转频率/Hz		2.684	3.125	3.614	5.371	4.063	4.102
阻尼比	弯	0.002	0.001 0	0.002	0.001 3	0.002	0.001 4
	扭		0.001 3		0.001 2		0.001 2
风速比	弱轴弯	—	1∶3.48	—	1∶3.99	—	1∶6.02
	强轴弯		1∶8.72		1∶6.57		1∶7.22
	扭转		1∶3.44		1∶4.04		1∶5.94

图 8.5　试验中的 H 形吊杆节段模型

8.1.3　H 形吊杆的颤振性能

8.1.3.1　腹板开孔的影响

试验中，模型 A-1、A-2 与 A-4 均出现了明显的颤振失稳。表 8.4 中给出了不同腹板开孔率的 4 个模型发生扭转颤振对应的风攻角范围及对应的原型吊杆颤振临界风速。由表 8.4 可见，腹板开孔并不能提高 H 形截面的颤振临界风速，反而会降低其颤振稳定性。对于高宽比 $H/B=0.416$ 的 H 形吊杆，其颤振临界风速普遍偏低，且在我国大多数地区都是可能遇到的风速。

表8.4　不同腹板开孔率下扭转颤振特性

节段模型	发生颤振风攻角	最低实桥风速	对应无量纲风速 (U/fB)
A-1	30°～35°	36.89 m/s	14.1
A-2	20°	24.3 m/s	9.32
A-3	15°～25°	26.9 m/s	9.96
A-4	15°～25°	23.1 m/s	7.99

8.1.3.2　翼板开孔的影响

试验中，模型 B-2、B-3 与 B-4 均出现了明显的颤振失稳。表8.5 中给出了不同翼板开孔率的 3 个模型发生扭转颤振对应的风攻角范围及对应的实桥最低临界风速。由表8.5 可见，翼板开孔并不能提高 H 形截面的颤振临界风速，反而会降低其颤振稳定性，其颤振临界风速普遍偏低，且在我国大多数地区都是可能遇到的风速。

表8.5　不同翼板开孔率下扭转颤振特性

节段模型	发生颤振风攻角	最低实桥风速	对应无量纲风速 (U/fB)
B-2	10°～35°	24.5 m/s	9.5
B-3	0°～25°	14.3 m/s	5.6
B-4	0°～25°	21.0 m/s	8.6

8.1.3.3　截面高宽比的影响

试验中，模型 C-2、C-3 与 C-4 均出现了明显的颤振失稳。表8.6 中给出了不同高宽比的 3 个模型发生扭转颤振对应的风攻角范围及对应的实桥最低临界风速。由表8.6 可知，较模型 A-1，高宽比增大对 H 形截面的颤振临界风速有一定程度的提升。不过，最低颤振临界风速基本在 40 m/s 左右变化，并未随高宽比增大而明显提高。

表8.6　不同高宽比下扭转颤振特性

节段模型	发生颤振风攻角	最低实桥风速	对应无量纲风速 (U/fB)
C-2	15°～40°	39.2 m/s	12.2
C-3	15°～75°	38.8 m/s	8.9
C-4	75°～80°	44.5 m/s	9.1

8.1.4　H 形吊杆的驰振性能

8.1.4.1　腹板开孔的影响

当达到某一风速时，吊杆模型出现单自由度弯曲振动，且振幅急剧增大，呈发散趋势，此时吊杆发生了横风向驰振，对应风速为驰振临界风速。根据准定常理论，某一截面是否存在驰振失稳可通过 Den Hartog 系数 $C_L' + C_D$ 进行判别，相应的驰振临界风速 U_{cg} 可通过下式计算得到：

$$U_{cg} = -\frac{4m\omega\zeta}{\rho B(C_L' + C_D)} \tag{8.1}$$

式中，m 为结构单位长度质量；ω 为结构一阶弯曲圆频率；ζ 是模态阻尼比；ρ 为空气密度；B 为结构特征长度，与三分力系数计算时的特征长度一致；C_L' 为升力系数对风攻角 α 的导数；C_D 为阻力系数。由上式可见，Den Hartog 系数 $C_L' + C_D$ 小于零是结构出现驰振失稳的必要条件。

为进一步应用准定常驰振理论评价腹板开孔的气动性能，试验中将 H 形节段模型竖直固定在测力天平上，如图 8.6 所示，并随风洞转盘以 2°步长旋转，测试了腹板开孔率不同的 4 个节段模型在 0°～90°风攻角下的气动升力系数 C_L 和气动阻力系数 C_D 等三分力系数值，其定义为：

$$C_D = \frac{F_D}{\frac{1}{2}\rho U^2 LB} \tag{8.2}$$

$$C_L = \frac{F_L}{\frac{1}{2}\rho U^2 LB} \tag{8.3}$$

$$C_M = \frac{M}{\frac{1}{2}\rho U^2 LB^2} \tag{8.4}$$

式中，C_D、C_L、C_M 为平均阻力、升力、扭矩系数；F_D、F_L、M 为风轴坐标系下模型平均阻力、升力、扭矩；ρ 为空气密度，取为 1.225 kg/m^3；U 为来流风速，试验中 $U = 6$ m/s；L 为模型长，$L = 1.4$ m；B 为模型宽，$B = 0.3$ m。风轴坐标系下各物理量如图 8.7 所示。

图 8.6　安装于测力天平上的试验模型

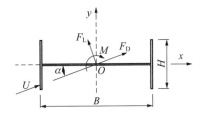

图 8.7　风轴坐标系定义

图 8.8 为 A-1～A-4 模型的平均阻力系数、升力系数及扭矩系数随风攻角变化曲线。图 8.9 为不同风攻角下的 Den Hartog 系数。由图 8.8 可见，不开孔的节段模型 A-1 的升力曲线 C_L 在靠近 0°风攻角（横桥向风）和 90°风攻角（顺横桥向风）的区间有明显的下降

段，在图 8.9 的相应区间内驰振系数为负，表明在横桥向风（风攻角 0°附近）的作用下，H 形杆可能发生绕弱轴弯曲的横风向驰振，即振动方向为图 8.7 中 y 轴方向；在顺桥向风（风攻角 90°附近）的作用下，H 形杆可能发生绕强轴弯曲的横风向驰振，即振动方向为图 8.7 中 x 轴方向。腹板开孔后的三个模型，即 A-2、A-3 和 A-4 模型，相应区间的下降趋势明显减弱。开孔率为 14% 和 27% 的节段模型 A-2 和 A-3 在 0°风攻角附近已不存在明显的下降段，说明了适度腹板开孔可提高 H 形截面的驰振性能。

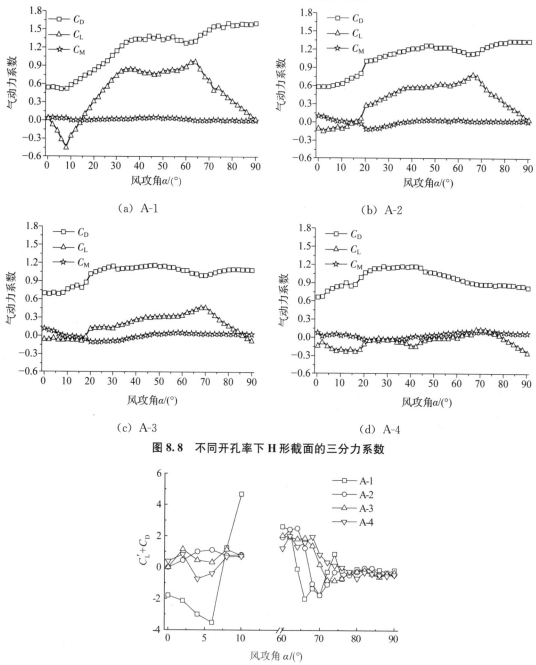

（a）A-1   （b）A-2

（c）A-3   （d）A-4

图 8.8   不同开孔率下 H 形截面的三分力系数

图 8.9   H 形截面 Den Hartog 系数

　　由图 8.9 可见，Den Hartog 系数是随风攻角变化的，采用式（8.1）计算驰振临界风速时，涉及 Den Hartog 系数（即 $C_L' + C_D$）如何取值的问题。以腹板不开孔的模型 A-1 为例，在 $0° \sim 8°$ 风攻角范围内，Den Hartog 系数依次为 -1.8，-2.1，-3.0，-3.5，$+1.3$，按对称性，可绘出模型 A-1 在 $\pm 8°$ 风攻角区间的 Den Hartog 系数曲线，如图 8.10 所示。由图 8.10 可见，维持稳定的驰振状态的区间应在 $\pm 6°$ 以内。按一般设计思想取最小驰振系数 -3.5 计算，虽然较为保守，但实际上却是明显不合理的。因为在实际的紊流风作用下，杆件风攻角（即风场的方向角）是变化的。风攻角大于 $6°$ 后，杆件会迅速退出驰振状态。本文认为取处于稳定的驰振区间（$0° \sim 6°$）的平均值较为合理。由此确定腹板不开孔的模型 A-1 的绕弱轴弯曲的驰振系数为 -2.6。依据同一原则，确定了其他开孔率下的弱轴和强轴向驰振系数，再通过式（8.1）计算 4 个节段模型分别绕弱轴和强轴驰振的临界风速，如表 8.7 所示，式（8.1）中其他相关参数分别见表 8.1 和表 7.2。

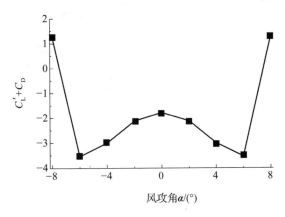

图 8.10　模型 A-1 在 $\pm 8°$ 攻角区间的 Den Hartog 系数

表 8.7　高宽比 $H/B = 0.416$ 下 H 形截面驰振力系数

模型	驰振力系数		驰振临界风速/（m·s^{-1}）	
	强轴	弱轴	强轴	弱轴
A-1	-0.6	-2.6	146.4	11.5
A-2	-0.5	$+$	140.0	稳定
A-3	-0.5	$+$	128.9	稳定
A-4	-0.4	-0.5	113.7	69.4

　　由表 8.7 可见，腹板开孔对绕弱轴向的驰振特性改善明显，开孔率为 14% 和 27% 时，气动升力系数没有明显的下降段，而开孔率为 38% 时的驰振力系数较 0% 的驰振力系数提高了 5 倍多；不过，强轴弯曲的驰振力系数随腹板开孔增大提高不显著，均在 0.5 附近。

　　为了进一步论证以上观点的合理性，通过弹性悬挂风洞测振试验进行了以上 4 个节段模型的驰振性能测试。表 8.8 中为各吊杆模型发生驰振的风攻角及其临界风速。与表 8.7

中相关分析结论一致，4组不同腹板开孔的吊杆节段模型弹性悬挂试验中仅模型 A-1 和 A-4 出现了驰振失稳。腹板不开孔的节段模型 A-1 在 0°与 5°攻角下，发生了明显的绕吊杆弱轴弯曲的驰振，且其起振风速偏低，对应原型吊杆风速分别为 26.2 m/s 与 34.7 m/s，已不能满足一般桥梁的抗风要求；其他风攻角下，此模型没有出现驰振现象。图 8.11 为 A-1 模型在 0°攻角下发生驰振时的位移时程曲线。而腹板开孔率为 38％的模型 A-4，在 80°、85°及 90°攻角下，发生了绕吊杆强轴弯曲的驰振，不过其驰振临界风速较高，实桥风速均在 92.2 m/s 以上，可满足设计要求。模型 A-4 出现绕强轴弯曲驰振主要是因过大开孔导致质量与频率显著降低引起的。另外，由式（8.1）计算得到模型 A-1 弱轴向弯曲驰振的临界风速较弹性悬挂试验中的驰振临界风速低 1 倍以上，可见现有的拟定常驰振理论较为保守。以上试验结果表明，适度的腹板开孔可提高 H 形吊杆的驰振性能，弱轴向更为明显。

表 8.8　不同腹板开孔 H 形吊杆驰振性能

节段模型	发生驰振风攻角	最低实桥风速	对应无量纲风速 (U/fB)	类型
A-1	0°～5°	26.2 m/s	11.5	弱轴
A-4	80°～90°	92.2 m/s	14.0	强轴

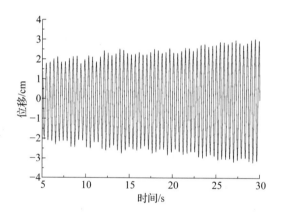

图8.11　驰振起振阶段 A-1 模型位移时程（$\alpha=0°$）

8.1.4.2　翼板开孔的影响

弹性悬挂风洞试验中，3组翼板开孔的 H 形节段模型均出现了驰振失稳。表 8.9 中为各吊杆模型发生驰振的风攻角区间及其对应的最低临界风速。由表中可见，翼板开孔率为 11％的 B-2 模型在弱轴向及强轴向均发生了驰振，且弱轴向起振风速较低，已不能满足一般桥梁的抗风要求；随翼板开孔的增大，B-3 与 B-4 模型仅在强轴向出现了驰振。以上可见翼板开孔可适度地提高 H 形吊杆的驰振性能，不过，翼板开孔仅对弱轴向驰振临界风速有较大改善，对强轴向的驰振临界风速的提高则不明显。

表 8.9　不同翼板开孔 H 形吊杆驰振性能

节段模型	发生驰振风攻角	最低实桥风速	无量纲风速 (U/fB)	类型
B-2	0°～5°	27.0 m/s	11.9	弱轴
	70°～90°	51.7 m/s	7.3	强轴
B-3	80°～90°	36.6 m/s	5.3	强轴
B-4	80°～90°	46.7 m/s	7.0	强轴

8.1.4.3　截面高宽比的影响

表 8.10 为不同高宽比模型发生驰振的风攻角区间及对应的最低临界风速。由表中可见，3 个模型弱轴向与强轴向均发生了驰振失稳，其中，模型 C-2 弱轴向和强轴向最低临界风速分别为 22.4 m/s 和 59.5 m/s；高宽比为 1.0 的模型 C-3 对应的风速分别为 39.4 m/s 和 69.6 m/s；模型 C-4 对应的临界风速分别为 57.6 m/s 和 80.1 m/s。可见随高宽比的增大，两个轴向的最低驰振临界风速都在逐渐提高，且弱轴向提高幅度明显大于强轴向。另外，由表 8.10 可见，高宽比对发生驰振的攻角区间也存在一定程度的影响，其中弱轴向随高宽比增大存在增加的可能，而强轴向正好相反。总的看来，高宽比的增大可较显著地提高 H 形吊杆的驰振临界风速。

表 8.10　不同高宽比 H 形吊杆驰振性能

节段模型	发生驰振风攻角	最低实桥风速	无量纲风速 (U/fB)	类型
C-2	0°～10°	22.4 m/s	7.6	弱轴
	75°～90°	59.5 m/s	8.0	强轴
C-3	0°～10°	39.4 m/s	8.7	弱轴
	80°～90°	69.6 m/s	9.4	强轴
C-4	0°～20°	57.6 m/s	9.4	弱轴
	85°～90°	80.1 m/s	10.9	强轴

8.1.5　H 形吊杆的涡振性能

8.1.5.1　腹板开孔的影响

表 8.11 为试验中不同开孔率模型在 0°～90°风攻角区间的涡激共振情况，表中风速为换算后的原型吊杆风速，涡振幅值也已换算至原型值。当结构尾流中的漩涡脱落频率与结构自振频率一致时，将产生涡激共振现象，其涡脱频率 f_s 为：

$$f_s = S_t \frac{U}{D} \qquad (8.5)$$

式中，D 为截面投影到与气流垂直的平面上的特征尺度，分别指定：$0° \leqslant \alpha \leqslant 45°$ 时 $D = H$，

$45°<\alpha\leqslant90°$ 时 $D=B$；U 指来流风速，S_t 为 Strouhal 数。

表 8.11 不同腹板开孔率下 H 形截面的涡振特性

模型	风攻角/(°)	振动形态	实桥风速/(m·s^{-1})	最大幅值/(°)	Strouhal 数
A-1	0	扭转	14.2～20.1	3.0	0.077
	20	扭转	54.2～56.9	3.0	0.020
	25	扭转	31.3～56.8	4.7	0.035
A-2	5	扭转	7.3～9.8	0.8	0.149
	10	弯曲	7.1～9.4	0.007B	0.137
	15	扭转	9.8～12.2	0.9	0.111
	25	扭转	29.3～39.0	1.3	0.037
	80	扭转	22.0～25.6	0.3	0.119
A-3	0	扭转	7.7～9.9	1.1	0.146
	5	扭转	7.7～9.9	1.3	0.146
	10	扭转	8.8～9.9	1.2	0.128
	15	扭转	9.9～12.1	0.9	0.114
	70	扭转	19.8～23.1	0.8	0.136
A-4	0	扭转	9.1～12.0	3.6	0.132
	5	扭转	5.1～14.6	4.6	0.236
	10	扭转	10.5～13.0	4.3	0.115
	10	弯曲	9.2～10.5	0.009B	0.111
	15	扭转	11.5～22.8	4.6	0.105

由表 8.11 中可以看出：

①腹板开孔率分别为 14% 和 27% 的模型 A-2 和 A-3，存在低风速小振幅扭转涡振现象。起振风速低于 10 m/s，扭转振幅小于 1.5°；

②腹板开孔率分别为 38% 的模型 A-4 和不开孔的模型 A-1，不同攻角下的起振风速区间为 10～30 m/s，但扭转振幅较大，一般都超过了 3°；

③以扭转涡振为主，只在模型 A-2（开孔率 14%）和 A-4（开孔率 38%）下观测到弯曲涡振现象；

④腹板不开孔的模型 A-1 最大 Strouhal 数为 0.077，而腹板开孔的三个模型，其 Strouhal 数多在 0.13 附近，但在个别风攻角下，能够达到 0.236，表明腹板开孔的 H 形断面较不开孔断面更易出现涡激共振。

总的说来，H 形吊杆易发生扭转涡振，且腹板开孔一般不能抑制涡激振动。

8.1.5.2 翼板开孔的影响

表 8.12 为试验中不同翼板开孔率模型在 0°～90° 风攻角区间的涡激共振情况，表中风

速为换算后的实桥风速，涡振幅值也已换算至原型值。计算 Strouhal 数时的特征长度 D 取值与 8.1.5.1 节中一致。由表中可见，阻尼比降低后，不同翼板开孔率模型在试验风速段内均出现了弯曲与扭转模态的涡振，且个别攻角下出现了多个涡振区间。翼板开孔率 11％ 的 B-2 模型涡激共振主要集中于弱轴方向，风攻角范围为 0°～25°，且在 0° 与 5° 攻角下各出现了 3 个涡振区间，弯曲涡振幅值最大达到 0.088B，最大扭转涡振幅值达到了 5.3°。翼板开孔率分别为 20.1％ 与 28.6％ 的 B-3 和 B-4 模型不仅在弱轴向，在强轴向也出现了涡振现象。B-3 模型仅在 5° 攻角下出现了 3 个涡振区间，不过发生涡振时的幅值较 B-2 模型并没有明显减小。B-4 模型较前两个模型的涡振特性虽然幅值没有明显改善，但出现涡振的攻角范围最小。由以上高宽比 $H/B=1/2.4$ 下仅翼板开孔的三个模型可见，翼板开孔对改善 H 形截面的涡振幅值没有明显作用，但随着翼板开孔的增大，发生涡振的攻角区间有减小的趋势。

表 8.12　不同翼板开孔率下 H 形截面的涡振特性

模型	风攻角/(°)	弯曲涡振			扭转涡振		
		风速区间/(m·s⁻¹)	最大幅值	Strouhal 数	风速区间/(m·s⁻¹)	最大幅值/(°)	Strouhal 数
B-2	0	5.0～5.8	0.088B	0.189	6.5～9.9	4.3	0.167
					10.6～23.2	5.3	0.102
	5	4.1～5.9	0.072B	0.231	7.1～11.5	4.1	0.154
					12.0～23.2	5.2	0.091
	10	—	—	—	12.9～34.8	4.8	0.083
	15	—	—	—	14.4～24.8	4.8	0.074
	20	12.2～12.3	0.004B	0.077	18.2～21.4	2.1	0.060
	25	13.7～14.5	0.003B	0.069	—	—	—
B-3	0	—	—	—	6.1～12.8	4.2	0.174
	5	4.8～5.5	0.027B	0.198	6.2～6.3	1.8	0.174
					7.1～11.3	5.0	0.149
	10	5.1～5.5	0.005B	0.189	7.4～24.9	5.1	0.144
	70	50.9～57.8	0.005B	0.137	—	—	—
	75	48.1～52.7	0.006 B	0.145			
		66.6～76.2	0.006B	0.104			
	85	36.7～48.1	0.007B	0.189			
B-4	0	4.5～5.7	0.018B	0.208	6.8～17.8	5.2	0.149
	5	4.5～5.0	0.015B	0.208	7.3～19.4	5.4	0.139
	70	51.8～56.2	0.004B	0.130	—	—	—
	75	51.3～69.4	0.007B	0.130			

8.1.5.3 截面高宽比的影响

表8.13为试验中不同高宽比模型在0°~90°风攻角区间的涡激共振情况，表中风速为换算后的实桥风速，涡振幅值也已换算至原型值。计算Strouhal数时的特征长度D取值与8.1.5.1节中一致。由表中可见，不同高宽比模型在试验风速段内同样出现了弯曲与扭转模态的涡振，且涡振形态以弯曲模态为主。高宽比$H/B=1/1.6$的C-2模型，在0°~45°与85°~90°风攻角范围均出现了涡激共振，除0°与5°攻角下表现出弯曲与扭转两个形态的涡振外，其他攻角下均为弯曲形态的涡振，且涡振幅值较翼板开孔的模型略有减小。高宽比$H/B=1/1$的模型C-3，发生涡振的攻角区间较C-2模型明显减少，但涡振幅值较C-2有一定程度的增大。高宽比$H/B=1/0.75$的C-4模型发生涡振攻角区间较C-3模型又有所增大，涡振幅值仍然没有明显改善。在起振风速方面，C-2模型弱轴向多在10 m/s内即出现了涡振，不过，对于高宽比进一步增大的C-3和C-4模型，其涡振起振风速有较大幅度的提升，最低起振风速也已提高至30 m/s左右。由以上腹板、翼板均不开孔的三个模型可见，适度地增大高宽比可减小发生涡激共振的攻角区间（以$H/B=1.0$最优）及降低涡振幅值（以$H/B=0.625$最优）。

表8.13 不同高宽比下H形截面的涡振特性

模型	风攻角/(°)	弯曲涡振			扭转涡振		
		风速区间/(m·s⁻¹)	最大幅值	Strouhal数	风速区间/(m·s⁻¹)	最大幅值/(°)	Strouhal数
C-2	0	5.5~6.3	0.016B	0.336	8.2~11.7	0.5	0.25
	5	5.7~6.4	0.009B	0.324	9.4~13.5	0.2	0.216
	10	4.3~5.2	0.001B	0.429	—	—	—
	15	4.5~5.1	0.005B	0.410	—	—	—
	20	5.5~6.4	0.001B	0.336	—	—	—
	25	6.6~7.6	0.001B	0.455	—	—	—
	30	7.7~8.6	0.001B	0.385	—	—	—
	35	9.3~10.1	0.001B	0.202	—	—	—
	40	15.1~17.7	0.004 B	0.123			
		25.6~27.4	0.005B	0.192			
	45	27.4~34.6	0.017B	0.067	—	—	—
	85	41.9~50.7	0.006B	0.175	—	—	—
	90	44.5~50.9	0.012B	0.167	—	—	—
C-3	10	—	—	—	39.9~50.5	3.1	0.109
	20	35.6~38.7	0.155B	0.126	—	—	—
	25	40.7~42.7	0.213B	0.111	—	—	—
	40	52.3~55.5	0.347B	0.086	—	—	—
	45	53.5~59.5	0.175B	0.085	—	—	—
	80	—	—	—	40.8~45.2	2.9	0.106

模型	风攻角/ (°)	弯曲涡振			扭转涡振		
		风速区间/ (m·s⁻¹)	最大 幅值	Strouhal 数	风速区间/ (m·s⁻¹)	最大幅值/ (°)	Strouhal 数
C-4	0	38.2~54.0	0.053B	0.215	—	—	—
	5	41.7~54.2	0.051B	0.196	—	—	—
	10	48.0~54.3	0.040B	0.171	—	—	—
	15	63.8~66.8	0.056B	0.128	—	—	—
	35	81.5~93.1	0.150B	0.120	—	—	—
	40	89.5~96.7	0.069B	0.109	—	—	—
	45	85.2~96.7	0.059B	0.115	—	—	—
	50	89.5~96.7	0.062B	0.082	—	—	—
	55	93.1~100.3	0.030B	0.079	—	—	—
	85	—	—	—	29.1~74.3	3.1	0.167
	90	—	—	—	29.1~35.1	2.4	0.167
					50.6~60.0	3.4	0.096

8.2　基于正交试验设计的 H 形吊杆气动选型

通过本章 8.1 节中节段模型试验表明，H 形截面吊杆可发生扭转颤振、横风向驰振及涡激共振等病害，腹板开孔率、翼板开孔率及截面高宽比等因素可不同程度地影响 H 形截面吊杆的气动性能。本节采用正交试验设计的 H 形吊杆节段模型试验，进一步评估可能的具有较优气动性能的 H 形吊杆截面。

8.2.1　正交试验设计概念及原理

正交试验设计是利用正交表来安排与分析多因素试验的一种设计方法。它利用一套根据数学上"正交性"原理编制并标准化的表格——正交表，来科学安排试验方案并对试验结果进行计算和分析。试验因素是指对试验指标值可能有影响的原因或要素。各因素变化的各种状态和条件称为因素的水平。

正交试验设计是从全面试验设计的整体着眼，由试验因素的全部水平组合中，挑选部分具有代表性的水平组合进行试验，通过对这部分试验结果的分析了解全面试验的情况，找出最优的水平组合。

正交表是正交试验的基本工具，表 8.14 为一张正交表，记号为 $L_{16}(4^5)$。其中"L"代表正交表，"L"右下角的数字"16"代表试验次数，括号中的数字"4"代表因素的水平数，数字"5"代表正交表有 5 列，即最多可同时考虑 5 个因素的作用。正交表的类型比较多，常用的正交表及类型可参见相关文献[1]。

正交表具有正交性、代表性、综合可比性。采用正交表安排的试验，具有均衡分散与综合可比的特点。所谓均衡分散，是指用正交表确定的试验工况组合均匀分布在全部因素工况组合中；综合可比是指每一因素的各水平间具有可比性。

表 8.14 L_{16} （4^5）正交表

试验号	列号				
	1	2	3	4	5
1	1	1	1	1	1
2	1	2	2	2	2
3	1	3	3	3	3
4	1	4	4	4	4
5	2	1	2	3	4
6	2	2	1	4	3
7	2	3	4	1	2
8	2	4	3	2	1
9	3	1	3	4	2
10	3	2	4	3	1
11	3	3	1	2	4
12	3	4	2	1	3
13	4	1	4	2	3
14	4	2	3	1	4
15	4	3	2	4	1
16	4	4	1	3	2

8.2.2　H 形吊杆试验工况与基本参数

选取本章 8.1 节中的截面高宽比、腹板开孔率、翼板开孔率为影响因素，分别记为 A、B、C 因素，每种因素取四个水平，进行三因素四水平正交试验设计，表 8.15 为试验因素水平表。根据选定的参数，将各因素安排在表 8.14 的 L_{16} （4^5）正交表各列上，工况的配置见表 8.16。表 8.16 中腹板和翼板开孔方式与本章 8.1 中相同。另外，表 8.16 中的吊杆 1（A1B1C1）即为本章 8.1 节中的 A-1 吊杆，其高宽比 $H/B = 0.5/1.2 = 0.416$，腹板和翼板开孔率均为 0%。

表 8.15 试验因素水平表

水平	试验因素		
	（A）高宽比（H/B）	（B）腹板开孔率	（C）翼板开孔率
1	1/2.4＝0.416	0%	0%
2	1/1.6＝0.625	14%	11%
3	1/1.0＝1.0	27%	20.1%
4	1/0.75＝1.333	38%	28.6%

表 8.16 H 形截面正交试验工况

H形吊杆编号（试验号）	试验因素					
	（A）高宽比（H/B）		（B）腹板开孔率		（C）翼板开孔率	
1	A1	0.416	B1	0%	C1	0%
2	A1	0.416	B2	14%	C2	11%
3	A1	0.416	B3	27%	C3	20.1%
4	A1	0.416	B4	38%	C4	28.6%
5	A2	0.625	B1	0%	C2	11%
6	A2	0.625	B2	14%	C1	0%
7	A2	0.625	B3	27%	C4	28.6%
8	A2	0.625	B4	38%	C3	20.1%
9	A3	1.0	B1	0%	C3	20.1%
10	A3	1.0	B2	14%	C4	28.6%
11	A3	1.0	B3	27%	C1	0%
12	A3	1.0	B4	38%	C2	11%
13	A4	1.333	B1	0%	C4	28.6%
14	A4	1.333	B2	14%	C3	20.1%
15	A4	1.333	B3	27%	C2	11%
16	A4	1.333	B4	38%	C1	0%

表 8.17 中给出了吊杆 2～吊杆 16 共 15 种不同截面参数吊杆的模态频率和质量等原型参数，表 8.18 为对应的模型试验参数，吊杆 1（A1B1C1）相关参数见表 8.1 的模型 A-1。用于节段模型测振试验的弹性悬挂装置与本章 8.1 节中一致，试验中阻尼比限制在 1‰～1.5‰范围内，与实桥 H 形吊杆阻尼比基本一致，图 8.12 为部分试验节段模型，图 8.13 为试验中的节段模型。试验中仍以 5°步长研究了 0°～90°风攻角范围内吊杆的风振特性，

风攻角定义与第 7 章中图 7.7 一致，即来流风垂直吊杆翼板（即横桥向）定义为 0°风攻角，来流风垂直腹板（顺桥向）定义为 90°风攻角。

图 8.12　部分 H 形吊杆试验模型

图 8.13　悬挂于风洞中 H 形吊杆模型

表 8.17　H 形吊杆原型参数

吊杆编号	长 L/m	宽 B/m	高 H/m	线密度/ (kg·m⁻¹)	质量惯性矩/ (kg·m²·m⁻¹)	频率/Hz		
						强轴弯	弱轴弯	扭转
2	40.212	1.2	0.5	207.797	57.927	5.837	1.944	2.182
3	40.212	1.2	0.5	182.952	53.226	5.763	2.004	2.213
4	40.212	1.2	0.5	162.064	46.085	5.211	2.022	2.412
5	40.212	1.2	0.75	283.884	85.862	6.072	2.422	2.650
6	40.212	1.2	0.75	295.769	94.780	6.176	2.513	2.688
7	40.212	1.2	0.75	222.375	71.338	5.589	2.409	2.542
8	40.212	1.2	0.75	231.456	75.710	5.211	2.531	2.756
9	40.212	1.2	1.2	372.750	127.706	5.958	3.571	3.458
10	40.212	1.2	1.2	337.354	116.278	5.582	3.461	3.334
11	40.212	1.2	1.2	432.815	141.111	5.686	3.864	3.620
12	40.212	1.2	1.2	378.764	125.209	4.924	3.841	3.587
13	40.212	1.2	1.6	459.165	162.646	5.639	4.309	3.710
14	40.212	1.2	1.6	450.031	157.570	5.518	4.867	3.866
15	40.212	1.2	1.6	478.270	156.116	5.426	5.086	3.903
16	40.212	1.2	1.6	515.465	146.580	4.603	5.221	3.871

表 8.18　H 形吊杆节段模型参数

吊杆编号	缩尺比	线密度/(kg·m⁻¹)	质量惯性矩/(kg·m²·m⁻¹)	频率/Hz		阻尼比/%		风速比		
				竖弯	扭转	竖弯	扭转	弱轴弯	强轴弯	扭转
2	1:4	12.987	0.226	2.490	2.832	0.15	0.11	1:3.12	1:9.38	1:3.08
3	1:4	11.435	0.208	2.637	2.930	0.11	0.10	1:3.04	1:8.74	1:3.02
4	1:4	10.129	0.180	2.832	3.320	0.10	0.10	1:2.86	1:7.36	1:2.91
5	1:4	17.743	0.335	2.979	3.174	0.13	0.10	1:3.25	1:8.15	1:3.34
6	1:4	18.486	0.370	2.881	3.174	0.12	0.10	1:3.49	1:8.58	1:3.39
7	1:4	13.898	0.279	3.320	3.467	0.13	0.10	1:2.91	1:6.73	1:2.93
8	1:4	14.466	0.296	3.271	3.516	0.13	0.10	1:3.10	1:6.37	1:3.14
9	1:6	10.354	0.099	6.104	5.518	0.14	0.11	1:3.51	1:5.86	1:3.76
10	1:6	9.371	0.090	6.445	6.152	0.15	0.12	1:3.22	1:5.20	1:3.25
11	1:6	12.023	0.109	5.713	5.469	0.14	0.11	1:4.06	1:5.97	1:3.97
12	1:6	10.521	0.097	6.152	5.859	0.14	0.11	1:3.75	1:4.80	1:3.67
13	1:6	12.754	0.125	5.566	4.785	0.11	0.10	1:4.64	1:6.08	1:4.65
14	1:6	12.501	0.122	5.615	4.443	0.11	0.10	1:5.50	1:5.90	1:5.22
15	1:6	13.285	0.120	5.469	4.297	0.10	0.10	1:5.58	1:5.95	1:5.45
16	1:6	14.318	0.113	5.273	4.541	0.12	0.10	1:5.94	1:5.24	1:5.12

8.2.3　颤振性能

表 8.19 中给出了不同高宽比、腹板开孔率及翼板开孔率模型在 0°～90°风攻角区间发生扭转颤振对应的风攻角范围及对应的实桥最低临界风速。由表 8.19 可见,随截面参数的变化,有 3 个节段模型的颤振临界风速高于 70 m/s,分别为模型 9（A3B1C3）、模型 10（A3B2C4）和模型 13（A4B1C4）,其截面参数如表 8.20 所示。由表 8.20 可见,颤振性能达标的 3 个模型翼板均具有较高的开孔率,且高宽比不小于 1.0。

表 8.19　不同截面参数下 H 形截面吊杆扭转颤振特性

模型	截面参数	发生颤振风攻角	最低实桥风速/(m·s⁻¹)	对应无量纲风速（U/fB）
2	A1B2C2	10°～30°	13.2	5.0
3	A1B3C3	10°～20°	13.6	5.1
4	A1B4C4	0°～20°	13.6	4.7
5	A2B1C2	15°～35°	38.4	12.1
6	A2B2C1	25°～30°	29.5	9.2

续表

模型	截面参数	发生颤振风攻角	最低实桥风速/（m·s⁻¹）	对应无量纲风速（U/fB）
7	A2B3C4	10°～30°	45.2	14.8
8	A2B4C3	15°～20°	56.7	17.1
9	A3B1C3	—	—	—
10	A3B2C4	—	—	—
11	A3B3C1	30°，80°～90°	36.6	8.4
12	A3B4C2	30°	43.3	10.1
13	A4B1C4	—	—	—
14	A4B2C3	20°，80°	69.4	15.0
15	A4B3C2	30°，80°～90°	45.4	9.7
16	A4B4C1	30°～35°，80°～90°	35.7	7.7

表 8.20 颤振临界风速高于 70 m/s 的 H 形吊杆截面参数

吊杆编号	高宽比（H/B）	腹板开孔率/%	翼板开孔率/%
9	1.0	0	20.1
10	1.0	14	28.6
13	1.333	0	28.6

8.2.4 驰振性能

表 8.21 中给出了不同高宽比、腹板开孔率及翼板开孔率模型在 0°～90°风攻角区间发生驰振失稳对应的风攻角范围及对应的实桥最低临界风速。由表 8.21 可见，随截面参数的变化，有 5 个节段模型的颤振临界风速高于 70 m/s，分别为模型 10（A3B2C4）、模型 11（A3B3C1）、模型 13（A4B1C4）、模型 14（A4B2C3）和模型 15（A4B3C2），其截面参数如表 8.22 所示。由表 8.22 可见，驰振性能达标的 5 个模型的典型特征是其高宽比不小于 1.0。

表 8.21 不同截面参数下 H 形截面吊杆驰振特性

模型	截面参数	发生驰振风攻角	最低实桥风速/（m·s⁻¹）	对应无量纲风速（U/fB）	类型
2	A1B2C2	75°～90°	45.0	6.4	强轴
3	A1B3C3	75°～90°	53.9	7.8	强轴
4	A1B4C4	80°～90°	53.1	8.5	强轴

模型	截面参数	发生驰振风攻角	最低实桥风速/(m·s⁻¹)	对应无量纲风速 (U/fB)	类型
5	A2B1C2	0°～5°	25.2	8.7	弱轴
		85°～90°	154.9	21.3	强轴
6	A2B2C1	0°～10°	19.4	6.4	弱轴
		75°～90°	35.3	4.8	强轴
7	A2B3C4	85°～90°	68.7	10.2	强轴
8	A2B4C3	10°	65.0	21.4	弱轴
		80°～90°	58.7	9.4	强轴
9	A3B1C3	0°～5°	39.0	9.1	弱轴
10	A3B2C4	—	—	—	—
11	A3B3C1	—	—	—	—
12	A3B4C2	85°～90°	66.3	11.2	强轴
13	A4B1C4	—	—	—	—
14	A4B2C3	—	—	—	—
15	A4B3C2	—	—	—	—
16	A4B4C1	0°～25°	60.6	9.7	弱轴

表8.22 驰振临界风速高于70 m/s的H形吊杆截面参数

吊杆编号	高宽比（H/B）	腹板开孔率/%	翼板开孔率/%
10	1.0	14	28.6
11	1.0	27	0
13	1.333	0	28.6
14	1.333	14	20.1
15	1.333	27	11

8.2.5 涡激共振

表8.23为不同高宽比、腹板开孔率及翼板开孔率模型在0°～90°风攻角区间的涡激共

振情况，表中风速为换算后的实桥风速，涡振幅值也已换算至原型值。计算 Strouhal 数时的特征长度 D 仍按攻角范围分别指定为：$0°{\leqslant}\alpha{\leqslant}45°$ 时 $D=H$，$45°<\alpha{\leqslant}90°$ 时 $D=B$。

由表 8.23 可知，所有模型在试验风速区间内均出现了显著的涡振现象。高宽比 H/B 为 0.416 和 0.625 的 8 个模型，弯曲和扭转的涡振形态均较为显著，且涡振起振风速普遍在 20 m/s 内；高宽比 H/B 为 1.0 和 1.333 的 8 个模型涡振形态则明显以弯曲模态为主，且涡振起振风速普遍在 30 m/s 以上。

对于在 0°～90°风攻角区间颤振和驰振临界风速均高于 70 m/s 的吊杆 10 和 13，其涡振的最低起振风速分别为 36.1 m/s 和 45.5 m/s。

表 8.23 不同截面参数下 H 形截面吊杆的涡振特性

模型	风攻角/(°)	弯曲涡振			扭转涡振		
		风速区间/(m·s⁻¹)	最大幅值	Strouhal 数	风速区间/(m·s⁻¹)	最大幅值/(°)	Strouhal 数
2	0	4.5～5.8 12.0～21.2	0.043B 0.107B	0.216 0.081	7.5～10.6	4.03	0.145
	5	4.4～5.7 11.8～15.3	0.027B 0.024B	0.221 0.082	7.2～10.3	4.21	0.152
	10	—	—	—	7.5～15.5	4.45	0.145
	15	—	—	—	9.6～10.2	1.66	0.114
	20	15.2～15.3	0.012B	0.064	17.6～22.2	3.31	0.062
	70	54.6～68.4	0.011B	0.128	—	—	—
3	0	4.3～6.0 12.9～24.6	0.023B 0.072B	0.233 0.078	7.6～12.0	4.08	0.146
	5	4.8～6.2 13.6～17.2	0.019B 0.019B	0.209 0.074	7.6～11.9	4.04	0.146
	10	—	—	—	7.3～15.2	4.09	0.152
	15	9.4～11.1	0.009B	0.107	—	—	—
	20	—	—	—	17.1～22.9	3.81	0.065
	25	—	—	—	22.8～27.1	2.41	0.049
4	0	5.0～5.5	0.004B	0.202	7.9～16.5	2.89	0.153
	5	—	—	—	8.7～16.3	4.12	0.139
	10	—	—	—	10.8～21.9	4.37	0.112
	15	—	—	—	—	—	—
	20	15.3～17.0	0.014B	0.066	—	—	—

模型	风攻角/ (°)	弯曲涡振			扭转涡振		
		风速区间/ $(m \cdot s^{-1})$	最大 幅值	Strouhal 数	风速区间/ $(m \cdot s^{-1})$	最大幅值/ (°)	Strouhal 数
5	0	—	—	—	10.7~16.8	1.56	0.186
					21.6~22.5	1.83	0.092
	5	—	—	—	21.0~24.3	1.83	0.095
	10	—	—	—	20.0~29.1	1.78	0.099
	80	74.7~101.1	0.057B	0.098	—	—	—
	85	67.1~101.1	0.125B	0.109	—	—	—
	90	62.8~109.3	0.125B	0.116	—	—	—
6	0				9.7~12.9	1.15	0.208
	5				8.0~13.0	1.16	0.252
	10	16.9~23.4	0.140B	0.112			
	15	18.5~21.2	0.116B	0.102			
	20	19.3~20.3	0.143B	0.098	14.7~17.6	1.52	0.137
					20.3~21.0	1.46	0.099
	25	20.3~27.0	0.191B	0.093	—	—	—
	30	23.5~27.0	0.030B	0.080	—	—	—
	35	—	—	—	48.8~55.6	1.88	0.041
7	0	5.8~5.9	0.002B	0.312	9.1~15.1	1.88	0.210
		16.1~26.3	0.053B	0.112			
	5	—	—	—	8.7~14.7	1.83	0.219
8	0	14.6~25.5	0.121B	0.130	9.8~13.8	2.00	0.211
	5	15.3~30.0	0.116B	0.124	9.8~14.6	2.01	0.211
	10	16.1~26.9	0.105B	0.118	10.9~15.4	1.79	0.190
	15	16.1~18.9	0.048B	0.118	—	—	—
	20	17.6~18.4	0.024B	0.108	14.2~27.3	1.98	0.146
	25	21.2~22.1	0.035B	0.090	23.6~24.8	1.85	0.088
	75	58.4~59.7	0.006B	0.107	—	—	—
	80	52.6~58.7	0.063B	0.119	—	—	—

续表

模型	风攻角/(°)	弯曲涡振			扭转涡振		
		风速区间/(m·s⁻¹)	最大幅值	Strouhal 数	风速区间/(m·s⁻¹)	最大幅值/(°)	Strouhal 数
9	10	48.4～63.5	0.047B	0.089	—	—	—
	15	33.9～35.5	0.058B	0.126	—	—	—
	20	33.9～36.2	0.112B	0.126	—	—	—
	25	36.2～38.6	0.149B	0.118	—	—	—
	30	36.9～37.9	0.006B	0.116	—	—	—
		40.4～41.8	0.194B				
	35	42.5～43.5	0.136B	0.106	—	—	—
	40	44.9～45.3	0.207B	0.101	—	—	—
10	10	37.4～47.7	0.053B	0.111	—	—	—
	30	36.1～39.0	0.017B	0.115	—	—	—
	35	37.1～37.4	0.006B	0.112	—	—	—
	40	39.3～41.2	0.033B	0.106	—	—	—
	45	40.0～42.9	0.112B	0.104	—	—	—
	50	62.4～69.1	0.064B	0.107	—	—	—
11	0	33.4～38.1	0.015B	0.139	—	—	—
		41.8～54.0	0.174B	0.111			
	5	32.4～38.2	0.015B	0.143	—	—	—
		41.8～52.3	0.202B	0.111			
	10	31.8～39.0	0.015B	0.146	—	—	—
		42.6～48.3	0.168B	0.109			
	15	34.7～37.8	0.010B	0.134	—	—	—
		41.4～46.3	0.144B	0.112			
	20	41.8～44.6	0.187B	0.111	—	—	—
	25	42.6～44.2	0.103B	0.109	25.0～40.1	2.57	0.174
					45.3～68.3	2.74	0.096
	30	43.4～48.3	0.151B	0.107	27.3～36.2	1.99	0.159
					41.3～42.5	2.31	0.105
	70	55.9～57.1	0.006B	0.122	—	—	—
	75	51.5～52.9	0.007B	0.132	—	—	—
	80	—	—	—	40.1～41.7	1.32	0.108
	90	—	—	—	37.2～38.4	0.556	0.117

续表

模型	风攻角/(°)	弯曲涡振			扭转涡振		
		风速区间/(m·s⁻¹)	最大幅值	Strouhal 数	风速区间/(m·s⁻¹)	最大幅值/(°)	Strouhal 数
12	0	40.8~41.6	0.011B	0.113	—	—	—
	5	39.3~41.2	0.012B	0.117	—	—	—
	10	39.3~42.3	0.016B	0.117	—	—	—
	15	38.2~42.3	0.032B	0.121	—	—	—
	20	37.0~41.2	0.027B	0.125	—	—	—
	30	40.1~42.3	0.058B	0.115	—	—	—
13	5	62.2~72.9	0.095B	0.111	—	—	—
	10	52.9~59.4	0.061B	0.130	—	—	—
	15	53.4~56.2	0.050B	0.129	—	—	—
	20	50.2~52.9	0.022B	0.137	—	—	—
	25	49.7~52.5	0.062B	0.139	—	—	—
	30	49.7~54.8	0.121B	0.139	—	—	—
	35	48.3~57.1	0.148B	0.143	—	—	—
	40	46.9~59.4	0.108B	0.147	—	—	—
	45	45.5~65.9	0.075B	0.152	—	—	—
	50	65.0~72.3	0.131B	0.104	—	—	—
	70	66.3~83.3	0.028B	0.102	—	—	—
	85	80.2~94.8	0.039B	0.084	—	—	—
	90	76.6~97.9	0.033B	0.088	—	—	—
14	5	64.0~88.9	0.062B	0.122	—	—	—
	10	63.4~81.1	0.112B	0.123	—	—	—
	15	60.3~71.2	0.120B	0.129	51.8~56.4	2.13	0.119
	20	55.1~66.6	0.074B	0.141	50.9~53.8	2.04	0.122
	25	57.2~64.0	0.121B	0.136	—	—	—
	35	62.9~67.1	0.028B	0.124	—	—	—
	40	60.8~66.6	0.084B	0.128	—	—	—
	45	58.8~66.6	0.122B	0.132	—	—	—
	50	61.9~74.9	0.138B	0.107	—	—	—
	55	68.4~74.3	0.155B	0.097	—	—	—
	60	66.6~69.0	0.009B	0.099	—	—	—
	75	—	—	—	76.7~88.8	1.58	0.060

续表

模型	风攻角/ (°)	弯曲涡振			扭转涡振		
		风速区间/ (m·s⁻¹)	最大幅值	Strouhal 数	风速区间/ (m·s⁻¹)	最大幅值/ (°)	Strouhal 数
15	0	33.6～34.6	0.009B	0.242	—	—	—
		38.3～40.0	0.010B	0.212	—	—	—
	5	32.0～38.9	0.016B	0.254	—	—	—
	10	74.2～79.8	0.099B	0.110	—	—	—
	15	71.4～77.0	0.131B	0.114	—	—	—
	20	64.2～74.2	0.082B	0.127	—	—	—
	25	58.6～71.4	0.061B	0.139	—	—	—
	30	65.8～68.6	0.109B	0.124	59.4～62.7	1.71	0.105
	35	61.9～67.5	0.061B	0.131	52.1～58.3	1.95	0.120
	40	56.9～72.5	0.087B	0.143	—	—	—
	45	64.2～71.4	0.082B	0.127	—	—	—
	50	68.5～74.4	0.082B	0.095	—	—	—
	55	71.4～73.2	0.019B	0.091	—	—	—
16	55	55.0～61.8	0.174B	0.100	—	—	—
	60	50.7～57.6	0.174B	0.109	—	—	—
	65	49.0～53.4	0.136B	0.113	—	—	—
	70	50.1～51.6	0.008B	0.110	—	—	—
	75	48.7～50.2	0.006B	0.113	—	—	—
	80	—	—	—	39.2～58.8	2.18	0.119
	90	—	—	30.9～34.3	0.945	0.150	0.150

8.3 H形吊杆抗风设计方法

　　由以上研究可见，H形截面吊杆风振病害极为突出，仅通过改变截面形式不能完全抑制H形吊杆所有的风振病害，并且改变截面形式与开孔还受到刚度、外形、制作等因素的制约。抑制H形风振的主要途径是限制其适用长度。按照这一思路，在拟定吊杆截面尺寸以后，可以导出H形吊杆长度与风振临界风速的关系式，进而由桥址处设计风速确定设计截面吊杆的最大容许长度，超过容许长度的吊杆最好修改截面尺寸或形状。

8.3.1　吊杆频率估算

受轴向拉力作用的两端固支杆的频率计算公式为[2]：

$$f = \frac{1}{2\pi} \cdot \left(\frac{k_n l}{l}\right)^2 \cdot a \cdot \left[1 + e_p \left(\frac{Kl}{\pi}\right)^2\right]^{1/2} \tag{8.6}$$

式中，f 为杆件频率，Hz；$k_n l$ 为振型系数，对于两端固支的吊杆，$k_n l = 4.73$；l 为杆件计算长度，m；a 为截面特性常量；e_p 为截面特性与轴向力常量；$K = 0.5$。

计算弯曲频率时：

$$a = \left(\frac{EI}{\rho A}\right)^{1/2} \tag{8.7}$$

$$e_p = \frac{P}{EI} \tag{8.8}$$

计算扭转频率时：

$$a = \left(\frac{EC_\omega}{\rho I_p}\right)^{1/2} \tag{8.9}$$

$$e_p = \frac{GJ + PI_p A^{-1}}{EC_\omega} \tag{8.10}$$

式中，E 为弹性模量；I 为截面惯性矩；ρ 为结构密度；A 为横截面面积；P 为初张拉力，N；C_ω 为翘曲常量；I_p 为极惯性矩；G 为剪切模量；J 为扭转常数。

应用公式（8.6）～公式（8.10），可分别导出两端固支吊杆绕弱轴、强轴弯曲振动和扭转振动的频率计算关系式：

$$f_{b-1} = \frac{3.56}{l^2} \cdot \left(\frac{EI_1}{\rho A} + \frac{Pl^2}{4\pi^2 \rho A}\right)^{1/2} \tag{8.11}$$

$$f_{b-2} = \frac{3.56}{l^2} \cdot \left(\frac{EI_2}{\rho A} + \frac{Pl^2}{4\pi^2 \rho A}\right)^{1/2} \tag{8.12}$$

$$f_t = \frac{3.56}{l^2} \cdot \left[\frac{EC_\omega}{\rho I_P} + \frac{(GJA + PI_P)l^2}{4\pi^2 \rho A I_P}\right]^{1/2} \tag{8.13}$$

8.3.2　设计准则

本文以高宽比 $H/B = 0.5/1.2 = 0.416$ 的腹板不开孔 H 形吊杆为例，计算了不同截面尺寸和吊杆长度的颤振、驰振起振风速，并编制了设计表格，图 8.14 为 H 形截面示意图。由于前文研究中 H 形吊杆的涡振风速通常都低于设计风速，因此抗风设计原则是限制涡振振幅在容许值以下，如何预测涡振振幅是个很复杂的问题，本书对此不做过多讨论。

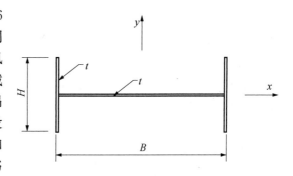

图 8.14　H 形截面示意图

假设节段模型风洞试验测定了某一高宽比下的 H 形杆件大攻角扭转颤振性能，其对应无量纲风速 U/f_tB 值为 ψ，那么将式（8.13）代入后可得其颤振临界风速为：

$$U_{cf} = f_tB \cdot \psi = \frac{3.56B\psi}{l^2} \cdot \left[\frac{EC_\omega}{\rho I_P} + \frac{(GJA+PI_P)l^2}{4\pi^2\rho AI_P}\right]^{1/2} \tag{8.14}$$

本文研究的 $H/B=1/2.4=0.416$ 的 H 形吊杆风洞试验测定的 ψ 值为 14.1，那么可计算出同类截面吊杆在不同尺寸下的颤振临界风速如表 8.24 所示。

表 8.24　高宽比 $H/B=1/2.4=0.416$ 的 H 形吊杆颤振临界风速

宽 B/mm	板厚 t/mm	拉力 F/t	$L=10$ m	$L=20$ m	$L=30$ m	$L=40$ m
1 000	16	200	276.2	80.3	42.8	28.7
		400	286.0	88.5	49.4	34.2
	20	200	278.4	81.9	44.0	29.7
		400	286.3	88.4	49.3	34.1
1 200	16	200	386.2	105.9	53.2	34.2
		400	394.6	113.4	59.7	39.8
	20	200	387.8	106.9	54.0	34.9
		400	394.5	112.9	59.2	39.3
1 400	16	200	517.9	137.3	66.4	41.2
		400	525.2	144.1	72.5	46.7
	20	200	519.1	137.9	66.9	41.6
		400	525.0	143.4	71.8	46.0
	24	200	521.4	139.4	68.1	42.7
		400	526.3	143.9	72.2	46.3

由表 8.24 中可以看出，要求颤振检验风速大于 60 m/s，那么高 500 mm、宽1 200 mm、板厚 20 mm、轴向拉力 400 t 下的吊杆最大使用长度不能超过 30 m。

按准定常驰振理论，H 形吊杆驰振临界风速为：

$$U_{cg} = -\frac{4m\omega\zeta}{\rho_{air}B} \cdot \frac{1}{C_L'+C_D} \tag{8.15}$$

依据测定的某型吊杆的驰振系数 $C_L'+C_D$，可以计算该型吊杆在不同截面尺寸下的驰振临界风速。高宽比 1/2.4，腹板不开孔的 H 形断面弱轴、强轴方向的驰振系数分别为 -2.6 和 -0.6，驰振特性以弱轴向最不利。将式（8.11）代入式（8.15）得到断面驰振临界风速为：

$$U_{cg} = -\frac{89.47\zeta}{\rho_{air}Bl^2} \cdot \left(\rho AEI_x + \frac{\rho APl^2}{4\pi^2}\right)^{1/2} \cdot \frac{1}{C_L'+C_D} \tag{8.16}$$

通过式（8.16）计算得到，在高宽比 1/2.4 下，同类截面吊杆在不同尺寸下的驰振临界风速如表 8.25 所示，计算时结构阻尼比 $\zeta=0.002$。实际全焊接吊杆的阻尼比有可能小于 0.002，从本文研究看，驰振计算式（8.16）对于 H 形吊杆相当保守，因此表 8.25 取 0.002 阻尼比计算驰振临界风速起到一定修正作用。

表 8.25　高宽比 $H/B=0.416$、阻尼比为 0.002 的 H 形吊杆驰振临界风速

宽 B/mm	板厚 t/mm	拉力 F/t	$L=10$ m	$L=20$ m	$L=30$ m	$L=40$ m
1 000	16	200	56.8	16.4	8.6	5.8
		400	59.8	18.8	10.6	7.4
	20	200	70.0	19.8	10.2	6.8
		400	73.2	22.4	12.4	8.6
1 200	16	200	66.6	18.2	9.2	5.8
		400	68.8	20.2	10.8	7.2
	20	200	82.6	22.2	11	7
		400	84.8	24.2	12.8	8.4
1 400	16	200	76.8	20.4	10	6.2
		400	78.4	22	11.8	7.4
	20	200	95.6	25	12	7.4
		400	97.2	26.6	13.4	8.6
	24	200	114.2	29.8	14	8.6
		400	115.8	31.4	15.6	9.8

对于大跨度拱桥，假设吊杆两端固支的边界条件会高估吊杆的实际频率，这时可以将上述计算风速再适当折减，折减因子在 0.8 左右，可由结构分析方法确定。在进行吊杆设计时，应先以颤振、驰振特性为控制指标确定吊杆的长度，再考虑吊杆的涡振特性。

8.4　本章小结

通过节段模型风洞试验，对 H 形断面吊杆气动特性随截面参数的变化进行了较为系统的研究，可得到如下主要结论：

①腹板开孔不能改善 H 形断面的颤振和涡振特性，但可明显改善弱轴向的弯曲驰振特性；翼板开孔可明显提高 H 形吊杆弱轴向的驰振临界风速，同时也会改善吊杆的涡振性能，但对扭转颤振和强轴向驰振特性无明显作用；增大高宽比可同时提高弱轴向和强轴向的驰振临界风速，也可显著地影响 H 形吊杆的颤振临界风速，且对改善 H 形吊杆的涡振特性有一定的作用。

②基于正交试验法的 16 组 H 形吊杆模型试验说明，合理增大高宽比和腹板、翼板开孔，可改善吊杆的颤振、驰振特性，但对涡振性能影响有限。高宽比 1/1、腹板开孔率

14%、翼板开孔率 28.6% 的 H 形吊杆和高宽比 1/0.75、腹板开孔率 0%、翼板开孔率 28.6% 的 H 形吊杆的颤振、驰振临界风速均高于 70 m/s，其最低涡振起振风速分别为 36.1 m/s 和 45.5 m/s。

③以限制 H 形吊杆的适用长度为原则，计算了高宽比为 1/2.4 的 H 形吊杆在不同截面形式下的颤振、驰振起振风速，并编制了表格，供吊杆实际设计时查询。

参考文献

[1]中华人民共和国机械工业部.工艺参数优化方法正交试验法:JB/T 7510—1994[S].北京：机械科学研究院,1994,1-25.

[2]Ulstrup C C. Aerodynamic lessons learned from individual bridge members[J]. In：Annals of the New York Academy of Sciences. New York,1980,265-281.

第 9 章

拱桥箱形吊杆的风致振动及设计方法

近年来我国建立的大跨度拱桥特别是铁路桥中，除 H 形应用广泛外，箱形截面是另一种常见的拱桥吊杆形式。闭口箱式杆件可以大幅提高杆件的抗扭刚度，其中矩形截面杆件制造施工方便，常用作大跨度拱桥的刚性吊杆。例如南京大胜关桥的矩形吊杆长 56 m，长细比为 120。从空气动力学原理看，矩形截面是典型钝体，可能存在较为严重的风致振动问题，并且出于养护和景观考虑，矩形箱式吊杆不允许开孔，因此只能从提高刚度和阻尼两个方面入手抑制吊杆的风振问题。

9.1　箱形吊杆的风致振动

本节以建设中的一座铁路拱桥中的最长吊杆为原型，通过节段模型试验研究矩形箱式吊杆的抗风特性。

9.1.1　相似准则与试验设备

节段模型试验同样满足 7.1.1 节中弹性参数、惯性参数及阻尼参数的一致性，并确保几何外形的相似。

试验在湖南大学风工程试验研究中心 HD-2 风洞高速试验段进行，风洞试验设备及弹性悬挂装置请参见第 7 章。

9.1.2　节段模型与试验参数

某铁路桥原型吊杆长 40.5 m，横桥向宽度 B 为 1.032 m，顺桥向高度 H 为 0.832 m，截面高宽比 H/B=1/1.24=0.81，长细比为 119，截面回转半径为 338 mm，吊杆最小拉力为 1 164.66 kN。

风洞试验中，按 1∶5 的几何缩尺比制作了节段试验模型 M1。模型长 1 400 mm，宽 207 mm，高 167 mm，两端安装了直径为 400 mm 的圆形端板以改善端部气流分布。

另外，基于该吊杆原型参数设计制作了另一高、宽均为 207 mm，即 $H/B=1.0$ 的正方形截面吊杆模型 M2。模型两端同样安装了直径为 400 mm 的圆形端板以改善端部气流分布。

风洞试验中的相关参数采用 ANSYS 中的壳单元建模分析得到，如表 9.1 所示。由表 9.1 可见，与 H 形吊杆扭频与弱轴弯频之比在 1.0 左右不同，箱形吊杆扭弯频率比约为 7～10，可见箱形吊杆抗扭刚度相对 H 形吊杆提升很大。考虑到箱形吊杆截面的对称性，对于 $H/B=0.81$ 的模型 M1，测试的攻角（对于实桥为风攻角）范围为 0°～90°，对于 $H/B=1.0$ 的模型 M2，测试的攻角范围为 0°～45°。风攻角定义如图 9.1 所示，来流风 U 垂直于吊杆高 H（即横桥向）定义为 0°攻角，垂直于吊杆宽 B（即顺桥向）定义为 90°攻角。

表 9.1　箱形吊杆原型与模型参数

参数	高宽比 $H/B=0.81$		高宽比 $H/B=1.0$	
	原型	节段模型 M1	原型	节段模型 M2
线密度/（kg·m^{-1}）	461.8	18.47（1:5^2）	510.4	20.42（1:5^2）
质量惯性矩/（kg·m^2·m^{-1}）	149.0	0.24（1:5^4）	233.6	0.37（1:5^4）
弱轴弯频率/Hz	4.549	4.3	5.462	4.297
强轴弯频率/Hz	5.333	4.3	5.462	4.297
扭转频率/Hz	37.972	9.766	37.049	8.643
弯曲阻尼比	0.002	0.002 1	0.002	0.001 2
扭转阻尼比		0.001 1		0.001 1
弱轴弯风速比	—	1:5.29	—	1:6.36
强轴弯风速比		1:6.21		1:6.36
扭转风速比		1:19.44		1:21.43

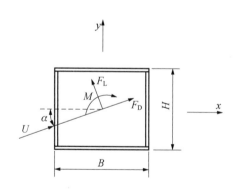

图 9.1　箱形吊杆风攻角定义

9.1.3　驰振性能

首先应用准定常驰振理论评价两箱形截面的气动性能，试验中两模型均安装于测力天平上，并固定在高速段转盘上以 2°步长旋转。对于高宽比 $H/B=0.81$ 的 M1 箱形吊杆模型，在 8.41 m/s 的风速下，测定了其在 0°～90°攻角下的气动升力系数 C_L 和气动阻力系数 C_D 等三分力系数值；对于高宽比为 $H/B=1.0$ 的 M2 箱形吊杆模型，分别在 7.86 m/s 与

5.53 m/s 的风速下测定了 0°~46° 攻角下的三分力系数，图 9.2 为固定在转盘上的试验模型。图 9.3 为两箱形截面吊杆的三分力系数随风攻角变化曲线，图中系数均采用横桥向吊杆宽度 B 为特征长度。

（a）M1

（b）M2

图 9.2　测力试验模型

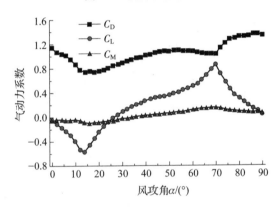
（a）M1

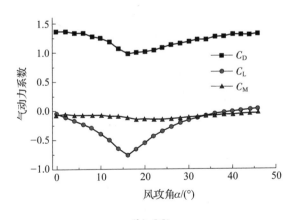
（b）M2

图 9.3　三分力系数变化曲线

由图 9.3 可见，两箱形截面在弱轴、强轴向各存在一个升力系数下降区间。M1 箱形吊杆升力突降区分别为 $0°\sim14°$ 攻角与 $70°\sim90°$ 攻角，M2 的正方形断面升力突降区为 $0°\sim16°$ 攻角区间。表明在以上攻角区间有发生驰振失稳的可能。

图 9.4 为不同风攻角下的 Den Hartog 系数，由图 9.4（a）中可见，高宽比 $H/B=0.81$ 的 M1 箱形断面在攻角为 $0°\sim12°$ 区间和 $72°\sim90°$ 区间，驰振系数为负，最小值超过了 -2.4。在计算 H 形断面驰振系数时已经说明，取稳定驰振区间的驰振系数平均值计算驰振临界风速较为合理，于是得到弱轴驰振系数约为 -1.2，强轴驰振系数为 -1.0。另外，按中国《公路桥梁抗风设计规范》[1]（JTG/T 3360-01—2018）表 7.3，也可计算出驰振系数。按规范经过插值和统一按宽度 B 折算后的 M1 模型驰振系数值为：弱轴 -1.2 和强轴 -1.1，与实测值基本一致。

由图 9.4（b）可以看出，高宽比 $H/B=1.0$ 的正方形断面在攻角为 $0°\sim14°$ 区间驰振系数为负。同样计算 H 形断面驰振系数时的方法，得到正方形断面的 M2 模型驰振系数约为 -1.22，与中国《公路桥梁抗风设计规范》（JTG/T 3360-01—2018）表 7.3 中的驰振力系数（-1.2）基本相当。

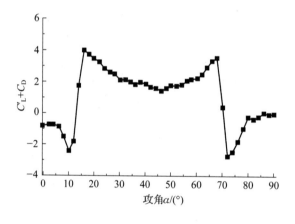

（a）M1

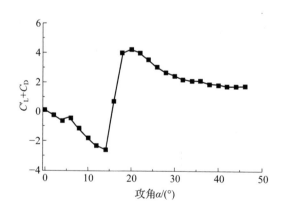

（b）M2

图 9.4 箱形断面 Den Hartog 系数

采用实测的驰振系数，结合表 9.1 中的试验阻尼比一并代入驰振临界风速计算式（8.1），计算结果见表 9.2。由于 M2 模型的阻尼比仅为 M1 的二分之一，所以驰振风速低，如换算到 M1 的阻尼比，驰振风速在 95 m/s 以上，即 M2 的气动性能实际上是优于 M1 的。总的看来，两种高宽比下的箱形吊杆驰振系数基本在 1.0～1.22 之间，较腹板不开孔的 H 形断面驰振系数提高一倍左右。

表 9.2　箱形吊杆驰振系数与计算风速

截面宽 B/m	截面高 H/m	高宽比 H/B	Den Hartog 系数		计算驰振临界风速/ $(m \cdot s^{-1})$	
			弱轴	强轴	弱轴	强轴
1.032	0.832	0.81	-1.2	-1.0	73.09	102.78
1.032	1.032	1.0	-1.22	-1.22	54.52 (95.4)	54.52 (95.4)

注：括号内为换算到同一阻尼比 0.002 1 时的值。

进一步的弹性悬挂测振试验中，节段模型固定在两自由度弹簧支架系统上，以 5°步长研究了两组箱形吊杆的气动性能变化。图 9.5 为固定于支架系统上的节段模型。试验风速按表 9.1 中风速比换算至实桥后，两模型的弯曲振动风速均超过了 74 m/s，扭转振动风速超过了 250 m/s。在试验风速区间及攻角范围内，两箱形模型均没有出现扭转颤振，可见箱形吊杆具有足够抗颤振稳定性。

图 9.5　试验中的节段模型

由于 M2 模型阻尼比小，在试验风速区段内出现了弯曲驰振现象，如图 9.6 所示（由于对称性，仅进行了 0°～45°攻角风洞试验）。由图中可以看出，达到临界点后，模型的横风向位移随风速增大而急剧增大，在 0°、5°及 10°攻角下，对应原型吊杆的驰振临界风速分别为 58.9 m/s、58.1 m/s 及 57.6 m/s，与表 9.2 中通过驰振系数计算的 54.52 m/s 的临界风速基本吻合。

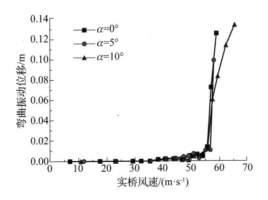

图 9.6　高宽比 $H/B=1.0$ 的 M2 箱形吊杆驰振响应

9.1.4　涡振性能

虽然 $H/B=0.81$ 的 M1 箱形吊杆在试验风速区间及风攻角范围内没有出现横风向驰振失稳，但在高于 40 m/s 的实桥风速后，在 0°～10°和 75°～90°两个风攻角范围内，分别出现了强烈的弯曲涡激共振现象。图 9.7 为折算到实桥后两个攻角下涡振响应。由图可见，一旦发生涡激共振，振幅随风速增大而迅速增大。实桥最大振幅超过 200 mm（$0.25B$），远高于规范[1]容许值，而且共振的风速区间也很大，直至风速大于 65 m/s 后振幅才开始衰减。表 9.3 中给出了各攻角下观测到的涡振风速区间（换算至实桥）、无量纲最大幅值（B 为箱形吊杆宽）及 Strouhal 数（$S_t=fD/U$；0°～45°风攻角，$D=H$；50°～90°风攻角，$D=B$）。个别攻角试验中没有得到涡振消失时的风速，表中仅给出起振风速。由表 9.3 可见，除 10°攻角涡振振幅和锁定区间较小外，其他攻角发生涡振后的振幅与锁定区间都非常大。在 0°～10°风攻角下，Strouhal 数在 0.09 附近；在 75°～90°风攻角下 Strouhal 数在 0.13 左右。

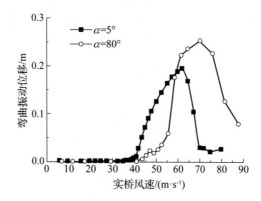

图 9.7　高宽比 $H/B=0.81$ 的 M1 箱形吊杆弯曲涡振响应

表 9.3　箱形吊杆涡振特性

截面高 H/m	截面宽 B/m	高宽比 H/B	风攻角/(°)	风速区间/(m·s⁻¹)	最大幅值	Strouhal 数
0.832	1.032	0.81	0	42.4～*	$0.19B$	0.089
			5	41.7～79.9	$0.19B$	0.091
			10	43.8～47.9	$0.01B$	0.086
			75	55.5～*	$0.11B$	0.099
			80	43.7～99.4	$0.25B$	0.126
			85	42.3～*	$0.16B$	0.130
			90	38.6～87.6	$0.15 B$	0.143

截面高 H/m	截面宽 B/m	高宽比 H/B	风攻角/ (°)	风速区间/ $(\mathrm{m \cdot s^{-1}})$	最大 幅值	Strouhal 数
1.032	1.032	1.0	0	50.0~54.0	0.006B	0.113
			5	47.4~52.7	0.006B	0.119
			35	60.1~66.1	0.004B	0.094
			40	58.0~71.8	0.006B	0.097
			45	61.8~67.4	0.007B	0.091

注：＊试验未得到涡振消失风速。

　　高宽比 $H/B=1.0$ 的正方形 M2 模型在试验中多个攻角下也出现了较为显著的涡振响应，不过其涡振幅值与锁定区间较 $H/B=0.81$ 的 M1 模型小很多，且振幅已可满足规范要求，如表 9.3 所示（由于对称性，仅进行了 0°~45°风攻角风洞试验）。由表中可以看出，$H/B=1.0$ 的箱形吊杆涡振起振风速普遍较 $H/B=1/1.24$ 的吊杆要高，0°与 5°风攻角下的吊杆在 47 m/s 后才出现涡振，而在 35°~45°风攻角下，直到风速为 60 m/s 左右时，才出现涡振。

9.1.5　紊流的影响

　　考虑到以上试验均在均匀流中进行，而自然界中的风均为紊流风，所以试验中又以 $H/B=0.81$ 的 M1 箱形吊杆为对象进行了小紊流下的试验。紊流由格栅生成，如图 9.8 所示，由于条件所限，试验采用的紊流强度较低，仅为 5.6%。表 9.4 为紊流下吊杆各攻角下的涡振情况，试验中没有获得涡振消失时风速的攻角，表中仅给出起振风速。

图 9.8　格栅紊流试验

表 9.4　紊流下箱形吊杆的涡振响应

高宽比 H/B	风攻角/(°)	风速区间/(m·s⁻¹)	最大幅值	Strouhal 数
0.81	0	44.3～*	0.22B	0.085
	5	44.0～*	0.16B	0.086
	75	48.7～51.3	0.12B	0.113
	80	55.1～73.9	0.14B	0.100
	85	56.1～*	0.29B	0.098
	90	55.5～*	0.25B	0.099

注：＊试验未得到涡振消失风速。

由表 9.4 并结合表 9.3 中相关数据可见，紊流对涡振起振风速有较大影响，除 75°风攻角紊流下涡振起振风速出现一定程度的降低外，其他攻角下起振风速均得到不同程度的提高，强轴向涡振起振风速提高最为明显，提高幅度约在 10 m/s 以上，而均匀流下锁定区间及振幅小的 10°风攻角涡振在紊流下已消失。紊流对涡振锁定区间也存在一定程度的影响，紊流下 80°风攻角涡振锁定区间缩至均匀流下的近 1/2，且均匀流下没有得到涡振止振风速的 75°风攻角，紊流下仅有不到 3 m/s 的锁定区间，不过均匀流下可观测到涡振止振风速的 5°与 90°风攻角，在紊流下反而没有观测到涡振消失时的风速。在最大振幅方面，由于两流场下均有未得到锁定区间的风攻角，相关最大振幅不具有可比性，不过从现有数据看来，紊流对改善箱形吊杆涡振幅值没有明显作用。

9.2　箱形吊杆的抗风设计方法

由前文中的研究可见，矩形箱式截面吊杆的弯曲涡振和横风向驰振病害极为突出，除提高结构的固有频率和阻尼比外，与 H 形细长杆件类似，本文同样认为抑制矩形细长结构风振的途径是限制其适用长度。

本文中以高宽比 $H/B = 1/1$ 的正方形矩形吊杆为例，给出了此类断面不同长度下的抗风设计方法，图 9.9 为矩形截面示意图。

通过第 8 章式（8.16）计算正方形截面箱形吊杆在不同尺寸下的驰振临界风速如表 9.5 所示，计算时结构阻尼比偏保守地取 $\zeta = 0.001$，驰振系数为 -1.22。如果驰振临界风速不满足要求，可以考虑改用不会发生驰振的稳定截面，如圆柱形或八角形截面构件。

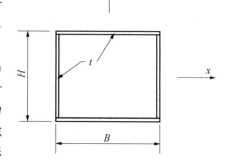

图 9.9　矩形吊杆截面示意图

表 9.5　高宽比 $H/B=1.0$ 的箱形吊杆驰振临界风速

宽 B/mm	板厚 t/mm	拉力 F/t	$L=10$ m	$L=20$ m	$L=30$ m	$L=40$ m	$L=50$ m	$L=60$ m
800	16	300	487.5	123.1	55.6	32.0	21.1	15.1
		600	489.2	124.8	57.3	33.6	22.6	16.5
	20	300	602.9	152.0	68.5	38.2	25.7	18.3
		600	604.6	153.7	70.1	40.8	27.2	19.8
1 000	16	300	613.3	154.1	69.1	39.3	25.5	18.1
		600	614.4	155.2	70.1	40.4	26.6	19.0
	20	300	760.2	90.9	85.4	48.5	31.4	22.1
		600	761.3	191.9	86.5	49.6	32.5	23.2
1 200	16	300	739.4	185.4	82.8	46.9	30.3	21.3
		600	740.1	186.1	83.5	47.6	31.0	22.0
	20	300	917.8	230.0	102.6	58.1	37.4	26.2
		600	918.6	230.8	103.4	58.8	38.2	26.9
1 400	16	300	865.6	216.8	96.7	54.6	35.1	24.6
		600	866.1	217.3	97.2	55.1	35.7	25.1
	20	300	1 075.6	269.3	120.0	67.7	43.5	30.4
		600	1 076.2	269.9	120.5	68.3	44.1	30.9
	24	300	1 283.2	321.2	143.1	80.7	51.9	36.2
		600	1 283.8	321.8	143.6	81.3	52.4	36.7

9.3　本章小结

本文基于风洞试验，对比研究了 $H/B=0.81$ 与 $H/B=1.0$ 箱形吊杆的风振特性，得到了以下结论：

①箱形吊杆存在涡振与驰振病害。高宽比对其涡振特性存在较大影响，$H/B=1/1.24$ 箱形吊杆的涡振病害极为突出，而 $H/B=1/1$ 箱形吊杆的涡振特性可满足规范要求；弱轴向和强轴向分别存在一个驰振失稳区间，且改变高宽比并不能明显改善其驰振性能。总的看来，$H/B=1/1$ 箱形吊杆的风振稳定性优于 $H/B=1/1.24$ 箱形吊杆。

②紊流对箱形吊杆涡振起振风速及锁定区间有较大影响，但紊流的作用并不总是有利的。

③以限制矩形细长结构的适用长度为原则，计算了高宽比为 1/1 的箱形杆件在不同截面形式下的驰振起振风速，并编制了表格，供设计此类截面杆件时查询。

参考文献

[1]中交公路规划设计院. 公路桥梁抗风设计规范：JTG/T 3360-01—2018[S]. 北京：人民交通出版社,2004,19-20.